Hinweis

Die Autorin dieses Buches gibt weder medizinische Ratschläge, noch emp-fiehlt sie den Gebrauch irgendwelcher Techniken zur Behandlung physi-scher oder psychischer Probleme. Ihre Absicht ist lediglich, generelle Infor-mationen zur Verfügung zu stellen, um Sie bei Ihrer Suche nach emotiona-lem und geistigem Wohlbefinden zu unterstützen. Jede Anwendung dieser Informationen geschieht auf eigene Verantwortung, weder die Autorin noch der Verlag übernehmen eine Haftung.

Die Autorin

Doreen Virtue arbeitet als Therapeutin und mediale Lebensberaterin in Kalifornien. Seit einigen Jahren setzt sie dabei auch ihre Verbindung zum Reich der Engel ein. Sie ist in den USA u. a. durch viele Fernsehauftritte be-kannt und gibt regelmäßig Workshops, auch in Europa, in denen sie die von ihr entwickelte Engel-Therapie unterrichtet. Ihre zahlreichen Lebens-hilfe-Bücher sind bereits in 14 Sprachen erschienen.

Von Doreen Virtue sind in unserem Hause erschienen:

Chakra Clearing (Allegria) – Engel-Notruf (Allegria) – Feen-Notruf (Allegria)

Die Engel-Therapie – Alles über Erzengel – Das hungrige Herz – Erzengel Ra-phael – Erzengel Michael – Der Tempel der Engel – Medizin der Engel – Erzengel und wie man sie ruft – Botschaft der Engel – Die Zahlen der Engel – Die Heil-kraft der Engel – Die Heilkraft der Feen – Engel-Gespräche – Neue Engel-Ge-spräche – Engel der Erde – Dein Leben im Licht – Das Heilgeheimnis der Engel – Zeit-Therapie – Kristall-Therapie – Engel-Hilfe für jeden Tag – Die neuen Engel der Erde – Der Hunger nach Liebe

Meditationen zur Engel-Therapie (CD) – Rückführung mit den Engeln (CD) – Erzengel Michael (CD) – Das Geschenk der Engel (CD) – Medizin der Engel (CD) – Die Engel von Atlantis (CD) – Die Engel der Liebe (CD) – Heilkraft der Engel (CD) – Himmlische Helfer (CD) – Heilgeheimnis der Engel (CD)

Das Traum-Orakel der Engel – Das Engel der Liebe Orakel (Kartendeck) – Das Engel-Tarot (Kartendeck) – Das Engel-Therapie-Orakel (Kartendeck) – Das Engel-Orakel für jeden Tag (Kartendeck) – Das Heil-Orakel der Feen (Kar-tendeck) – Das Erzengel-Orakel (Kartendeck) – Das Erzengel Michael-Ora-kel (Kartendeck) – Das Heil-Orakel der Engel (Kartendeck) – Das Orakel der himmlischen Helfer (Kartendeck) – Das Einhorn-Orakel (Kartendeck) – Magi-sches Orakel der Feen (Kartendeck)

Angel Reading (DVD)

DOREEN VIRTUE

Engel-Hilfe
für jeden Tag

365 himmlische Botschaften,
um Ihr Herz zu öffnen, zu
trösten und zu heilen

Aus dem Amerikanischen
von Angelika Hansen

Besuchen Sie uns im Internet:
www.ullstein.de

Wir verpflichten uns zu Nachhaltigkeit
- Klimaneutrales Produkt
- Papiere aus nachhaltiger Waldwirtschaft und anderen kontrollierten Quellen
- ullstein.de/nachhaltigkeit

Allegria im Ullstein Taschenbuch

Titel der Originalausgabe
DAILY GUIDANCE FROM YOUR ANGELS
Erschienen bei Hay House, Inc., Carslbad, USA

MIX
Paper from responsible sources
FSC® C021394

Deutsche Erstausgabe im Ullstein Taschenbuch
1. Auflage November 2007
10. Auflage 2022
© der deutschsprachigen Ausgabe 2007
by Ullstein Buchverlage GmbH, Berlin
© der Originalausgabe 2006 by Doreen Virtue
Umschlaggestaltung: FranklDesign, München
Titelabbildung: Jonathon Earl Bowser/www.jonathonart.com
Lektorat: Anja Fietz
Satz: Pinkuin Satz und Datentechnik, Berlin
Gesetzt aus der Caslon
Druck und Bindearbeiten: ScandBook, Litauen
ISBN 978-3-548-74383-7

Einführung

Egal, wo ich gerade auf der Welt bin oder wie mein Terminkalender aussieht, jeden Tag beginne ich damit, ein inspirierendes Buch zu lesen und anschließend darüber zu meditieren und zu beten. Seit vielen Jahren habe ich mir diese gute Angewohnheit angeeignet, um sicherzugehen, dass meine ersten Gedanken am Morgen eines neuen Tages positiv sind.

Anfangs habe ich gelegentlich einen Tag übersprungen, an dem ich diese Selbstreflexion nicht vornahm, musste dann aber jedes Mal feststellen, dass mein Tag nicht so angenehm verlief wie sonst. Wann immer ich Zeit in meine heilsame Übung zum Lesen, Meditieren und Beten investierte, wurde ich mit einem wunderbaren Tag, ungeahnten Möglichkeiten und einem Gefühl tiefer Befriedigung belohnt. Heute würde es mir nicht im Traum einfallen, mein Morgenritual zu missen.

Dieses Buch soll eine Möglichkeit für Sie sein, täglich mit der liebevollen Energie Ihrer Schutzengel in Kontakt zu kommen. Am besten lesen Sie jeden Morgen einen Spruch, bevor Sie Ihren Tag beginnen. Sie können die Seiten in der angegebenen Reihenfolge lesen oder das Buch einfach irgendwo aufschlagen und genau die Botschaft finden, die für Sie in diesem Moment richtig ist.

Jede Seite enthält eine praktische, leicht verständliche Botschaft der Engel, um Ihnen zu einem wunderbaren Tag zu verhelfen – und außerdem werden Sie wahrscheinlich die Führung Ihrer eigenen Engel hören oder fühlen, während Sie sie lesen. Die Engel werden Ihnen jeden Tag ein bestimmtes Verhalten oder eine Sichtweise vorschlagen, die Ihnen mehr Glück und Frieden bringen. Dieser täglichen Botschaft folgt stets ein Gedanke oder ein Gebet, das Sie als Hilfsmittel benutzen können, sich noch intensiver mit Ihren Engeln zu verbinden. Sprechen Sie es laut aus, schreiben Sie es auf, oder denken Sie einfach im Laufe des Tages immer wieder zwischendurch – tun Sie, was sich für Sie am besten anfühlt, da die Engel Sie auf jede Weise vernehmen können. Doch machen Sie sich keine Sorgen, wenn Sie die Empfehlungen der Engel für den jeweiligen Tag vergessen oder keine Zeit haben sollten, sie in die Tat umzusetzen. Das Wichtigste ist, ihre liebevolle Energie aufzunehmen, indem Sie ihre Worte lesen.

Obwohl dieses Buch in erster Linie auf Morgenmeditationen zugeschnitten ist, können Sie zu jeder Tageszeit davon profitieren, am Tag oder in der Nacht. Ich empfehle Ihnen, es neben Ihr Bett oder auf Ihren Schreibtisch zu legen, damit Sie immer nachschlagen können, wenn Sie einen hilfreichen Anstoß von oben brauchen.

Was mich betrifft, so habe ich eine Menge von den Botschaften gelernt, die mir die Engel für dieses Buch diktiert haben. Viele dieser Sprüche enthalten sowohl tiefgründige Weisheiten als auch Vorschläge für eine positive Herangehensweise an den neuen Tag. Gott und die Engel möchten, dass wir ein glückliches und gesundes Leben führen, und sie stehen uns allen jeden Moment eines jeden Tages mit ihrer Unterstützung zur Verfügung. Ich bete darum, dass Sie dem Himmel erlauben werden, Sie zu führen und zu lieben. Die Lektüre dieses Buches stellt eine Möglichkeit dar, wie dieses Gebet erhört wird.

Tägliche Führung

Sei dir gewiss, dass wir immer bei dir sind

Du bist nie allein, vor allem dann nicht, wenn es dir schlecht geht. Wir sind ständig bei dir, senden dir unterstützende und heilende Energie und warten auf deine Bitte um Hilfe. Nur ein Gedanke von dir – selbst ein flüchtiger – reicht aus, damit wir für dich aktiv werden können.

Sei still und lausche auf unsere innere Führung, die auf Flügeln in dein Herz, deine Seele und deinen Körper eilt. Unsere Botschaften haben stets mit Liebe zu tun. Wir sehen dich als das, was du wirklich bist: ein absolut liebenswertes und wunderbares Wesen aus reinem Licht.

Wir können Lösungen zu jedem scheinbaren Problem erkennen. Wir sind glücklich, dich durch die dunklen Zeiten in deinem Leben zurück ins Licht zu führen, und wir sind in der Lage, dir zu helfen, dich im Verhältnis zu dir selbst und allem, was du erlebst, gut zu fühlen. Wir können dich bei deinem Bemühen unterstützen, Entscheidungen zu treffen und Antworten zu finden.

Wir sind deine Engel … wir lieben dich bedingungslos und für alle Zeiten. Während du diese Worte liest, stehen wir direkt neben dir, denn wir sind immer an deiner Seite.

GEDANKE FÜR DEN HEUTIGEN TAG

Ich erinnere mich, dass ich Teil einer Gemeinschaft bin. Meine Engel warten und wollen mir bei allem und jedem helfen, sobald ich sie nur darum bitte. Ich wende mich an sie mit der Bitte, mir beizustehen, und ich nehme ihre Hilfe dankbar an.

Gönne dir regelmäßige Pausen

Angst und Nervosität erzeugen nur Unruhe, die es dir schwer macht, dich zu konzentrieren und deine Aufmerksamkeit auf eine bestimmte Sache zu richten. Zuweilen fühlen sich dein Körper und Geist so unruhig wie das vom Sturm aufgepeitschte Meer.

Diese Gefühle entspringen einer Suche nach Frieden, ohne dass du weißt, wo oder wie du ihn finden kannst. Es ist eine unablässige äußere Suche nach Perfektion und ein Verlangen nach Kontrolle, die eigentlich auf der Sehnsucht nach innerem Frieden beruhen. Doch da Frieden und Gott ein und dasselbe sind, bedeutet dies, dass du dich in Wahrheit nach einer Verbindung mit dem Göttlichen sehnst.

Du brauchst eine Erholungspause von Stress-Situationen. Ironischerweise hast du deine innere Anspannung selbst kreiert, weil du glaubtest, sie würde dir letztendlich Ruhe und Frieden bringen oder dich zumindest von deiner Angst und Nervosität ablenken.

Alles, wonach du dich sehnst, wartet auf dich in jedem ruhigen Moment, in dem du deine Augen schließt, gleichmäßig atmest und deinen Körper und Geist zur Ruhe kommen lässt. Das ist der Raum, in dem Gott lebt und wo Frieden wohnt ... das ist es, wonach du dich wirklich von ganzem Herzen sehnst.

Gönne dir im Laufe des Tages immer wieder eine Pause, schließe deine Augen und atme tief ein und aus (vor allem in schwierigen Situationen, oder wann immer dich eine gewisse Ungeduld überkommt). Und vergiss nicht, dass wir immer deine Hand halten, in ruhigen wie in turbulenten Zeiten. Da unser ganzes Wesen Frieden ist, kannst du dich an uns lehnen und dir unseren Frieden »ausleihen«, wann immer du möchtest. Dein innerer Frieden gießt kühlendes Nass aufs lodernde Feuer und löst so alle scheinbaren Probleme in Harmonie auf.

Frieden ist die Antwort auf alle Fragen, die du heute stellst ... einfach nur Frieden.

GEDANKE FÜR DEN HEUTIGEN TAG

Ich werde nicht vergessen, im Laufe des Tages immer wieder tief und ruhig zu atmen. Ich erinnere mich daran, dass ich Frieden wählen kann, egal, was um mich herum passiert. Wann immer ich es möchte, kann ich mich in diesen stillen Raum in meinem Inneren zurückziehen, indem ich einfach meine Augen schließe.

Widme diesen Tag einem bestimmten Wunsch

Du kannst den Grundton deines Tages festlegen, indem du ihn einem bestimmten Vorhaben widmest, einer Lektion oder einem Thema, mit dem du dich gerne näher beschäftigen würdest. Zum Beispiel kannst du dir vornehmen, aufrichtige und liebevolle Beziehungen zu haben; die Schönheit in deinem Inneren und in allen anderen zu sehen sowie in jeder Situation ganz besonders gut für dich zu sorgen; auf sinnvolle Weise dein Geld zu verdienen oder irgendetwas anderes zu tun, das für dich persönlich von Bedeutung ist.

Indem du jeden Tag einem bestimmten Thema oder Vorhaben widmest, sendet deine Seele ein Signal aus ins Universum – vergleichbar mit einem Fischer, der sein Netz auswirft – und zieht dadurch Situationen an, die mit dem von dir gewählten Thema zu tun haben, genau wie du es für dich erbeten hast. Diese Widmungen für den Tag sind eine wirksame Methode für dich, um zu verstehen, wie machtvoll du bist und wie wirkungsvoll deine eigenen Entscheidungen sind.

GEDANKE FÜR DEN HEUTIGEN TAG

Ich widme diesen Tag .... (füge hier dein Vorhaben ein). Ich bitte Gott und meine Engel um Hilfe, damit ich die Geschenke beachte und mich daran erfreue, die diese freiwillige Pflichtübung mir bringt.

Stell deine Schalter auf »Hoch«

Du hast die Fähigkeit, deine Energie, Stimmungen, Finanzen und viele andere Bereiche deines Lebens zu regulieren. Genauso wie du die Temperatur in deinem Haus oder Kühlschrank dadurch ändern kannst, dass du die entsprechende Einstellung (in diesem Fall am Temperaturregler) veränderst, kannst du das Gleiche bei dir selbst vornehmen.

Stell dir vor, du hättest einen Schalter in dir wie bei einer Heizungsanlage, der mit einem Bereich in deinem Leben verbunden ist, den du gerne verbessern möchtest. Indem du dir vorstellst, wie du diesen Knopf nach oben drehst (wie du es bei veränderter Zimmertemperatur tun würdest), sendest du ein wichtiges Signal ins Universum.

Indem du deinen Schalter auf »höchste Stufe« stellst, nimmst du dich mit neuer Kraft der jeweiligen Situation an. Du entscheidest, was akzeptabel ist, und richtest deine Absicht darauf. Deine kristallklare Entscheidung setzt eine erfolgreiche Handlung schneller in Gang, als jegliche Summe Geldes es vermag. Diese Entscheidungen sind mehr wert als ein Universitätsabschluss oder andere irdische Erfolgsmaßstäbe.

Triff eine klare Entscheidung für das, was du möchtest, und stell heute in Hinblick auf das von dir gewünschte Ergebnis deine Schalter auf »Hoch«.

GEDANKE FÜR DEN HEUTIGEN TAG

Ich übernehme die Verantwortung für mein Leben und verstärke die Intensität des Guten. Ich stelle meine inneren Schalter auf Harmonie, Fülle, vollkommene Gesundheit, liebevolle Beziehungen, wunderbare Gelegenheiten und alles andere, wonach mein Herz sich sehnt. Ich folge meiner inneren Führung und breite meine Arme aus, um die Geschenke des Himmels zu empfangen.

Verwöhne dich

Du verdienst es, wunderbar behandelt, besonders umhegt und mit ausgefallenen Geschenken und anderen Dingen von der Welt empfangen zu werden Der Preis für diese Geschenke ist deine Dankbarkeit, die sanfte Energiewelle, die dir und allen anderen diese Wohltaten zufließen lässt.

Die Zeit ist gekommen, daran zu arbeiten, freudig die Fülle in deinem Leben anzunehmen. Wahres Annehmen bedeutet Dankbarkeit ohne Schuldgefühle, basierend auf dem Wissen, dass du durch dein Annehmen anderen die Freude des Gebens gewährst. Nur zu geben, ohne jemals etwas anzunehmen, ist gleichbedeutend mit dem Abblocken ewig währender Fülle. Und da du den ewigen Fluss nicht aufhalten kannst, führt deine Ablehnung nur dazu, dass du eine Barriere errichtest. Die Welle strömt dann an dir vorbei und zu anderen hin – sie scheint dich zu umgehen. Vielleicht fühlst du dich dann vom Universum vergessen, obwohl dieses Geschehen in Wahrheit auf dein eigenes Verhalten zurückzuführen ist.

Indem du dir selbst Gutes zuteil werden lässt, entfernst du alle Blockaden, die du möglicherweise in Hinblick auf Empfangen errichtet hast. Verwöhne dich heute selbst … und nicht nur heute, sondern jeden Tag.

GEDANKE FÜR DEN HEUTIGEN TAG

Ich verwöhne mich mit besonders liebevoller Aufmerksamkeit. Ich gönne mir ein Schläfchen, eine Fußmassage oder irgendeinen anderen besonderen Genuss. Ich bringe meine Freude darüber zum Ausdruck, dass ich *ich* bin!

Sei gut zu anderen

Jeden Tag eine gute Tat zu vollbringen, kann deine Energie erhöhen und dafür sorgen, dass du auf einem weichen Kissen der Dankbarkeit derjenigen ruhst, die deine Freundlichkeit empfangen. Wenn du mitfühlend handelst, richtest du deine Kraft buchstäblich nach außen, vergleichbar einem Lichtstrahl, der die andere Person unterstützt und stärkt. Wenn derjenige dir dann seine Dankbarkeit zurückgibt, wirst du durch einen Strahl sehr machtvoller Energie emporgehoben. Das bedeutet, dass immer dann, wenn jemand in Dankbarkeit an dich denkt, auch *deine* Seele sich freut. Vielleicht wirst du sogar eine Verbesserung deiner Stimmung oder ein warmes Gefühl in deinem Herzen spüren, wenn der andere dir seine Dankbarkeit sendet.

Jeden Tag eine gute Tat zu vollbringen, stellt eine Investition in deine eigene Entwicklung und eine Beschleunigung deines spirituellen Wachstums dar. Es bedeutet, dass du letztendlich nicht nur der anderen Person, sondern tatsächlich dir selbst diese Freundlichkeit erweist. Es ist eine Situation, in der jeder gewinnt.

GEDANKE FÜR DEN HEUTIGEN TAG

Ich tue Gutes meiner inneren Führung entsprechend. Ich lasse meine Freundlichkeit frei fließen, durch liebevolle Worte, Energien, Gedanken und indem ich anderen helfe. Ich rede liebevoll über mich selbst, über andere Menschen und über die Welt.

Sei anderen gegenüber ehrlich

Die Energie der Ehrlichkeit führt dein Leben ohne Umwege in eine positive, heilende Richtung. Das ist der Grund, warum ein anderes Wort für Ehrlichkeit *Direktheit* lautet.

Diese machtvolle Kraft beseitigt sowohl gesundheitliche, finanzielle und psychische Blockaden als auch andere Disharmonien in deinem Leben. Sie sendet eine gewaltige Welle heilender Energie, die jeden berührt, der mit dir zu tun hat, selbst Personen, die deiner Wahrheit nicht zustimmen oder sich von ihr angegriffen fühlen.

Wenn du als Heiler tätig bist, ist es für dich doppelt wichtig, mit anderen Menschen ehrlich zu sein. Deine Ehrlichkeit sorgt dafür, dass du gesund und im inneren Gleichgewicht bleibst; darüber hinaus hilft sie deinen Klienten, dir zu vertrauen (da sie den Grad deiner Integrität spüren). Wenn du deine *eigenen* Gefühle unterdrückst, um die Gefühle eines anderen zu schonen, tust du damit weder dir noch dem anderen einen Gefallen. Vielmehr verwirrt ein solches Verhalten, wenn es auch gut gemeint ist, die Energiewellen und sendet widersprüchliche Signale ins Universum aus, die die Klarheit deiner Manifestationen beeinträchtigen.

Wir können dir helfen, deine Worte und Handlungen so zu lenken, dass deine Ehrlichkeit für andere Menschen zu ertragen ist und ihnen hilft, deine Wahrheit mit Liebe zu hören. Sei heute direkt in deinem Umgang und in der Kommunikation mit anderen und erlaube dir und deiner Energie, auf liebevolle Weise ehrlich zu sein.

GEDANKE FÜR DEN HEUTIGEN TAG

Ich bin ehrlich mit anderen. Ich bin in Kontakt mit meinen wahren Gefühlen und übermittle sie anderen auf liebevolle Weise. Mein Herz ist offen für meine Wahrheit, und ich bitte meine Engel um Hilfe, sie anderen gegenüber liebevoll auszudrücken.

Habe Geduld mit dir selbst

Du lernst und wächst mit jedem Tag, selbst wenn du dir über diesen Fortschritt nicht bewusst bist. Wenn du später auf diese Phase deines Lebens zurückblickst, wirst du verstehen, wie sich die Einzelteile des Puzzles zusammenfügen. Du wirst die Segnungen und Lektionen erkennen, die du in diesem Zeitraum errungen hast.

Geliebtes Wesen, du bist zuweilen viel zu streng mit dir! Du hast schon einen so langen Weg zurückgelegt und soviel gelernt, und dennoch haderst du immer noch mit dir selbst, nicht schnell oder weit genug fortgeschritten zu sein. Daher lautet die Botschaft für den heutigen Tag, Geduld mit dir selbst zu haben und mit dem Gang des Lebens. Alle Dinge unterliegen einer göttlichen Steuerung – so wie eine Rose ihre Blätter genau im richtigen Moment entfaltet, verläuft auch dein Leben nach einem perfekten Zeitplan. Wenn du die Rose zwingen wolltest zu erblühen, indem du die Blütenblätter mit deinen Händen auseinanderdrückst, würde sie bald verwelken … und genauso verhält es sich mit den Ereignissen in deinem Leben.

Je geduldiger du mit dem Verlauf deines Fortschrittes bist, desto weiter öffnest du die energetischen Tore für das Gute, das deines Weges kommt. Überlasse uns jegliche Ängste und Sorgen, die du vielleicht hinsichtlich der Zeitdauer fühlst, und erlaube uns, dich zu ewiger Energie zu führen, durch die magische Dinge geschehen.

GEDANKE FÜR DEN HEUTIGEN TAG

Ich habe Geduld mit mir selbst und mit dem Leben. Ich gebe alle inneren Kämpfe und jegliches Bedürfnis auf, die Dinge kontrollieren oder erzwingen zu wollen. Ich freue mich an dem Wissen, dass ich alles, was ich mir wünsche, bereits besitze und mich daran erfreuen kann.

Vergiss die Zeit

Das Messen der Zeit ermöglicht präzise Interaktionen auf der physischen Ebene. Jedoch hat es auf der nichtphysischen Ebene den gegenteiligen Effekt. Deine Seele legt auf Zeitreisen große Entfernungen zurück, wann immer sie auf der irdischen Ebene einen Sättigungspunkt erreicht. Das sind die Momente, in denen du dich gelangweilt oder abgelenkt fühlst, da deine Seele aus weit entfernten Gegenden zurückkommt.

Du kannst Langeweile überwinden und dich besser ausgerichtet fühlen, indem du dich von der Notwendigkeit befreist, die Zeit messen zu müssen. Auf diese Weise stimmst du dich statt auf deinen Körper auf deine Seele ein. Wenn du dich zu sehr von der zeitlichen Realität leiten lässt, hat dies zur Folge, dass dein Körper sich auf *eine* Dimension einstellt und deine Seele auf eine andere. Du empfindest »Zeitnot«, wenn die physischen und spirituellen Aspekte deines Wesens aus dem Gleichgewicht geraten.

Befreie dich heute von diesen Beschränkungen. Anstatt dir über die äußere Zeit Sorgen zu machen, formuliere klare Intentionen für dein inneres Zeitgefühl. Affirmiere, dass dir alles im richtigen Moment mühelos zufließt – und genauso wird es sein.

GEDANKE FÜR DEN HEUTIGEN TAG

Ich vergesse die Zeit. Ich lege meine Armbanduhr ab und vertraue der Führung meiner inneren Uhr. Ich bin auf himmlische Weise pünktlich.

Überlasse deine Wünsche Gott

Wenn sich deine Wünsche nicht so schnell materialisieren, wie du es dir vorstellst, frage dich selbst:

* Versuche ich zu sehr, etwas zu bewirken?
* Habe ich heimlich Angst, dass meine Träume nicht wahr werden könnten?
* Hege ich zu feste Vorstellungen, *wie* meine Wünsche wahr werden sollen?
* Gebe ich jemandem die Schuld an dieser Situation (vielleicht sogar mir selbst?)

Jegliches »Ja« auf diese Fragen deutet auf die Notwendigkeit hin, loszulassen, und deine Wünsche Gott, dem ewigen Versorger, zu übergeben. Wenn du deine Träume und Wünsche klar formulierst und sie dann dem Universum überlässt, können sie sehr schnell wahr werden.

Heute wollen wir mit dir daran arbeiten, deine Wünsche »abzugeben«. Manche Menschen glauben, dass Abgeben dasselbe sei wie Gleichgültigkeit und dass Loslassen bedeuten würde: »Ich habe den Traum aufgegeben.« Doch in Wahrheit ist das Gegenteil der Fall: Je wertvoller ein Wunsch für dich ist, desto wichtiger ist es, ihn dem Universum anzuvertrauen; ansonsten kann es geschehen, dass deine Sorge darum eine Reihe von Ängsten hervorruft, die deinen Traum zunichte machen und ihm alle Lebenskraft rauben können.

Wir werden dir helfen, heute mit Liebe loszulassen, und versichern dir, dass Gottes Weisheit dir bereits alles Notwendige zur Verfügung stellt (selbst wenn dir diese Vorkehrungen noch nicht bewusst sind).

GEDANKE FÜR DEN HEUTIGEN TAG

Gott und ihr Engel, ich überlasse euch jetzt meinen Traum: .... (bitte ergänzen). Ihr wisst, wie sehr mir dieser Wunsch am Herzen liegt und dass ich mir erhoffe, er – oder etwas Besseres – möge sich jetzt in meinem Leben manifestieren. Danke, dass ihr mich führt und mir helft, dass sich mein Traum jetzt erfüllt.

Lass das Bedürfnis nach Kontrolle los

Wenn du Situationen oder Menschen kontrollieren willst (auch dich selbst), ist dies lediglich ein Zeichen von Angst und Misstrauen. Habe Mitgefühl, wenn du diese Tendenz bei dir selbst oder anderen erkennst. Erkenne, dass du oder dieser andere Mensch einfach die Zusicherung braucht, dass das Universum der göttlichen Ordnung folgt und du darauf vertrauen kannst.

Umsorgende und aufrichtende Liebe ist die richtige Medizin gegen diese Ängste. Schließlich fühlt sich die Person, die alles zu kontrollieren versucht, so, als hätte sie gar nichts unter Kontrolle. Wir können helfen und intervenieren, indem wir die ganze Situation mit unserer hellsichtigen Vision des erwünschten Ergebnisses umgeben.

Wenn dein Vertrauen erschüttert worden ist und du nun das Bedürfnis nach dauerhafter Sicherheit hast, baue auf unseren festen Glauben – wir können deinen eigenen mit unserem unbegrenzten Vorrat stärken. Denn siehe, wir wissen, dass alles gut für dich ausgehen wird und dass Liebe und göttliche Ordnung die alleinige Kontrolle haben. Je mehr du dir dieser Wahrheit bewusst bist, desto beruhigter wirst du sein. Und mit dem Gefühl des Friedens geht das Wissen einher, dass alles *wirklich* unter Kontrolle ist.

GEDANKE FÜR DEN HEUTIGEN TAG

Ich weiß, dass diese Gegebenheiten völlig unter Kontrolle sind. Ich vertraue darauf, dass dies ein gerechtes und von göttlicher Ordnung gelenktes Universum ist. Die unendliche Weisheit Gottes hat diese Situation bereits zum besten Ergebnis geführt.

Wisse, dass du ein Segen für die Welt bist

Wir sind Tag und Nacht an deiner Seite, ohne Unterbrechung. Wir senden dir in jedem Augenblick Wellen der Liebe, vergleichbar dem dauernden Strahlen der Sonne. Unsere Liebe für dich ist ewig und ununterbrochen, denn wir sehen stets deine wahre Vollkommenheit.

Du bist ein strahlendes göttliches Wesen, ausgestattet mit den wunderbaren Gaben großer Freude, Weisheit und unermesslichen Mitgefühls. Deine Anwesenheit auf diesem Planeten gereicht allen zum Segen, da du jeden Tag deine Liebe verströmst.

Du bist in vieler Hinsicht ein Segen für die Welt, manchmal gegen jede irdische Logik. Lassen wir es dabei bewenden zu sagen, dass dein Dasein auf diesem Planeten sehr geschätzt wird.

GEDANKE FÜR DEN HEUTIGEN TAG

Ich bin ein Segen für die Welt und bringe ihr viel Gutes. Das Universum beschenkt mich mit seiner Fülle, und Gottes Segen ruht auf mir. Ich nehme diese Geschenke jetzt voll und ganz an.

Mache einen Schritt nach dem anderen

Du hast wunderbare Träume und Vorsätze, die alle im Zustand der Manifestation begriffen sind, während du diese Worte liest. Lass dich nicht davon einschüchtern, dass deine Ziele zu hoch sind … sie sind auf jeden Fall umsetzbar, solange wir nur eng zusammenarbeiten.

Heute bitten wir dich, Folgendes zu tun: Entscheide dich, wirklich etwas zu wollen; wisse, dass es dir zusteht; spüre, dass die Manifestation deines Wunsches möglich ist; gib uns die Erlaubnis, dir zu helfen; folge deiner inneren Führung; und schließlich lass es zu, dass Gutes zu dir kommt. Wenn du diese Dinge beherzigst, werden wir dich ohne Ausnahme zu Schritten anleiten, die der Manifestation deiner Träume dienen.

Jedes große Vorhaben besteht aus vielen kleinen Schritten, daher konzentriere dich in diesem Moment darauf, einen Schritt in Richtung Realisierung deines Traumes zu machen. Wir werden dich mit geeigneten Botschaften unterstützen, die dich führen und die du in Form eines ausgeprägten Gefühls, einer Vision, eines Gedankens, eines Wortes oder anderer Zeichen empfangen wirst. Je bereitwilliger du unserer Führung folgst, desto schneller werden deine Träume Realität.

GEDANKE FÜR DEN HEUTIGEN TAG

Ich treffe die klare Entscheidung darüber, was ich mir wirklich wünsche, und mir steht dieser Traum zu. Er kann absolut wahr werden. Ich bitte meine Engel, mir bei der Manifestierung meines Wunsches zu helfen; dabei achte ich auf jegliche Führung, die mir zuteil wird, und folge ihr. Ich mache einen Schritt nach dem anderen und öffne dankbar meine Arme und mein Herz, um die Wohltaten des Himmels zu empfangen.

Entdecke das Licht in der Dunkelheit

Wenn die Sonne untergeht, scheint die Welt ein wenig dunkler und kälter zu werden. Doch ist das gerade der Zeitpunkt, in welchem die Strahlen der Sonne und ihre Farben am intensivsten sichtbar sind. Und genauso verhält es sich mit deinem eigenen Leben: Wann immer deine Gedanken oder Stimmung sich verdunkeln, scheint das Licht als Gegenpol in deinem Inneren und um dich herum noch heller als sonst. Stell dir jetzt einen sagenhaften Sonnenuntergang in deinem Inneren vor, in herrlichem Gelb, Orange, Rosa und Purpur, und erlebe die Wärme und Schönheit, die von der untergehenden Sonne ausstrahlen. Fühle, wie dein innerer Sonnenuntergang immer breiter und strahlender wird, bis er dich von innen heraus mit seinem Licht durchleuchtet und deine ganze Umgebung erhellt.

Je mehr du dieses Leuchten wahrnimmst, desto mehr werden sich dein Leben, deine Stimmung und deine Energie aufhellen. Wir sind jetzt und immer ganz in deiner Nähe und strahlen Gottes Liebe für alle seine Wesen aus. Wende dich unserem Licht zu, wann immer du willst, und wir werden dich führen, damit du das Strahlen sehen und es nutzen kannst, das ununterbrochen in deinem Herzen strömt.

GEDANKE FÜR DEN HEUTIGEN TAG

Ich bin in diesem Augenblick von herrlichem, heilendem Licht erfüllt. Göttliche Strahlen leuchten mir den Weg und leiten meine nächsten Schritte. Ich fühle mich geborgen in diesem strahlenden Licht, das mich in jeder Hinsicht beschützt und über mich wacht. Ich habe dieses Licht in meinem Inneren, denn ich bin das Licht, und ich strahle dieses Licht aus in die Welt.

Bleibe dir selbst treu

Als empfindsamer Mensch spürst du genau, was andere wollen, und du möchtest ihnen Gutes tun. Heute werden wir daran arbeiten, gesunde Grenzen zu setzen, damit du deine Helfernatur beibehalten, aber dir gleichzeitig selbst treu bleiben kannst.

Es bereitet dir große Freude, jemandem dabei zu helfen, gesünder und glücklicher zu leben – dies ist ein Ausdruck deines höheren Selbst und Teil deiner Lebensaufgabe, und wir unterstützen dieses wunderbare Merkmal deines Wesens. Unsere Pflicht als deine Engel ist es, dich durch Situationen zu führen, in denen du Verbitterung oder Ablehnung empfindest. Diese Emotionen entstehen, wenn du zu erschöpft oder eigentlich zu beschäftigt bist, um jemandem zu helfen, es aber dennoch tust. Auch in Beziehungen gibt es Situationen, wo du das Gefühl hast, wesentlich mehr zu geben als zu bekommen (sowohl was Freude als auch Befriedigung betrifft). Dies alles sind Beispiele für Umstände, in denen konstruktive Grenzen deine Gesundheit und dein Wohlbefinden stärken können.

Wann immer jemand dich um Hilfe bittet, werden deine Intuition und dein Körper dir die bestmögliche Antwort zeigen. Falls du irgendein schlechtes Gefühl bei der Sache hast, bedeutet dies, dass du dir Zeit lassen sollst, bevor du deine Zustimmung gibst. Während dieser Bedenkpause wende dich an uns: Schütte uns dein Herz aus und unterbreite uns deine Gedanken und Empfindungen, die für dich mit der Situation verbunden sind. Wir werden dir helfen, eine klare Entscheidung zu treffen und dich wohl dabei zu fühlen, egal ob du der Bitte um Hilfe nachkommst oder sie verweigerst.

Indem du dir selbst treu bleibst, sorgst du dafür, dass deine Energie stark und klar ist, während du gleichzeitig ein leuchtendes Vorbild für andere Heiler und Helfer darstellst. Deine Integrität und deine Ehrlichkeit dir selbst gegenüber sind ein Geschenk für die anderen.

GEDANKE FÜR DEN HEUTIGEN TAG

Ich bleibe mir selbst treu und berücksichtige meine Gefühle und Energie. Ich darf jederzeit »Nein« sagen, wenn ich mich dazu angeleitet fühle. Ich kann anderen Menschen auf unterschiedlichste Weise helfen, zu denen auch Gebete gehören.

Du weißt, dass du göttlich bist

Wir kommen heute zu dir, um dich an deine Göttlichkeit zu erinnern. Du bist ein heiliges Wesen, vom Schöpfer in einer Atmosphäre allumfassender Liebe und Bewusstheit zum Leben erweckt.

Eine Vielzahl an Gedanken und große Sorgfalt waren mit deiner Erschaffung verbunden. Du bist absichtlich erschaffen worden, d.h. dass dein ganzes Wesen behutsam geplant und erdacht wurde. Alles, was dein wahres Selbst betrifft, ist makellos und vollkommen! Erinnere dich während des Tages immer wieder an deine Göttlichkeit und würdige deine Heiligkeit bei allem, was du tust.

Sei dir bewusst, dass jeder Mensch ein Mitglied unserer heiligen Familie ist. Erkenne diese Heiligkeit in dir selbst und in allen anderen Menschen an, und dein Tag wird wahrhaft göttlich sein.

GEDANKE FÜR DEN HEUTIGEN TAG

Ich bin ein göttliches, heiliges Wesen, denn ich bin von Gott gesegnet und für alle Zeiten seine vollkommene Schöpfung.

Sende Liebe in den vor dir liegenden Tag

Deine Liebesenergie ist so machtvoll, dass sie alles heilen kann, sogar deine Zukunft. Fasse an diesem Morgen den Vorsatz, dem vor dir liegenden Tag liebevolle Energie zu senden. Erfülle jede deiner zukünftigen Minuten mit Liebe und umhülle alle Momente des kommenden Tages mit heilender Kraft.

Diese liebevolle Energie wird dann auf dich warten und dafür sorgen, dass jede Sekunde ihr höchstes Potenzial entfalten kann. Du wirst den ganzen Tag lang auf einer Welle der Liebe getragen werden.

GEDANKE FÜR DEN HEUTIGEN TAG

Ich sende Liebe in die Stunden, die vor mir liegen, und verwandle den ganzen Tag in eine Zeit voller Freude. Jeder Augenblick des Tages ist erfüllt von Liebe, Harmonie und freudigem Miteinander.

Schicke positive Worte in die Zukunft

Genauso wie du Energie in die Zukunft senden kannst – wo sie auf dich warten wird und jede Situation auf ihre höchste Vollendung ausrichtet –, kannst du auch deine Worte vorausschicken. Wie du bereits weißt, hat jedes positive Wort, das du aussprichst oder denkst, ganz bestimmte Auswirkungen ... es entspricht einer Bestellung, bei der du erklärst, was du erleben möchtest.

Wähle heute Worte, die wiedergeben, was du dir wirklich wünschst. Lasse jedes deiner Worte aus dem liebevollen Wesenskern kommen, dem wirklich dein Wohl und das Wohl der Welt am Herzen liegt. Schicke positive Äußerungen in deine Zukunft, als Geschenk an dich selbst. Und genauso, als ob du etwas Wertvolles wiederfindest, was du vor langer Zeit versteckt und längst vergessen hattest, werden dir die Ergebnisse deiner vergangenen Äußerungen in kommenden Zeiten Freude bringen.

GEDANKE FÜR DEN HEUTIGEN TAG

Da ich ein Geschöpf der Liebe bin, sind es auch alle *meine* aus Liebe geborenen Schöpfungen. Alle meine Worte entspringen diesem liebevollen Ort in meinem Inneren. Ich erfülle alles, was ich sage, mit Liebe und spreche liebevoll über mich selbst und alle anderen. Ich sage, höre, schreibe und denke in liebevoller Weise; und freudig empfange ich jede sich daraus ergebende Manifestation.

Sprich liebevoll mit dir selbst

Die Worte, die du benutzt, um dich selbst zu beschreiben, wirken sich tief auf dein Gefühl der Selbstliebe und des Selbstwertes aus. Dazu gehört, was du denkst, sagst, schreibst und sogar die Witze, die du über dich machst.

Du befindest dich in der Rolle des Versorgers für deine eigene Person. Ähnlich einer Mutter oder einem Vater, die sich um ihr Baby kümmern, hast du die Verantwortung und Pflichten dir selbst gegenüber. Zu diesen Aufgaben gehört, dass du liebevoll und behutsam mit dir und über dich sprichst, genauso wie du es bei deinem eigenen Kind tun würdest.

Benutze heute nur positive Ausdrücke, um dich selbst zu beschreiben. Das bedeutet nicht, dass du prahlen oder großspurig sein sollst – du spiegelst einfach nur deine göttliche Natur wider. Wenn du schöne Worte benutzt, sprichst du die Wahrheit aus. Dies wiederum hebt dich auf die höchstmögliche Energiestufe, wo Wunder und sofortige Manifestationen möglich sind.

GEDANKE FÜR DEN HEUTIGEN TAG

Wenn ich heute an mich denke, tue ich es auf liebevolle Weise, und ich spreche mit dem gebührenden Respekt von mir selbst. Ich ehre meine Göttlichkeit und werde meinem höchsten Potenzial gerecht. Ich genieße das Gefühl des Friedens, der sich einstellt, wenn ich mich selbst ehre und respektiere.

Erlaube den Engeln, dir zu helfen

Du bist unser geliebtes Wesen, und wir sind zutiefst an deinem Wohlergehen, Glück und inneren Frieden interessiert. Wenn du wütend oder traurig bist, rücken wir an dich heran und umhüllen dich mit unserer Liebe. Selbst wenn du dich vollkommen allein und verlassen oder missverstanden fühlst, sind wir bei dir und lieben dich bedingungslos.

Wir sind deine Teamkollegen, die ständig bereit sind, jeden Ball aufzufangen, den du uns zuwirfst. Wenn du deine Bemühungen mit uns abstimmst, können wir gemeinsam sogar noch weiter kommen. Das bedeutet für dich, den Verbindungsweg zu uns immer frei zu halten, vor allem wenn du aufgebracht bist oder Hilfe brauchst.

Wenn du uns erlaubst, dir bei allem zu helfen, wirst du den Beweis unserer tiefen Liebe zu dir sehen. Sie ist so groß und allumfassend, dass man es nicht in Worte fassen kann. Doch wenn du uns gestattest, dir unsere Hingabe zu zeigen, wirst du sie fühlen.

GEDANKE FÜR DEN HEUTIGEN TAG

Meine Engel lieben mich für das, was ich jetzt bin, und ich erlaube ihnen, mir zu helfen. Ich bitte meine Engel im Laufe des Tages immer wieder um Unterstützung. Wir sind eine Einheit, ein perfektes und wunderbar eingespieltes Team.

Lehre Frieden durch dein Vorbild

Wenn andere sehen, dass du in deinem Inneren ruhst, erinnert sie dies an den Wert der Ruhe und Stille – das heißt, du inspirierst sie dazu, *ihren eigenen* Frieden zu entdecken. Da du Personen anziehst, die diesen Zustand anstreben, werden sie dich schließlich um deine Hilfe bei ihren eigenen Bemühungen bitten.

Du lehrst stets durch alles, was du tust, daher lass heute Frieden das Thema deiner Lektion sein. Achte darauf, zentriert zu bleiben, indem du zum Beispiel deine Augen schließt, betest, tiefe Atemzüge machst, Zeit in der Natur verbringst und ähnliches. Dadurch bewirkst du, dass sich deine Funken der Harmonie zu einer lichten Flamme entfachen.

GEDANKE FÜR DEN HEUTIGEN TAG

Ich zentriere mich im Laufe des Tages immer wieder. Ich bitte meine Engel um Hilfe bei dem Wunsch, Frieden auszustrahlen, wo immer ich hingehe, und dass auch alle anderen, die mir begegnen, von Frieden erfüllt sein mögen

⟰ 22 ⟱

Entdecke den Segen in schmerzhaften Situationen

Es ist weder nützlich noch tugendhaft, an Schmerzen jedweder Art festzuhalten. Der Wert zeigt sich nur in der Art und Weise, wie du dich aus dem Leiden herausbewegst, vergleichbar einem Flugzeug, das sich über die Wolken erhebt. Leiden beinhaltet eine Botschaft, die deine Aufmerksamkeit fordert – sie zu ignorieren oder zu verschleiern stellt keine Lösung dar, da das Leiden dann einen anderen Weg finden wird, um sein Anliegen zu kommunizieren.

Heute arbeiten wir zunächst mit dir daran, das Geschenk, das dir dein Schmerz gebracht hat, hoch zu schätzen und dann diesen Schmerz voller Teilnahme loszulassen. Die Methode ist immer die Gleiche, egal ob die schmerzhaften Gefühle mit einer Beziehung zu tun haben, einer finanziellen Lage, einem Verlust, den Sorgen um einen geliebten Menschen oder einem Ungleichgewicht in deinem Körper.

Atme jetzt tief ein und richte deine Aufmerksamkeit auf das Problem. Bringe deinen Geist soweit wie möglich zur Ruhe und bitte darum, zu entdecken, welches Geschenk die schmerzhafte Situation in sich birgt. Es gibt immer irgendeinen versteckten Segen – der sich darin äußern kann, dass du zum Beispiel Geduld, Mitgefühl, Vergebung, innere Stärke und ähnliche Tugenden lernst.

Wenn du erst einmal das Geschenk in dem Schmerz erkannt hast, muss er nicht länger deine Aufmerksamkeit erringen. Er hat seine Botschaft überbracht und kann sich nun zurückziehen. Und wenn der »Bote« geht, wird der Frieden, der schon immer in dir gewohnt hat, deutlicher. Dies ist die Grundlage für die Lösung aller scheinbaren Probleme.

Gemeinsam überlassen wir die schmerzhafte Situation Gott in dem Vertrauen, dass sie auf der geistigen Ebene gelöst wird, und in dem Wissen, dass diese Lösung sich jetzt ebenso auf der physischen Ebene manifestiert. Wir breiten unsere Arme aus, um das Geschenk einer friedlichen Lösung, Heilung und eines Wunders zu empfangen.

GEDANKE FÜR DEN HEUTIGEN TAG

Ich sehe die Geschenke, die in jeder Situation verborgen sind, die mir widerfährt. Ich bin stark, standhaft und sicher; Gott kennt bereits die Lösung zu jedem Problem in meinem Leben. Ich überlasse diese Situation mit Liebe und Vertrauen der unendlichen Weisheit Gottes. Ich danke dir, Gott, dass du mir auf jede erdenkliche Weise hilfst. Ich nehme deine Hilfe jetzt bedingungslos an.

Erfreue dich an wahrer Vertrautheit

Eine »Herzensverbindung« mit einem anderen Menschen ist eine der größten Freuden im Leben. Es ist das Geschenk wahrer Vertrautheit, das ihr einander gebt – und dies gilt für alle zwischenmenschlichen Beziehungen, sei es Familie, Freundschaft oder die Liebe zwischen Mann und Frau.

Wir Engel haben die gleiche Verbindung zu dir, selbst wenn du dir unserer Präsenz in deinem Leben nicht bewusst bist. Wir sind mit all deinen Emotionen, Gedanken und Taten innigst verbunden. Und da wir dich bedingungslos lieben, ist unsere Liebe zu dir keinerlei Schwankungen unterworfen. In jedem Augenblick ist sie so beständig, zuverlässig und stark wie im nächsten.

Suche heute Augenblicke wahrer Vertrautheit mit einem anderen Menschen (oder mit uns). Diese Verbindung beginnt, wenn ihr einander in die Augen schaut und der Wahrheit in eurem Herzen durch aufrichtige Worte Ausdruck verleiht. Fühle die hohe Energie, die eintritt, wenn du sagst, was du wirklich meinst – so entsteht eine Herzens-Verbindung … und wahre Vertrautheit.

GEDANKE FÜR DEN HEUTIGEN TAG

Ich lasse mein Herz sprechen und gestatte mir selbst, die Wahrheit auszusprechen, die ich fühle. Ich öffne mich dem Hören und Fühlen der Wahrheit. Ich bin bereit, eine tiefe Verbindung mit einem anderen Menschen einzugehen.

Geh behutsam mit dir um

Geliebtes Wesen, du hast eine empfindsame Seele und ein fühlendes Herz, daher gehe behutsam mit dir selbst um. Wenn du auch keineswegs zerbrechlich bist, verdienst du dennoch die Achtung, die das Mitgefühl bietet. Genauso wie du eine schöne Taube mit zärtlicher Fürsorge umhegen würdest, bitten wir dich, die gleiche liebevolle Behandlung dir selbst angedeihen zu lassen.

Nimm dir heute Zeit und treibe dich nicht ständig selbst zur Eile an – nimm das Leben leicht. Du bist Gottes wertvolles Kind, und du verdienst die reichen Früchte eines liebevollen Umgangs mit dir selbst.

GEDANKE FÜR DEN HEUTIGEN TAG

Ich gehe behutsam und liebevoll mit mir um. Ich erledige alles, was ich tun muss, auf eine unbeschwerte und freudige Weise. Ich lasse mir Zeit.

Erinnere dich an deine Großartigkeit

Deine Seele ist in jeder Beziehung von einer göttlichen Groß-artigkeit. Durch dich scheint Gottes Licht auf den Planeten, selbst wenn du dir dieses Geschenkes nicht bewusst bist, das du der Welt bringst.

Deine Großartigkeit ist allgegenwärtig, egal, was um dich herum vorgeht. Weder die Meinung anderer noch deine ei-gene – außer wenn sie deine reine und bedingungslose Liebe betrifft – spiegelt deine ewige Wahrheit wider. Du bist ein herr-liche Beispiel für die Schöpferkraft Gottes, absolut vollkommen und eine reine Freude für die Welt.

Heute möchten wir, dass du dich an deine göttliche Voll-kommenheit erinnerst und dich auf sie berufst, wenn du Unter-stützung brauchst. Siehe dieses gleiche heilige Ideal in jedem, der dir begegnet, und du wirst feststellen, dass alle deine Bezie-hungen zu äußerst beglückenden Erfahrungen werden.

GEDANKE FÜR DEN HEUTIGEN TAG

Ich erinnere mich daran, dass ich eins bin mit Gott, in jeder Situation und für alle Zeiten. Wo immer ich auch bin, Gott ist stets an meiner Seite; er wacht bedingungslos und liebevoll über mich und bei allem, was ich tue.

Bitte die Engel um Hilfe

Wenn du dir Sorgen machst über materielle Dinge wie zum Beispiel Geld, Arbeit, dein Zuhause oder dein Eigentum, rufe dir bitte ins Gedächtnis, dass es eine andere Möglichkeit gibt, mit diesen Themen umzugehen. Die gleiche Energie, die du in Angst und Sorgen verschwendest, kannst du stattdessen in Gebete und Affirmationen investieren – Werkzeuge, die Lösungen und echte Hilfe nach sich ziehen.

In dem Augenblick, wo du spürst, dass du dir Sorgen machst (indem du zum Beispiel Angst bekommst oder merkst, wie sich dein Bauch verkrampft oder dein Kiefer anspannt), halte inne und bitte uns Engel um Hilfe. Wir werden dich daran erinnern, dass alle Bedürfnisse, die du auf deinem Weg hast, zur rechten Zeit erfüllt werden. Wir werden dich beruhigen und dir helfen, deinen Geist frei zu machen, damit du die intuitive Führung empfangen kannst, die deine Situation erleichtern wird.

GEDANKE FÜR DEN HEUTIGEN TAG

Alle meine Bedürfnisse werden erfüllt, jetzt und immer. Meine Zukunft ist völlig sicher. Ich bitte um Wundertaten, erwarte sie und vertraue darauf, dass sie eintreten und mir und meinen Lieben Gutes bringen.

Halte nichts vor dir selbst zurück

Du unterdrückst viele wichtige, innere Gespräche, von denen manche dir völlig unbewusst sind. Dir selbst alles zu sagen, ist von essenzieller Wichtigkeit – was würdest du dir also jetzt gern selbst gegenüber eingestehen? Manchmal geht es nur darum, dass du dir Gelegenheit gibst, ehrlich zu dir selbst zu sein.

Einige deiner Emotionen sind dir vielleicht unangenehm, ängstigen dich oder machen dich verlegen, daher hältst du sie aus deinem Bewusstsein fern. Eventuell schämst du dich deiner Gefühle, doch ist es wichtig für dein Wohlbefinden und deine Heilung, diese Gefühle dir selbst gegenüber zuzugeben. (Du musst diese Emotionen nicht ausleben, doch ist es wichtig, sie dir selbst einzugestehen). Indem du dies tust, wirst du die Ursache verstehen, warum sie existieren, und Mitgefühl mit dir selbst entwickeln.

Ehrlichkeit dir selbst gegenüber ist ein Meilenstein beim Erlangen von SelbstBewusstsein, das wiederum das Fundament für SelbstLiebe ist. Wenn du weißt, wer du bist, kannst du dich besser akzeptieren. Triff heute die Absicht, deinen eigenen inneren Dialogen zu lauschen, und versuche, sie mit Humor, Mitgefühl und Liebe zu betrachten. Halte nichts vor dir selbst zurück und rede offen über jedes Thema, bring deine geheimsten Gefühle ans Licht – und wage dann, sie durch Schreiben, Singen, Tanzen oder auf andere kreative Weise auszudrücken.

GEDANKE FÜR DEN HEUTIGEN TAG

Ich bin ehrlich mit mir selbst. Ich hebe den Deckel an, unter dem meine Emotionen liegen, und ich betrachte sie mit demselben Mitgefühl, das ich einem Kind entgegenbringen würde. Indem ich mir selbst meine geheimsten Gefühle eingestehe, erlange ich ein tieferes Verständnis und Liebe für mich selbst und andere.

Verabschiede dich von allen Schuldgefühlen

Schuldgefühle melden sich immer dann, wenn du dir selbst die Schuld an einer schwierigen Situation gibst. Sie stellen eine schwere Last dar, die du mit dir herumträgst – zudem sind sie ungesund und keineswegs hilfreich. Schuldgefühle sind etwas völlig anderes als Verantwortungsgefühl: *Schuldgefühle* gehen mit Angst, Vorwürfen, Scham und Verurteilen einher, während *Verantwortung* mit Liebe, Mitteilsamkeit und positiver Handlungsweise zu tun hat.

Heute nehmen wir dir die Last der Selbstvorwürfe von deinen Schultern. Atme tief durch, während wir dich von den Fesseln der Schuldzuweisungen befreien, und sieh dich selbst im himmlischen Licht allumfassender Vergebung. Alle vermeintlichen Fehler waren wie Kinder, die unbeholfen übereinander stolperten – in Wahrheit bist du unschuldig. Und indem du frei und freudig lebst, bringst du großen Segen in dein Leben und in das Leben anderer Menschen.

GEDANKE FÜR DEN HEUTIGEN TAG

Ich verabschiede mich von allen Gefühlen der Schuld und befreie mich von den Lasten der Vorwürfe und Scham. Ich sehe mich selbst so, wie Gott mich sieht: in jeglicher Hinsicht unschuldig. Ich bin dazu in der Lage, verantwortungsbewusst zu leben, wobei Liebe und Frieden mich auf eine Ebene heben, auf der ich mir selbst, meinen Lieben und dieser Welt wirklich von heiligem Nutzen sein kann.

Wisse, dass du alles tun kannst!

Deine Fähigkeiten und Macht sind unbegrenzt, daher kannst du alles tun, was du dir mit dem Verstand (und Herzen) vornimmst. Gehe unbekümmert an jede Situation heran: Fokussiere dich einfach auf dein Ziel, so als hätte es sich bereits in materieller Form verwirklicht.

Was immer du dir wünschst, stelle dir einfach vor, dass es bereits eingetreten ist – dazu zählen auch Verhaltens- und Handlungsweisen. Anstatt zu sagen: »Ich wünschte, ich würde mehr für meine Fitness tun«, konzentriere dich darauf zu denken, dass du es bereits tust. Sieh und fühle dich selbst als jemand, der voll motiviert ist, etwas für seine Fitness zu tun und diese Erfahrung tatsächlich genießt. Bedanke dich dafür, dass du bereits regelmäßig Sport treibst. Das Gleiche gilt für alles andere, was du dir wünschst. Sieh und fühle dich selbst als geduldig, wohlhabend, gesund, glücklich, wie du deine Arbeit und eine Beziehung genießt und alles, was du dir wünschst.

Das Wort *Spirit* (dtsch. Geist) hat seine Wurzeln in den lateinischen Begriffen *inspirare* und *aspirare* (etwas anstreben), und wenn du etwas anstrebst, bist du von *Spirit* inspiriert! Du erfreust dich der Unterstützung dieser ewigen Kraft, die du mit Gott, den Engeln und jedem Menschen auf dem Planeten gemeinsam hast.

Du, als göttlicher *Spirit*, kannst alles tun und erreichen, was du möchtest!

GEDANKE FÜR DEN HEUTIGEN TAG

Ich glaube an mich selbst und alle meine Möglichkeiten. Ich verwandle Zweifel in Träume und Ängste in Begeisterung. Ich stütze mich auf die Kraft Gottes in meinem Inneren und weiß, dass diese Energie mich in jeglicher Hinsicht motiviert und unterstützt.

Sprich mit den Engeln

Wir hören und erhören all deine Gebete und Bitten um Hilfe. Selbst wenn du unsere Anwesenheit vielleicht noch nicht spüren oder sehen kannst, sind wir in diesem Moment genau hier an deiner Seite. Sobald du das Gespräch mit uns suchst, öffnest du die Türen zur Verbindung mit den Engeln. Je öfter du mit uns sprichst, desto mehr wirst du dir unserer bewusst werden. Es ist unerheblich, auf welche Weise du mit uns kommunizierst – ob über geschriebene, gesprochene oder gedachte Worte … wir hören jede Rede, die du an uns richtest.

Wir gehen immer auf dich ein, und zunächst könntest du unsere Antwort in deinem Herzen fühlen oder als Gedanken in den Sinn bekommen. Dies sind wahrhaft Botschaften von uns, an dich gesandt auf den Schwingen reiner, bedingungsloser Liebe.

GEDANKE FÜR DEN HEUTIGEN TAG

Ich spreche mit meinen Engeln während des ganzen Tages. Ich beziehe sie in jede Entscheidung und Situation mit ein, indem ich um ihre Hilfe bitte, ihre Führung, ihren Schutz und ihre Einmischung; und ich sehe Anzeichen für ihre liebenden Hände, da sich alles zum Besseren wendet.

Überlass deine Sorgen Gott

Wenn du an deinen Sorgen festhältst, gären sie in deinem Inneren wie in einem geschlossenen Behälter; sie werden immer größer und bedrohlicher, bis sie dich irgendwann als permanenter Stress verfolgen. Anstatt also diese Ängste weiterhin unter Verschluss zu halten, überlasse sie einfach Gott!

Die unendliche Weisheit Gottes kennt jede Lösung. Selbst scheinbar hoffnungslose Situationen werden einträchtig geklärt, wenn du sie dem Himmel übergibst, da in jedem erdenklichen Problem die Lösung bereits enthalten ist.

In der Welt des Geistes gibt es keine wirklichen Probleme – alles ist friedlich, harmonisch und heil. Wenn du deine Seele zum Himmel wendest, zapfst du damit diese Wahrheit an und erlebst sie unmittelbar. Jede Sorge, Angst oder Schwierigkeit ist eine Mahnung, dich der himmlischen Liebe zuzuwenden … eine Gelegenheit für dich, anstelle von Stress und Anspannung Frieden und Wohlgefühl zu wählen. Du bist Mitglied einer glorreichen Gemeinschaft von Engeln und anderen liebevollen Wesen, die umgehend zu Hilfe kommen, sobald du ihnen gestattest, einzugreifen.

Lass dies den Tag sein, an dem du alle deine Sorgen Gott übergibst. Zögere keinen Augenblick länger, jede Anwandlung von Angst oder Zweifel in die ausgestreckten Hände der himmlischen Mächte zu legen.

GEDANKE FÜR DEN HEUTIGEN TAG

Ich überlasse alle meine Sorgen und Ängste Gott. Ich behalte nichts zurück. Alles, was mich bedrückt, wird mir von der Seele genommen. Wie ein neugeborenes Kind lasse ich es zu, völlig umsorgt zu werden. Ich vertraue der unendlichen Weisheit und Liebe des Schöpfers, mich zu beschützen und alle meine Bedürfnisse zu erfüllen.

Sprich mit Worten der Liebe

Die Worte, mit denen du über dich selbst, andere Menschen und Situationen in deinem Leben sprichst, sind mit einer Bestellung in einem Restaurant vergleichbar: Sie entscheiden, was du (zurück)erhältst. Wenn du deine Worte mit Bedacht wählst, wird dein Leben erfüllt sein mit liebevollen, harmonischen Erfahrungen. Wenn du grobe Worte sprichst, ist negative Energie das Resultat.

Entscheide dich heute, nur liebevolle Worte zu benutzen. Achte darauf, wie vormals schwierige Situationen sich positiv verändern. Wir können dir bei diesem Prozess helfen, indem wir dich sanft ermahnen, das Beste in allen und jedem zu sehen. Auf diese Weise kommen wunderbare Erlebnisse zu *dir*!

GEDANKE FÜR DEN HEUTIGEN TAG

Ich spreche liebevoll über mich selbst, andere Menschen und Situationen. Wenn ich Worte der Liebe und des Mitgefühls benutze, bringe ich damit die höchste Wahrheit zum Ausdruck.

Bringe die Perlen in deinen Gedanken zum Leuchten

Du wirst bei allem, was du tust, jetzt und immer unterstützt. Zuweilen empfindest du dies vielleicht nicht so und glaubst, dass du allein und ohne Hilfe in einer Einöde kämpfst. Vielleicht nimmst du an, dass der Himmel dich verlassen hat und deine Gebete unerhört bleiben, doch die universelle Energie unterstützt dich, indem sie dir alle deine Gedanken und Gefühle bewusst macht. Viele Male stehen wir neben dir und werden Zeuge, wie du Entscheidungen triffst, die wir dir nicht raten würden – jedoch bestimmt dein freier Wille, dass du alles bekommst, worauf du dein Denken richtest. Der Grund dafür ist der, dass du dein eigener Schöpfer bist und kontinuierlich alles manifestierst, womit du dich gedanklich beschäftigst.

Auf deinen Wunsch hin stehen wir Engel dir zur Verfügung und führen dich zu einem erfreulichen Schöpfungsmuster. Rufe uns an, um die Perlen in deinen Gedanken und Gefühlen zum Leuchten zu bringen, denn in jeder Angst und Sorge verbirgt sich die leuchtende Energie der Liebe. Wir können dich dazu anleiten, bewusst Erfahrungen zu schaffen, die dir große Freude und Segnungen bringen.

Mache dir heute deine wunderbare Fähigkeit der Manifestation bewusst. Wisse, dass dich das ganze Universum in allem, was du denkst und fühlst, bedingungslos unterstützt.

GEDANKE FÜR DEN HEUTIGEN TAG

Ich weiß, dass ich in diesem Augenblick und immer volle Unterstützung erhalte und dass mir auf meine Bitte hin alles gegeben wird, was ich brauche. Durch meine Gedanken und Gefühle kreiere ich meine Erfahrungen, und ich bin in der Lage, mich auf Freude auszurichten.

Wisse, dass die Engel hier sind

Der Himmel ist nicht irgendein weit entfernter, unerreichbarer Ort – vielmehr ist er eine Dimension, die dich überall umgibt. Daher wirst du manchmal unsere Gegenwart fühlen oder Beweise dafür erhalten, dass wir direkt neben dir sind.

Wir bewegen uns genau wie du, machen alle deine Schritte mit und sind immer an deiner Seite. Obgleich wir uns niemals in deinen freien Willen einmischen, sind wir bereit, dir jederzeit zu helfen … du musst uns nur darum bitten, und wir werden mit Freuden tätig werden.

GEDANKE FÜR DEN HEUTIGEN TAG

Meine Engel sind immer an meiner Seite. Ich werde bedingungslos und stets von ihnen geliebt, und sie helfen mir, wann immer ich sie darum bitte. Ich bin von vielen Engeln umgeben und werde von ihnen unterstützt und geliebt, jetzt und immer.

Verwandle negative in positive Energie

Sorgen, Wut, Bitterkeit und ähnliche Empfindungen werden »negative« Emotionen genannt, weil sie Zeit und Energie absaugen – was bedeutet, dass ihre Negativität sich auf die Ausrichtung deiner Energie auswirkt und die Energie nach unten zieht. Im Gegensatz dazu erhöhen Gefühle wie Freude, Begeisterung und Hoffnung deinen Energielevel und werden daher als »positiv« bezeichnet.

Sorgen und Ängste sind so weit verbreitet, dass sie als wesentliche, normale menschliche Gewohnheit verstanden werden können. Doch ziehen diese Empfindungen unerwünschte Auswirkungen nach sich, einschließlich Stress, Anspannung, vorzeitiges Altern, Suchtverhalten, Schlaflosigkeit und Zeitverschwendung. Und das Gleiche gilt für alle anderen negativen Emotionen.

Du kannst diese Gefühle in positive Empfindungen umwandeln, indem du dir Folgendes ins Gedächtnis rufst: Normalerweise ist Angst die Basis einer negativen Emotion. Es ist die Angst, jemanden oder etwas zu verlieren oder es nicht zu bekommen. Es ist eine Affirmation, die besagt, dass eine andere Macht als du selbst die Kontrolle hat.

Wie wäre es, wenn du – anstatt dich der Angst hinzugeben – innehieltest und stattdessen uns um Hilfe bittest? Die Wirkung deines Gebetes kann umgehend die Ursache für deine Sorge aus der Welt schaffen, dir echte und fortdauernde Hilfe bringen und dir positive Energie schenken.

GEDANKE FÜR DEN HEUTIGEN TAG

Ich begegne der Angst mit Gebeten. Anstatt mir das Schlimmste vorzustellen, was passieren könnte, bitte ich um Hilfe. Ich erwarte das Beste, und ich visualisiere Erfolg. Wenn ich mich niedergeschlagen fühle, wende ich mich an die himmlischen Mächte.

Erfreue dich wahrer Sicherheit

Deine Intuition führt dich sicher durch alle Situationen, vorausgesetzt du hörst auf sie. Wir stehen jederzeit zu deinem Schutz bereit und wachen unermüdlich über dein Wohlergehen. Wir geben dir zu verstehen, wenn Gefahr droht und helfen dir, deinen sechsten Sinn besser wahrzunehmen.

Fühle dich sicher in dem Wissen, dass deine Engel und deine Intuition dich warnen werden, wenn Gefahr besteht. Du wirst deutliche und unmissverständliche Signale erhalten, wenn du Vorsicht walten lassen oder bestimmte Maßnahmen zu deinem Schutz ergreifen musst. Bis dahin lehne dich zurück in dem Wissen, dass du beschützt bist … wir wachen über dich.

GEDANKE FÜR DEN HEUTIGEN TAG

Ich bin sicher, jetzt und in Zukunft. Meine Engel wachen jetzt und immer über mich. Ich vernehme deutlich meine Intuition und handle entsprechend.

Sieh die Schönheit in allem

Ewige Schönheit existiert ständig in deinem Inneren und in allem, was dich umgibt. Sie hat eine große Macht, die du anzapfen und von der du profitieren kannst. Wenn du dir dieser Schönheit bewusst wirst, beschenkt sie dich umgehend mit ihrer Energie. Du kannst sie in den Farben der Natur finden, in deinen zwischenmenschlichen Beziehungen oder in allem, was von Menschenhand geschaffen wurde. Vielleicht wirst du sie auch durch Erlebnisse erfahren, die synchronistisch aufeinander folgen, damit du die göttliche Ordnung in allem erkennen kannst, was dir widerfährt.

Du bist ein Wesen von großer Schönheit. Du nimmst uns mit deinem glühenden inneren Licht, deinen liebevollen Vorsätzen und den strahlenden Wohltaten, die du anderen bringst, den Atem! Deine Schönheit findet leuchtend seinen Ausdruck in deinem Lächeln, deinem Gesicht, deiner Haltung, deinen Emotionen und Absichten, indem du ihren göttlichen Ursprung erkennst – und dass jeder und alles Teil ist des einen herrlichen, göttlichen Geistes.

GEDANKE FÜR DEN HEUTIGEN TAG

Wohin auch immer ich gehe und was ich auch tue, überall sehe ich Schönheit. In meinem Inneren ist große Schönheit sowie in jedem Menschen, dem ich begegne, und in jeder Situation. Alles, was ich benötige, um mich an dieser Schönheit zu erfreuen, ist meine Bereitschaft, sie wahrzunehmen.

Freue dich über neue Freundschaften

Wir Engel sind deine Gefährten, da wir deine wunderbaren Qualitäten sehen – doch auch viele Menschen würden es genießen, dich kennenzulernen und mit dir Freundschaft zu schließen.

Um wunderbare Freunde anzuziehen, entwickle und lebe die Qualitäten, die du dir bei einem Freund wünschst. Benutze positive und wohlmeinende Worte, die den Menschen in deiner Umgebung angenehm sind. Um Freunde zu *gewinnen*, sei für andere ein Freund.

Wir werden dich bei all deinen Beziehungen leiten, sobald du es zulässt, und dir neue Freunde zuführen.

GEDANKE FÜR DEN HEUTIGEN TAG

Ich habe wunderbare Freunde, die .... (ergänze die gewünschten Eigenschaften). Ich werde einfach so von anderen gemocht. Ich gewinne schnell Freunde und bin ihnen ein treuer Verbündeter. Meine Engel führen und beschützen mich in all meinen Beziehungen.

Wisse, dass du Gutes in deinem Leben verdienst

Du wirst genauso geliebt wie jedes andere Geschöpf Gottes, doch zuweilen hast du das Gefühl, als seiest du weniger wert als andere Menschen. Diese Bedenken sind ein Widerhall der Angst und stellen keine zutreffende Beschreibung deiner Selbst dar. Tatsache ist, dass Gott nur das Beste für dich wünscht, genau wie alle liebenden Eltern ihren Kindern angenehme Erfahrungen wünschen. Du verdienst Gutes in deinem Leben ebenso sehr, wie jeder andere Mensch der Hilfe, Liebe und Fürsorge wert ist.

Wenn du Gutes empfängst und annimmst, füllst du auf diese Weise den Brunnen der Wohltaten, was dir wiederum erlaubt, anderen zu helfen. Darüber hinaus erfüllst du durch dein Empfangen Gottes Wunsch, dir alles zu geben, was du ersehnst. Indem du es zulässt, Gutes zu empfangen, stimmst du dich auf die Energie des Universums ein, die unentwegt passende Geschenke für jeden hervorbringt.

Du bist absolut liebenswürdig und frei von Schuld. Du hast nichts Falsches getan, und es gibt nichts, dessen du dich schämen müsstest. Du bist ein unschuldiges, wertvolles und viel geliebtes Kind Gottes. Gib dich heute dem Guten hin ... öffne deine Arme, empfange ... und bedanke dich.

GEDANKE FÜR DEN HEUTIGEN TAG

Ich erlaube mir selbst, Gutes zu empfangen. Ich gehe liebevoll mit mir um und werde genauso liebevoll von anderen behandelt. Je liebevoller ich mit mir selbst bin, desto mehr fühle ich mich geliebt. Je mehr Liebe ich fühle, desto größer ist mein Gefühl inneren Friedens. Und je mehr Frieden ich empfinde, desto größer wird mein Beitrag zum Frieden auf der Welt sein. Ich kann ruhig etwas empfangen, da ich – wie alle anderen – in jeglicher Hinsicht Gutes verdiene.

Sei risikobereit

Was ist dein heimlichster Wunsch, den du gerne realisieren würdest? Vielleicht hast du Angst vor Enttäuschung, daher zögerst du noch, dir deinen geheimsten Wunsch einzugestehen oder Schritte zu seiner Erfüllung vorzunehmen.

Geliebtes Wesen, wir unterstützen dich und deine Bestrebungen. Wage etwas und erlaube dir, zu träumen – dir vorzustellen, dass dein Wunsch bereits erfüllt ist – und *tue* etwas, um dazu beizutragen, dass er wahr wird.

Was du tust, ist nicht so wichtig wie die einfache Ausführung der Bewegung in die Richtung dahin, was du dir so sehr wünschst. Egal, ob es darum geht, jemanden anzurufen, zu schreiben, nachzuforschen, zu affirmieren oder was immer es ist, wozu du dich veranlasst fühlst – die Energie, die du auf diese Weise aufbringst, wird das Universum für dich tätig werden lassen.

GEDANKE FÜR DEN HEUTIGEN TAG

Ich wage etwas. Ich riskiere es, erfüllt, glücklich und zufrieden zu sein in dem Wissen, dass ich den Mut aufgebracht habe, an meine Träume zu glauben.

Atme tief

Der Atem ist die Brücke zwischen der geistigen und physischen Welt. Dein Atem versorgt dein physisches Selbst, deine Seele und deinen Geist mit geistiger Nahrung.

Wenn du tief atmest, ist es, als ob du kurz ausspannst und neue Kräfte sammelst. Werde dir jetzt deines Atems bewusst und vertiefe ihn. Lege eine kleine Pause zwischen Ein- und Ausatmen ein und genieße einfach die köstliche Luft.

Erfülle dein Leben mit frischer Luft: Mach einen Spaziergang in der Natur, bereichere dein Heim mit natürlichen Pflanzen oder schaffe dir einen Luftreiniger an. Bedenke, dass die Umgebung nah am Wasser (auch deine Dusche oder Badewanne) mit wirksamen Molekülen gesättigt ist, die deine Gesundheit und dein Wohlbefinden unterstützen.

Nimm dir heute vor, dir Rhythmus und Tempo deines Atmens bewusst zu machen. Wenn du dich im Laufe des Tages gestresst fühlst, achte darauf, tief ein- und auszuatmen. Der vermehrte Sauerstoff, den du dir auf diese Weise zuführst, entspannt deinen Körper, belebt deine Energie und führt zu kreativen Einsichten und Lösungen.

GEDANKE FÜR DEN HEUTIGEN TAG

Ich atme tief, bewusst und mit Begeisterung ein und mit Freude aus.

Erlaube dir große Träume

Deine Imagination ist der Ort, an dem deine zukünftigen Erfahrungen anfangen, Gestalt anzunehmen. Du bist wie der Koch, der die Zutaten auswählt, die in seine Kreation einfließen, unabhängig von den äußeren Einflüssen oder Umständen.

Was würdest du gerne in deiner Fantasie »zusammenkochen«? Diese Entscheidung wirkt sich unmittelbar auf deine zukünftigen Erfahrungen aus. Natürlich würdest du glückliche Begegnungen und Umstände bevorzugen – aber ist dir wirklich klar, dass du es bewirken kannst, dass sie eintreten?

Heute ist der Tag, an dem du die Kontrolle über deine Welt übernimmst und dir jede noch so ausgefallene und bunte Zukunft ausmalen kannst, die du dir wünschst! Wir werden dich führen und dir helfen, dich davor zu bewahren, unerwünschte Bestandteile in die Mischung zu geben, daher lege dir heute keinen Zwang auf und träume so großartig, wie du willst. Ob es sich um die Planung einer angenehmen und ruhigen Erfahrung handelt oder einer größeren Herausforderung, in jedem Fall solltest du Entscheidungen treffen, die wirklich deine innersten Gefühle widerspiegeln.

GEDANKE FÜR DEN HEUTIGEN TAG

Ich habe große Träume! Ich lasse jegliche Beschränkungen bei meiner Imagination los und gebe meiner innersten Weisheit und meinen kreativen Impulsen Ausdruck. Ich lege alte Ängste und Zweifel ab und ersetze sie durch Mut und Liebe. Ich kümmere mich um meine Zukunft mit der gleichen Sorgfalt, die ich einem neugeborenen Kind angedeihen lassen würde.

Gib den »zehnten Teil«

Die Energie dieses Planeten hat zwei Seiten und kann durch das einfache Bild von Geben und Nehmen zusammengefasst werden. Die Kraft des Ersteren ist etwas Wunderbares; sie sendet dein Licht nach außen, so dass seine Funken heller und strahlender brennen – so als würde man durch die Zugabe von Kerosin und Sauerstoff eine Flamme in ein loderndes Feuer verwandeln. Die Kraft des Empfangens andererseits ist kühler, doch genauso wundervoll anzuschauen; sie ruft das Bild von blauem Licht auf Schnee und Eis hervor. Sie zieht geistige Nahrung nach innen, wo sie dankbar Verwendung findet, bevor sie sich durch den Vorgang des Gebens wieder nach außen verströmt. Beide Kräfte bedingen einander – das heißt, du musst geben, um empfangen zu können – und umgekehrt. Dieser Kreislauf ist so fest mit dem Stoff der physischen Existenz verbunden, dass du, um mehr zu empfangen, einfach nur mehr geben musst.

Den »zehnten Teil« zu geben ist eine alte Tradition, die besagt, dass man 10 Prozent seines Einkommens einer guten Sache seiner Wahl spenden sollte; doch energetisch bedeutet es ein Vielfaches mehr, denn du kannst auf viele Weise geben. Wenn du dir zum Beispiel mehr Zeit wünschst, dann sei bereit, anderen stundenweise zu helfen, ohne dafür einen Lohn zu verlangen. Wenn es Kleidung, Möbel oder andere materielle Güter sind, die du dir wünschst, gib ähnliche Gegenstände an Wohltätigkeitsorganisationen oder bedürftige Personen weiter. Und wenn du gerne mehr Geld hättest, höre auf deine innere Führung und spende eine bestimmte Summe.

Geschenke zu geben ist eine Art Starthilfe für die Fülle, die ständig durch das physische Universum pulsiert. Sie tritt umgehend in Kraft für alle, die sich in Harmonie mit diesem natürlichen Kreislauf bewegen. Gib heute mit großer Freude – nicht mit dem Ziel, etwas zu empfangen, sondern aus der reinen Freude am rhythmischen Fluss des Lebens.

GEDANKE FÜR DEN HEUTIGEN TAG

Ich gebe den zehnten Teil, da es mein tiefer Herzenswunsch ist, etwas zu geben, und Teilen meinem Naturell entspringt. Ich gebe und empfange gern, aus der reinen Freude an diesem Austausch.

Rufe Erzengel Michael herbei

Alle Engel sind machtvoll, genauso wie alle Menschen es sind, und Erzengel Michael wird als besonders machtvoll angesehen, weil er beschlossen hat, in Reinheit zu erstrahlen und die immense Energie des Schöpfers widerzuspiegeln. Er leiht dir seine Kraft in Zeiten, in denen du deine eigene Kraft vorübergehend vergessen hast. Seine tiefe Liebe umhüllt dich schützend und bewahrt dich vor jeder Manifestation der Angst.

Wende dich an Michael, damit er heute an deiner Seite bleibt. Bitte ihn, dir Kraft und Mut zu verleihen, vor allem wenn du die Absicht hast, mit der Verwirklichung deiner tiefsten Sehnsüchte zu beginnen. Er kann dir helfen, sicher und vertrauensvoll durch das Tor der Veränderungen in deinem Leben zu schreiten.

Erzähle Michael von allen Ängsten, Zweifeln oder Unsicherheiten, die dich vielleicht plagen. Er wird sie wegwischen, die Flamme deines inneren Feuers entfachen und dir die Energie und Macht zeigen, die jetzt und immer in dir ruhen.

GEDANKE FÜR DEN HEUTIGEN TAG

Ich rufe Erzengel Michael herbei, damit er den ganzen heutigen Tag über an meiner Seite steht. Ich übergebe ihm alles, was mich stört, und bitte ihn, mir zu helfen, mich sicher zu fühlen. Ich bitte darum, dass er mich bei allem Neuen in meinem Leben beschützt und führt. Ich werde durch seinen Mut, seine Kraft, sein Vertrauen und seinen Glauben unterstützt.

Öffne dein Herz

Du bist von einem fürsorglichen Schöpfer aus reiner Liebe geschaffen worden. Alles von dir basiert auf Liebe, und sie zu fühlen bedeutet, dass du dir deiner Selbst bewusst bist. Du begegnest Gott, wenn du Liebe erfährst, doch damit dies geschehen kann, musst du offen sein – was vielleicht schwierig oder gefährlich erscheinen mag, wenn du dich zum Schutz vor emotionalem Schmerz verschlossen hast.

Wir Engel können dir helfen, dein Herz auf eine Weise zu öffnen, bei der du dich sicher und beschützt fühlst. Schreite in deinem eigenen Tempo mit uns als deinen ständigen Führern voran, und wir werden jeglichen alten Schmerz und Verbitterung wegfegen, während wir dich zu vertrauenswürdigen Situationen und Beziehungen geleiten. Du musst nichts weiter tun, als in enger Verbindung mit uns zu bleiben und uns deine Wünsche und Gefühle mitzuteilen. (Obgleich wir bereits wissen, was du fühlst und dir wünschst, können wir nicht ohne dein ausdrückliches Einverständnis tätig werden.)

Ein offenes Herz ist Gottes herrlichste Schöpfung, da es himmlische Liebe auf Erden widerspiegelt.

GEDANKE FÜR DEN HEUTIGEN TAG

Ich empfange bereitwillig die Liebe Gottes. Ich erlaube mir selbst, dies jetzt zu fühlen, da es ungefährlich für mich ist, geliebt zu werden. Ich bitte meine Engel, mir zu helfen, mein offenes Herz zu beschützen und mich in allen meinen Beziehungen anzuleiten. Ich höre auf meine göttliche Führung und folge ihr.

Rufe Erzengel Raphael herbei

Da Raphaels Ziel auf Heilung gerichtet ist, hat seine Energie eine heilende Wirkung. Auch du kannst deine Absicht in dieser Weise ausrichten, so wie jeder andere, der sich als Therapeut sehen will. Affirmiere und bete täglich darum, anderen als heilender Vermittler dienen zu können, und es wird geschehen. Das liegt daran, dass deine Aus- und Eingabe gleich sind – mit anderen Worten, um was du betest und was du dir wünschst, ist das, was sich in deinem Energiefeld und deinen Erfahrungen zeigt. Dies ist die Basis allen Heilens.

Außerdem kannst du dich an Raphael wenden mit der Bitte, deinen Willen zu stärken, dich selbst und andere zu heilen. Sollte dein Glauben ins Wanken geraten oder dein Geist sich negativen Gedanken zuwenden, kann Raphael dich an deine Aufgabe erinnern. Dieser Erzengel ist darüber hinaus in der Lage, dich in allen Aktivitäten und Bestrebungen zu führen, die deinem Wohlbefinden dienlich sind.

Rufe heute Raphael herbei, damit er dir deine Sorgen nimmt und deinen Geist besänftigt. Er kann jegliche Ängste beruhigen, unter denen du bei Krankheit, Finanzen, Beziehungen oder in anderen Bereichen deines Lebens leidest. Und indem du deinen inneren Frieden wiedererlangst, wirst du am Horizont die ersten Zeichen der Heilung erkennen.

GEDANKE FÜR DEN HEUTIGEN TAG

Ich rufe Erzengel Raphael herbei, damit er mich festhält und mit der wohltuenden Energie des Friedens umgibt. Raphael, bitte komm jetzt zu mir und leite mich in meinen Bemühungen um Heilung; hilf mir, so vertrauensvoll zu heilen, wie du es kannst.

Danke dem Universum

Das Universum ist die sich entfaltende und nie endende Energie des Göttlichen, die sich in jeder Lebensform widerspiegelt. Du bist ein Ausdruck dieser Macht und eine perfekte Reflexion des strahlenden Lichtes Gottes.

Deine Dankbarkeit schwingt auf derselben Wellenlänge wie das Universum, daher verbindet sie dich mit diesem Fließen und sorgt dafür, dass du weiterhin Erfahrungen hast, die Dankbarkeit in dir hervorrufen.

Erstelle heute eine Liste mit der Überschrift »Danke, Universum«, in der alles aufgeführt wird, wofür du dankbar bist. Mach diese Liste zu einem ständigen Projekt, dem du regelmäßig neue Gründe für deine Dankbarkeit hinzufügen kannst. Schau dir die Liste an, wann immer du einen inneren Antrieb brauchst, und deine Dankbarkeit wird dich erneut beglücken.

GEDANKE FÜR DEN HEUTIGEN TAG

Danke, Universum! Ich bin so dankbar für ....
(Führe alles auf, was du bereits hast oder dir wünschst.)

Arbeite mit Erzengel Azrael

Azrael lindert Schmerz und Leid und tröstet von Kummer verdunkelte Herzen. Er beschenkt jede Seele, die er berührt, mit dem Licht des Himmels, und seine Gegenwart allein kann ausreichen, um einem trauernden Menschen den Glauben an ein besseres Morgen zurückzugeben.

Azrael braucht menschliche Helfer, um diese Botschaft der Hoffnung weiterzugeben. Da es den in tiefer Trauer Versunkenen manchmal nicht möglich ist, die Stimmen des Himmels wahrzunehmen, müssen sie göttliche Botschaften aus Menschenmund hören. Du kannst als Erdenengel agieren, indem du Azrael bittest, deine Gespräche mit Personen, die trauern oder entmutigt sind, zu führen. Er wird durch dich sprechen und genau die richtigen Worte sagen, begleitet von hoher Heilenergie.

Rufe heute Erzengel Azrael herbei und arbeite mit ihm zusammen, um die Seelen derer zu erhellen, die diese Hilfe brauchen. Er wird die Reste von Trauer aus deinem eigenen Herzen beseitigen und dann gemeinsam mit dir zusammenarbeiten, um auch andere zu erleuchten. Azrael erinnert dich daran, dass Glücklichsein etwas Heiliges ist und dass die beste Möglichkeit, einen lieben Verstorbenen zu ehren, darin besteht, dass du dein Leben genießt.

GEDANKE FÜR DEN HEUTIGEN TAG

Ich rufe Erzengel Azrael herbei, damit er meine Bemühungen um Heilung anleitet. Azrael, ich bitte dich, mein Herz von jeglicher Trauer zu heilen, die mein Bewusstsein um die Präsenz der Liebe blockiert. Bitte hilf mir, Veränderungen mit Leichtigkeit zu akzeptieren und zu erkennen, dass kein Mensch und keine Sache jemals wirklich verloren ist.

Wisse, dass du wertvoll bist

Du bist Gottes Wunder in menschlicher Form – die lebende Verkörperung der Liebe und des Willens Gottes. Ist es daher ein Wunder, dass Engel an deine Seite berufen sind, wie die Wächter von Fort Knox? Du bist wertvoll, ein kostbares Wesen, und wirst auf unvergleichliche Weise geliebt. Wir Engel wissen um deine wahre Essenz, die vollkommen perfekt und makellos ist.

Du bist ein goldenes Kind, auf die Erde gesandt, weil allein deine Existenz und dein Atem bereits Liebe auf diesem Planeten manifestiert. Jeder deiner freundlichen Gedanken, jedes liebevolle Wort und jede positive Tat besitzt eine heilende Wirkung.

Du bist nicht nur für Gott und uns wertvoll, sondern auch für alle anderen. Auf der Seelenebene weiß jeder Mensch, dass du aus einem wichtigen Grund hier bist. Selbst wenn jemand dich anscheinend nicht versteht oder schätzt, so weiß die Seele des Betreffenden dennoch von deinem Wert.

Jedes einzelne Kind Gottes ist ein unschätzbares Wunder – und dazu gehörst selbstverständlich auch du.

GEDANKE FÜR DEN HEUTIGEN TAG

Ich bin ein Wesen von hohem Wert. Gott liebt mich zutiefst, denn ich bin ein Wunder der Liebe. Allein die Tatsache, dass ich lebe, beweist meinen Wert. Ich werde hoch geschätzt als der Mensch, der ich jetzt bin.

Verbinde dich mit Erzengel Ariel

Da Ariel über die Natur und die Umwelt wacht, hat sie ähnliche Eigenschaften wie die Feen. Sie ist weich und gleichzeitig sehr machtvoll – weiblich in ihrer Anmut und Stärke, und magisch in ihrer Fähigkeit, Wünsche Realität werden zu lassen.

Ariel hilft, staunende Ehrfurcht und absolutes Vertrauen neu zu wecken, so wie du es als Kind empfunden hast. Sie zeigt dir, wie der Glaube an das Göttliche heute eine bewusste Entscheidung ist, die dir die Möglichkeit gibt, dem starren Denken zu entfliehen, das deine Bemühungen zur Manifestation zunichte machen könnte.

Rufe heute Ariel herbei, um dein Gespür kindlichen Staunens und der Ehrfurcht neu zu erwecken. Anschließend erlaube dir selbst, deiner inneren Führung zu folgen, indem du freudig tanzt, singst oder spielst, da diese Tätigkeiten die Materialisierung deiner Träume beschleunigen werden.

GEDANKE FÜR DEN HEUTIGEN TAG

Ich rufe Erzengel Ariel herbei und erlaube meiner Imagination, mit endlosen Möglichkeiten zu brillieren und zu leuchten. Ich erlaube mir, wieder an Wunder zu glauben, und ich verwerfe alle Begrenzungen in meinen Gedanken und Glaubenssätzen.

Fühle die Liebe der Engel

Wir senden dir Liebe, während du diese Worte liest. Stimme dich auf deinen Atem und deinen Körper ein und achte auf die zarten Empfindungen, die du bei jedem Einatmen empfängst. Du atmest damit unsere Liebe ein und nimmst sie in deinem Körper auf, wo sie dich wärmt, ins Gleichgewicht bringt und heilt.

Heute senden wir dir dieses Gefühl während des ganzen Tages. Solltest du dir nicht mehr unserer Gegenwart bewusst sein, so macht das nichts. Wisse einfach, dass wir hier sind, wenn du neuen Auftrieb oder die Zusicherung brauchst, dass alles gut ist.

GEDANKE FÜR DEN HEUTIGEN TAG

Ich bemerke die warmen, liebevollen Empfindungen in meinem Inneren. Ich atme tief ein und spüre die fürsorgliche Gegenwart meiner Engel. Ich denke oft an sie und erlaube mir, glücklich und voller Freude zu sein.

Verbinde dich mit den Naturengeln

Die Wesen, die das Reich der Pflanzen, Mineralien und Tiere überwachen, sind als *Feen*, *Elementarwesen* und *Naturengel* bekannt, und sie sind so echt und wirklich wie du. Und genau wie du haben diese Wesen wichtige Aufgaben übernommen. In erster Linie sorgen sie für Harmonie und gesunde Aufrechterhaltung dessen, was du »Natur« nennst; doch sie können auch *dir* helfen, zu wachsen und zu gedeihen.

Sie bringen den Geist von Abenteuer und Verspieltheit in die Welt, den du anzapfen kannst, indem du dich einfach in der Natur aufhältst, bei Pflanzen und Bäumen oder in der Gesellschaft von Tieren (egal ob es sich um Haustiere oder wildlebende Tiere handelt). Da diese Geister auf der Erde leben, sind sie mitfühlende Zuhörer und Helfer bei materiellen Angelegenheiten. Sie sind glücklich, dir zum Beispiel bei Themen zu helfen, die mit Liebe und Geld zu tun haben.

Die Elementarwesen können spüren, wenn ein Mensch den aufrichtigen Wunsch hat, die Belange der Natur zu unterstützen, indem er seinen Abfall recycelt, Tiere achtsam behandelt und ähnliches. Diese Haltungsweise ruft das Wohlwollen der Naturgeister hervor, und wenn du diese wunderbaren Wesen erst einmal auf deiner Seite hast, werden sie dir viele Belohnungen zukommen lassen.

Verbringe heute einen Teil deiner Zeit mit diesen Engeln. Gib deiner Beziehung mit ihnen die Möglichkeit, sich zu entwickeln, so wie du es bei Menschen tun würdest, an denen dir viel liegt, und ihr werdet im Laufe der Zeit lernen, einander zu vertrauen, zu helfen und zu lieben. Während deine Verbindung zu den Elementarwesen immer enger wird, wirst du beginnen, ihre Leichtfüßigkeit und ihre magische Sichtweise zu übernehmen, was tatsächlich eine gesunde Herangehensweise an das Leben ist!

GEDANKE FÜR DEN HEUTIGEN TAG

Ich nehme Kontakt mit den Naturengeln auf. Ich genieße es, Zeit bei Pflanzen und Tieren zu verbringen. Ich spreche im Inneren mit den Elementarwesen und erlaube ihnen, mich nach ihrem eigenen Gutdünken kennenzulernen. Ich achte auf die Gefühle in meinem Herzen und Körper, die bestätigen, dass ich wirklich in Kontakt mit diesen magischen und liebevollen Wesen bin. Ich bedanke mich für ihre Gegenwart in meinem Leben und auf diesem Planeten.

Vereinfache dein Leben

Was für eine Sache wäre es, die du in deinem Leben verändern würdest, um es weniger kompliziert zu machen? Achte auf die erste Antwort, die dir in den Sinn kommt, und sei dir gewiss, dass wir Engel dir dabei helfen können, diesen Gedanken in die Wirklichkeit umzusetzen. Du kannst tatsächlich ein einfacheres Leben führen und dennoch deinen finanziellen Verpflichtungen nachkommen, während du gleichzeitig deine Wünsche erfüllst.

Konzentriere dich heute auf Einfachheit. Frage dich selbst, ob es einen leichteren Weg gibt, mit jeder Situation in deinem Leben umzugehen. Lege den Glaubenssatz ab, dass Kampf und Mühe eine notwendige Komponente des Lebens darstellen, und öffne deine Arme bereitwillig für die Möglichkeit, Dinge auf eine harmonische Weise zu tun. Wir werden dir helfen, dieses Ziel zu erreichen, wenn du uns nur darum bittest.

GEDANKE FÜR DEN HEUTIGEN TAG

Immer mit der Ruhe. Die besten Dinge im Leben sind einfach, daher lasse ich jetzt alle unnötigen Schwierigkeiten in meinem Leben los.

Unterbrich deine Routine

Wenn Routine auch etwas Beruhigendes hat, kann sie dich dennoch blind machen für die Vielseitigkeit des Lebens. Gewohnheitsmuster stumpfen deine Sinne gegenüber allem ab, was aus dem Rahmen des Üblichen fällt. Wecke dein Bewusstsein und fühle dich auf eine neue Art lebendig, indem du deinen Alltagstrott unterbrichst.

Gönne dir das Vergnügen, heute alles anders zu machen als sonst. Vergiss deinen normalen Tagesablauf, deine normalen Essgewohnheiten und deine gewohnte Art, die Dinge zu tun, und tausche sie gegen eine völlig neue Herangehensweise aus. Vielleicht wirst du dich am Anfang ein wenig unsicher oder irritiert fühlen, während du etwas Neues ausprobierst, doch gleichzeitig wirst du die Begeisterung spüren, die damit einhergeht, neue Wege zu erforschen. Eventuell wirst du zu einigen deiner bequemen Gewohnheiten zurückkehren, doch wirst du dir höchstwahrscheinlich auch ein paar neue Verhaltensweisen angewöhnen. Mit anderen Worten, durch das Herumexperimentieren wirst du unter Umständen wunderbare neue Möglichkeiten für dein Leben entdecken.

Ein Grund, warum Urlaub, Feiertage und Ferien so belebend sind, ist die Tatsache, dass es in der Regel damit zu tun hat, neue Orte, Menschen, Essgewohnheiten und Hobbys kennenzulernen. Du kannst dieselbe Energie erzeugen, indem du genau in diesem Moment deine Routine aufgibst und ein paar Dinge in deinem Leben veränderst.

GEDANKE FÜR DEN HEUTIGEN TAG

Ich unterbreche meine Routine und schaue mich nach ungewohnten Möglichkeiten um, meine Zeit zu verbringen. Ich probiere neue Methoden und Herangehensweisen aus, und ich entdecke neue Wege, wie ich leben kann. Ich lasse das Alte los und nehme das Neue mit offenen Armen auf.

Vernimm unsere Botschaften

Wir beantworten deine Fragen und Gebete immer. Normalerweise kommunizieren wir im Stillen mit dir, indem wir dir Energie schicken, die du als Gefühle wahrnimmst. Doch wenn wir feststellen, dass du unsere Botschaften nicht hörst, übermitteln wir sie dir auf eine weniger subtile Weise.

Heute werden wir mit dir durch die physische Welt kommunizieren. Achte auch auf die Bedeutungen, die den Worten der Menschen, denen du heute begegnest, zugrunde liegen, zum Beispiel in Gesprächen oder Liedern, die du hörst. Du wirst erkennen, dass die Information von uns kommt, da ihre Wahrheit in deinem Herzen Widerhall findet.

Unsere Anweisungen finden ihren Weg auf der Energie der Liebe von unserem Herzen in das deine. Vertraue den Eindrücken, die du erhältst und die dich ermutigen, liebevoll zu leben – denn dies sind unsere Botschaften an dich.

GEDANKE FÜR DEN HEUTIGEN TAG

Ich achte auf die liebevollen Äußerungen, die ich heute in meinem Inneren und mit meinen physischen Ohren vernehme. Ich vertraue den liebevollen Worten, die ich höre, und weiß, dass meine Engel mir ihre Botschaften auf geniale und kreative Weise übermitteln.

Überlass alle deine Sorgen uns

Deine Sorgen sind eine zu schwere Last, als dass du sie alleine tragen solltest. Stelle dir ein großes weißes Seidenlaken vor, das vor dir ausgebreitet ist, und lege alle deine Sorgen darauf. Dann rolle das Laken zusammen und übergebe es uns. Wenn du damit fertig bist, achte auf die Erleichterung in deinem Herzen.

Wir werden deine Sorgen und Ängste zum Himmel tragen. Sobald sie auf einer höheren Ebene angekommen sind, wird sich auch deine Sicht der Dinge verbessern. Diese neue Perspektive wird dir helfen, klar und kreativ zu denken und dir erlauben, all das Gute, das du dir wünschst, in dein Leben zu bringen und zu manifestieren.

Anstatt dich mit Sorgen und Mühe herumzuplagen, die deinen Geist verdunkeln, überlasse sie alle uns. Als eingespieltes Team, das immer an deiner Seite ist und wunderbar genau mit dir zusammenarbeitet, sind wir weder willens noch in der Lage, deinen freien Willen zu beeinflussen. Wir können dir jedoch die Möglichkeit geben, deine höchsten Ideale zu verwirklichen.

Lass dies den letzten Tag sein, an dem du unnötig und allein deine Lasten mit dir herumträgst. Erlaube uns, dir dieses Gewicht ganz von den Schultern zu nehmen und deinen Geist und dein Herz dem Licht zuzuwenden.

GEDANKE FÜR DEN HEUTIGEN TAG

Ich lasse meine Sorgen los, indem ich beschließe, dass Harmonie aus Liebe entsteht und nicht aus Angst und Sorge. Ich bin unbeschwert und leicht, weil ich die Last ablege, die ich getragen habe. Ich gebe Gott und den Engeln jetzt die Erlaubnis, alle meine Sorgen sanft und liebevoll von mir zu nehmen. Ich fühle mich in meiner Mitte ruhend und von innerem Frieden erfüllt.

Wisse, dass du bereits gewonnen hast

Wenn du eine Anzeige siehst, die besagt, dass du vielleicht den Jackpot gewonnen hast, versetzt dies deinen physischen Körper in einen Zustand heller Aufregung. Doch diese Worte sind wahr: Du *hast* bereits gewonnen!

Jeder Preis, den du dir in diesem Leben vorstellen kannst, gehört dir, daher musst du nicht länger suchen. Du bist bereits der Gewinner, und du nimmst deine Preise mittels positiver Emotionen und gedanklicher Affirmationen entgegen. Stell dir vor, wie es sich anfühlen würde, in einem Meer deiner manifestierten Wünsche zu schwimmen. Verankere dieses Gefühl in deinem Herzen, zusammen mit deiner Dankbarkeit, und es wird sich bewahrheiten.

Du bist in jeder Hinsicht ein Gewinner. Je inniger du diese Tatsache verinnerlichst, desto stärker *lebst* du sie.

GEDANKE FÜR DEN HEUTIGEN TAG

Ich öffne meine Arme, um all die wertvollen Dinge zu empfangen, die der Himmel mir bringt. Ich fühle mich jetzt in jeder Beziehung reich. Ich verdiene es zu gewinnen, und wenn ich gewinne, gereicht dies auch allen anderen zum Vorteil. Ich nehme meine Auszeichnungen und Belohnungen mit Freuden entgegen.

Verleihe deiner Vorstellungskraft Flügel

Die innere Welt deiner Vorstellungskraft oder Imagination ist wie ein klarer, tiefer See, gespeist von den Strömen deiner Emotionen, physischen Empfindungen, Erfahrungen und Gedanken. Sie ist der Ausgangspunkt für deine Reaktionen auf das Leben.

Vielleicht hast du bisweilen abfällige Bemerkungen über Imagination an sich gehört, in denen sie als »ungültig« oder »unwahr« bezeichnet wurden. Doch in Wahrheit sind sie die »Zentrale« für deine Verbindung mit Gott und erlauben dir, dich weit über deine physischen Sinne hinauszubewegen und andere Ebenen zu erkunden. Deine Imagination bringt das scheinbar Unmögliche und Unlogische zusammen und führt zu neuen Werken.

Fürchte nicht, dass dich deine mentalen Erkundungen in die Irre führen könnten, denn wahre Imagination kommt auf den Flügeln der Engel zu dir. Sie ist rein und im allerbesten Sinne von kindlicher Unschuld. Außerdem ist sie ungezähmt und keinen Beschränkungen unterworfen – sogar wenn du versuchst, dein kreatives Selbst umzutrainieren, ist sie in deinen Träumen und Momenten friedlicher Kontemplation ständig in Aktion.

Erlaube der Welt deiner Fantasie, sich frei zu entfalten, und achte auf ihre genialen Einfälle. Sie sind Geschenke des Himmels, die mental empfangen werden und heranreifen, um dann auf der materiellen Ebene Gestalt anzunehmen. Wenn du deine Imagination freisetzt, befreist du damit dich selbst … und bist dann in der Lage, ohne Beschränkungen zu leben und in große Höhen vorzustoßen.

GEDANKE FÜR DEN HEUTIGEN TAG

Ich lasse meiner Imagination freien Lauf. Mutig bemerke ich alle meine kreativen Visionen, Gedanken und Gefühle und nähre sie mit meiner Liebe. Ich werde immer und bei allem, was ich tue, von den himmlischen Mächten unterstützt.

Meditiere

Gehe mit einem Gefühl der Leichtigkeit an Meditation heran und betrachte sie als eine angenehme Flucht – schließlich praktizierst du diese Aktivität in Momenten des Tagträumens oder des luziden Bewusstseins. Sorge dich nicht um Anweisungen oder Regeln, da dies dazu führen kann, dass du Meditation als Pflicht oder anstrengende Angelegenheit empfindest. Stattdessen erlaube deinem Geist, sich in seinem eigenen Tempo zu beruhigen, und lass voller Verständnis zu, dass dein Körper auf seine eigene Weise langsamer wird – *das* ist Meditation. Es ist eine Zeit, in der dein Geist völlig mit deinem himmlischen Zuhause verbunden ist – so als würdest du an eine Tankstelle angekoppelt, wo du mit Energie, Ideen und Ruhe aufgefüllt wirst.

Es gibt zahllose Möglichkeiten, deinen Geist zu beruhigen, und wie wir soeben erwähnt haben, solltest du dich nicht mit Sorgen über eine bestimmte Methode belasten. *Dass* du meditierst, ist wichtiger als die Art, *wie* du es tust. Deine Augen zu schließen und tief zu atmen ist *eine* Technik, genau wie das Sitzen vor einem Altar oder Momente der Entspannung in der Natur.

Die Begriffe *Meditieren* und *Medizin* haben die gleiche Wurzel, und das hat einen guten Grund, da sie beide etwas mit Gesundheit zu tun haben. Meditation ist dein unbelasteter und »tragbarer« Heilungsspender, und ihre einzigen Nebenwirkungen sind innerer Frieden und Verjüngung. Gehe an Meditation heran wie an ein köstliches Mahl, denn sie ist wirklich ein spirituelles Bankett. Genieße deine stillen Momente heute in dem Wissen, dass du damit deine Bedürfnisse und Wünsche nährst.

GEDANKE FÜR DEN HEUTIGEN TAG

Ich meditiere auf die Art, die am angenehmsten ist und meinem Naturell entspricht. Ich fühle mich zutiefst wohl und bin ganz mit der Geistessenz verbunden. Ich erlaube mir die Freiheit, meinen Geist zur Ruhe zu bringen und hinzuhören.

Bete

Beten bedeutet, in einem Dialog mit dem Göttlichen zu kommunizieren. Es ist deine Methode, deine Hoffnungen, Träume und Wünsche der Geistwelt zu übermitteln, von der aus wir Engel dir liebend gerne helfen würden. Du musst uns nicht sagen, was du dir wünschst, da dies allen klar ist, die auf dich eingestimmt sind. Jedoch besagt das göttliche Gesetz, dass du uns das Zeichen dafür geben musst, ansprechbar zu sein und bereit, Hilfe zu empfangen. Das ist alles, worauf wir warten, dann wird dir umgehend unsere Hilfe zuteil.

Beten kann dir helfen, in Zeiten von Verwirrung oder Unentschlossenheit deinen Geist zu klären. Es ist ein Prozess der Selbstreflexion und Ehrlichkeit, bei dem du deine Schutzmechanismen außer Kraft setzt und deine tiefsten Gefühle und Wünsche eingestehst.

Obgleich wir bereits deine wahren Gefühle kennen, stellt Beten eine Möglichkeit der Kommunikation mit der Geistessenz dar – vor allem mit deinem höheren Selbst – erfüllt von einem tiefen Gefühl der Akzeptanz. Dies erlaubt dir, deine Schatten ans Licht zu holen, wo du entdeckst, dass es nichts gibt, wovor du dich fürchten musst.

Beten ist ein Akt der Hingabe, des Bittens um Hilfe und der Bereitschaft, diese Hilfe zu empfangen. Diese Empfänglichkeit erlaubt dem göttlichen Licht, in dein Bewusstsein zu strömen und deine Gedanken und Emotionen auf höhere Ebenen emporzuheben.

GEDANKE FÜR DEN HEUTIGEN TAG

Ich bete darum, dass ich mein Herz öffnen kann, um zu empfangen. Ich bitte um Hilfe, Führung und Antworten; und ich erzähle Gott von meinen tiefsten Ängsten, Wünschen und Gefühlen.

Strecke deine Glieder – und deine Vorstellungskraft

Heute werden wir mit dir daran arbeiten, dich zu strecken und auszudehnen, um noch offener zu werden für wertvolle Informationen, Gefühle und Aktivitäten. Im Blickpunkt wird sowohl das regelmäßige Strecken deines Körpers als auch deiner Vorstellungskraft sein.

Zum Ausstrecken gehört, nach etwas zu greifen, was die motivierende Wirkung zur Folge hat, in deinen Erfahrungen und Stärken neue Höhen zu erreichen. Außerdem unterbricht es deine Routine und verhilft dir zu frischen Ideen.

Dies ist der Tag, um deine Vorstellungskraft zu erweitern und Alltagssituationen auf neue Weise zu sehen. Lass dir eine neue Methode einfallen, dich anzuziehen, zu arbeiten und mit anderen Menschen umzugehen. Lass deiner Vorstellungskraft freien Lauf und genieße es, wie du deinen Körper und deinen Geist zu neuen Höhen streckst.

GEDANKE FÜR DEN HEUTIGEN TAG

Ich greife nach neuen Möglichkeiten. Ich genieße es, mich selbst auf neue Weise zu strecken und auszudehnen.

Widme deinen wahren Bedürfnissen mehr Zeit

Du hast Träume, Aktivitäten und Beziehungen, die für dich wichtig sind. Sie spielen eine große Rolle in deinem Leben, und du bist glücklich, wenn du an sie denkst ... sie haben für dich oberste Priorität. Wenn du sie pflegst, bist du nicht nur fröhlicher, sondern mit dir im Einklang. Den Dingen und Beziehungen Zeit zu widmen, die dir wertvoll sind, stellt einen Akt der Selbstliebe dar.

Wenn es auch anders erscheint, so ist es dennoch eine Tatsache, dass du allein die Kontrolle über deinen Terminkalender hast. Du kannst nach eigenem Ermessen alles und jedem Aufmerksamkeit schenken, und wir Engel werden jegliche Störungen fernhalten und dir helfen, dafür zu sorgen, dass du deinen Verpflichtungen gerecht wirst.

Stehe zu allen Ängsten und Unsicherheiten, die dich zögern lassen, und wisse, dass sie völlig normale und menschliche Emotionen sind, die lediglich einen Widerstand gegen das Glücklichsein darstellen und sonst nichts. Mach dich augenzwinkernd über deine Sorgen und Ängste lustig, und dann wende dich wieder der Manifestierung deiner heißgeliebten Wunschträume zu.

Selbst wenn du dich nur ein paar Momente mit den Dingen befasst, die dir wirklich wichtig sind, kannst du dadurch deine Stimmung, dein Selbstwertgefühl und deinen Energielevel erhöhen. Deinen wahren Bedürfnissen Zeit zu widmen, wird dann zu einer guten neuen Angewohnheit, die du allmählich entwickelst. Daher habe Geduld mit dir selbst, wenn du gelegentlich in die alten Muster zurückfällst und vergisst, ihnen deine volle Aufmerksamkeit zu schenken.

GEDANKE FÜR DEN HEUTIGEN TAG

Ich widme meinen wahren Bedürfnissen Zeit. Ich lege alles andere zur Seite und erfreue mich an der Beschäftigung mit dem, was mir am Wichtigsten ist. Ich mache kleine Schritte in Richtung der Realisierung meiner wahren Herzensträume.

Genieße einen Tag der Liebe

Heute ist der Tag der Liebe! Wir Engel haben den heutigen Tag dazu geweiht, diese Emotion zu würdigen. Um diesen Anlass zu feiern, richte deine Aufmerksamkeit auf Liebe. Achte zum Beispiel auf Momente der Zuneigung; verleihe deinen Gefühlen Freunden und Familienmitgliedern gegenüber Ausdruck, und gehe liebevoll mit dir selbst und anderen um.

Genieße die vielen Ausprägungen, in der sich diese herrliche Tugend zeigt, in all ihren verschiedenen Farben und Formen. Feiere diesen Tag und erkenne, dass du eine wichtige Rolle dabei spielst, jeden Tag zu einem Tag der Liebe zu machen.

GEDANKE FÜR DEN HEUTIGEN TAG

Ich erlaube mir, Liebe zu erfahren und sie bereitwillig anderen gegenüber auszudrücken. Ich gehe liebevoll mit mir um und nehme dieses Gefühl überall in meiner Umgebung wahr. Je mehr Liebe ich finde, desto mehr findet sie mich.

Erkenne dein inneres Genie

In deinem Inneren schlummert ein Genie, ein weises und wissendes Selbst, das Lernen, Lehren und intellektuelle Anregung genießt. Konzentriere dich heute darauf, für dieses Wesen in deinem Inneren zu sorgen.

Nimm dir vor, etwas Neues zu lernen, beispielsweise einen Spruch, eine Fertigkeit, ein Lied oder eine Technik. Gratuliere dir selbst zu dieser Erfahrung, fühle die Freude, die dein inneres Genie ausstrahlt, und wisse, dass *du* diese große Klugheit verkörperst!

GEDANKE FÜR DEN HEUTIGEN TAG

Ich bin klug und weise, denn ich habe ein Genie in meinem Inneren. Ich vertraue meiner Weisheit, und ich liebe es, Neues zu lernen.

Singe!

Die Musik in deiner Seele sehnt sich nach Freiheit. Deiner inneren Melodie ist es egal, ob du richtig oder falsch singst oder den Text zu deinem Lied vergessen hast – sie möchte nur einfach laut zum Ausdruck gebracht werden, damit sie auf den Schwingen der Luft hinausfliegen und sich mit den anderen Musiknoten im Universum verbinden kann.

Singen erlaubt dir, tiefe Gefühle zu vermitteln, die über die Grenzen bloßer Worte hinausgehen. Selbst wenn du Hemmungen wegen deiner musikalischen Fähigkeiten hast, erlaube dir heute, aus vollem Hals zu singen. Singe die Lieder im Radio mit oder einfach frei (ohne Begleitung). Trällere beim Duschen, mit deinen Freunden oder einfach so vor dich hin – das Wie ist nicht wichtig. Wichtig ist allein die Handlung, dich musikalisch auszudrücken.

Betrachte Singen als eine Art Yoga für die Seele, eine Gelegenheit, dich auszudehnen, und eine Widerspiegelung deines innersten Wesens. Achte auf die Lieder, von denen du dich angezogen fühlst, da ihre Worte, Melodien und Gefühle allesamt Botschaften für dich enthalten.

Wisse, dass wir Engel dir für deinen musikalischen Beitrag zu den positiven Energiewellen der Welt danken.

GEDANKE FÜR DEN HEUTIGEN TAG

Ich singe aus reinem Vergnügen am Singen. Ich lasse jegliche Selbstkritik los und erlaube mir, frei und voller Freude zu sein. Ich schicke meinen Atem in die Welt hinaus, wo er auf der Welle meiner Musik dahinfliegt.

Tanze!

Wenn du deinen Körper bewegst, erhöhst du damit nicht nur deinen Herzschlag; du steigerst auch deine Stimmung und dein Energieniveau. Du wirst verspielter und lebendiger; und mit deiner gesteigerten Lebenslust wächst auch deine Kraft. Diese Kraft, die dir immer und wie allen anderen Menschen zur Verfügung steht, erlaubt dir, deine Träume bewusst umzusetzen.

Nimm dir heute Zeit zu tanzen. Spiel irgendein Musikstück und fange an, dich im Takt zu wiegen und dich spontan durch Bewegungen auszudrücken. Wenn du Hemmungen wegen deines Aussehens hast, probiere es zunächst allein – doch du wirst feststellen, dass mit ein wenig Übung deine Begeisterung über die Heilsamkeit dieser Art von Kunst dazu führt, dass du sie mit anderen teilen möchtest. Das ist der Grund, warum so viele alte Kulturen diese Betätigung als einen heiligen Ritus verehren, der eine zentrale Rolle in ihrer Religion spielt.

Tanzen hilft dir, wieder eine Verbindung zu deiner göttlich-physischen Essenz herzustellen. Dein Körper ist eine Erweiterung deines Wesens, und es ist wichtig, dass du ihn mit deinem ganzen Bewusstsein ehrst. Deine Bewegungen bringen dich bewusst und auf eine sehr angenehme Weise voran. Du wirst lernen, dass du anmutig bist, attraktiv und gewandt – Eigenschaften, mit denen dich der Schöpfer vor langer Zeit ausgestattet hat. Die Kenntnis über diese Gaben wieder zu erlangen ermöglicht dir, noch heller zu leuchten.

GEDANKE FÜR DEN HEUTIGEN TAG

Ich tanze zu der Musik in meinem Inneren und in meiner Umgebung. Ich erlaube mir, mich im Rhythmus mit hörbaren und unhörbaren Melodien zu wiegen, und ich drücke mich mit meinem ganzen Wesen aus. Ich gebe mir selbst die Erlaubnis, Freude in meinem Körper zu fühlen.

Räume bei dir auf

Dein inneres Bedürfnis nach Ordnung hat seine Wurzeln in deinem intuitiven Wissen um die Bedeutung des Energieflusses. Du kannst den Unterschied fühlen, wenn du dich in einem sauberen oder einem schmutzigen, unordentlichen Raum aufhältst, und du spürst die Wirkung der Unordnung in deinen Schränken, auf deinem Schreibtisch, in deiner Garage oder anderen Räumen. Gute Organisation ist eine Möglichkeit, deine Gedankengänge zu entlasten, damit es nicht in einen unnötigen Kampf ausartet, dich anzuziehen, ein Schriftstück zu finden oder das Frühstück zuzubereiten.

Das Ganze hat jedoch auch eine Kehrseite, bei der manche Menschen sich so sehr auf Ordnung fixieren, dass sie ihre Spontaneität verlieren. In diesem Fall ist Aufräumen eine Verzögerungstaktik, mit der sie zu vermeiden suchen, auf ihre Lebensaufgabe und ihr Glück hinzuarbeiten. Es sollte eine Balance bestehen zwischen dem Genießen von guter Organisation und Ordnung und dem *übertriebenen Bedürfnis* danach.

Energie strömt durch körperliche Strukturen auf die gleiche Weise, wie Wasser und Luft strömen. Wenn es zu viele Objekte in einer Umgebung gibt, wird diese Kraft blockiert. Zu den Auswirkungen dieser Blockierung gehören körperliche Müdigkeit, Konzentrationsschwäche, ungezügelter Appetit und zögerliche Manifestation.

Wir geben dir diese Hintergrundinformationen, um dir bei der Motivation zu helfen, das Durcheinander in deinem Zuhause oder anderen Bereichen deines Lebens zu beseitigen. Selbst kleine Veränderungen werden sich segensreich auswirken, wenn du zum Beispiel deinen Kleiderschrank aufräumst, deinen Schreibtisch umordnest oder nicht mehr benötigte Gegenstände weggibst. Wenn dann deine Energie durch das bisschen Mühe größer wird, stellst du fest, dass du auf einmal Zeit und Tatkraft für größere Projekte hast.

GEDANKE FÜR DEN HEUTIGEN TAG

Ich beseitige nacheinander jedes Durcheinander in meinem Leben. Alles, was ich nicht mehr benutze oder mag, verkaufe ich oder schenke es jemandem, dem es Freude bringen kann. Ich nehme mir Zeit dafür, irgendeinen Bereich in meinem Leben neu zu organisieren und weiß, dass dieser kleine Schritt großen Segen bringen wird.

Tue etwas Ungewöhnliches

Male dir aus, was du gerne tun würdest, wenn alles sofort möglich wäre. Und weißt du was? Alles *ist* möglich, und dieser Tag eignet sich so gut wie jeder andere dazu, um jede Gelegenheit beim Schopfe zu packen. Wir Engel können dich führen und deine Handlungen unterstützen, damit du dich ganz in besondere Aktivitäten stürzen und sie genießen kannst.

Was würdest du heute gern tun? Nimm dir einen Moment Zeit und achte auf alles, was dir als Antwort auf diese Frage in den Sinn kommt. Dann entscheide dich für diese Sache und mache dich ohne Zögern daran, sie in die Tat umzusetzen.

Gib dir selbst die Erlaubnis, heute etwas außer der Reihe zu unternehmen. Die neu gewonnene Blickrichtung wird dir helfen, dein ganzes Leben mit anderen Augen zu sehen, und du wirst von einer überraschenden Wertschätzung von allem und jedem in deinem Umfeld profitieren. An etwas Neues und noch nicht Vertrautes heranzugehen, wird dir außerdem die verborgenen Talente und Stärken zeigen, die du besitzt – was wiederum ein Katalysator für wunderbare neue Möglichkeiten sein kann!

GEDANKE FÜR DEN HEUTIGEN TAG

Ich tue etwas Ungewöhnliches, was den heutigen Tag *außergewöhnlich* macht. Was ich tue, ist nicht so wichtig wie die Tatsache, einfach diese Gelegenheit zu ergreifen, mich zu erweitern und neue Dinge kennenzulernen.

Lass die Dinge zu dir kommen

Anstatt darum zu kämpfen, deine Wünsche zu verwirklichen, entspanne dich und lass alles auf dich zukommen. Du musst dich nicht anstrengen, um das zu finden, wonach du suchst – halte einfach an der klaren Vision fest, dass du es bereits gefunden hast; vertraue darauf, dass es leicht und mühelos zur dir kommt, und folge jeglicher Führung, die dir zuteil wird.

Gib heute deine alte Gewohnheit auf, mit der du die Erfüllung deiner Bedürfnisse zu erlangen suchst. Sei wie der kluge Angler, der den richtigen Köder benutzt (in diesem Fall deine klaren Gedanken), seine Angelschnur auswirft (entspricht dem Übergeben deiner Wünsche an Gott), und geduldig darauf wartet, einen guten Fang zu machen.

Entscheide dich für etwas, das du dir wünschst … und erkenne, dass du – solange du nach diesem Gegenstand oder Zustand suchst – ein Signal aussendest, dass du es nicht besitzt. Daher danke dem Universum für die Tatsache, dass dein Wunsch bereits erfüllt worden ist. Dieser Vorgang wird die Manifestation deines Wunsches zur Folge haben, oftmals auf eine Weise, die deine Erwartungen bei Weitem übertrifft.

Schreibe genau auf, was du heute tun und erreichen willst, und unterzeichne den Text mit einem »Danke«. Erfülle dein Herz mit Dankbarkeit – und freue dich über die schnelle Antwort, die das Universum dir schickt.

GEDANKE FÜR DEN HEUTIGEN TAG

Ich lasse die Dinge zu mir kommen. Ich werfe meine Wünsche aus, so wie ein Angler seine Angelschnur ins Wasser wirft, und erlaube ihnen, in materieller Form zu mir zurückzukehren. Ich empfinde Dankbarkeit, bevor und nachdem meine Wünsche Wahrheit geworden sind.

Säe ein Samenkorn aus

Eine Pflanze ist ein wunderbares Symbol für dein Leben! Die Art, wie das winzige Samenkorn unter der Erde zu keimen beginnt und sich an die Oberfläche kämpft, um dem Licht zu folgen, spiegelt viele Aspekte deiner eigenen Entwicklung wider.

Das ist der Grund, warum wir dich dazu anleiten, heute ein Samenkorn auszusäen – im wahrsten Sinne des Wortes. Kaufe auf dem Markt einen Beutel Samenkörner oder nimm welche von einem Stück Obst oder Gemüse, wie zum Beispiel einen Apfelkern. Bevor du dein Samenkorn in die Erde gibst, denke an ein neues Projekt, das du in Angriff nehmen möchtest. Halte den Samen in deiner Hand und erfülle ihn mit Gebeten, sowohl für dich als auch für die Pflanze. Dann setze ihn feierlich in die Erde.

Pflege sowohl das Samenkorn als auch dein neues Vorhaben. Obwohl du das Wachstum des Samens unter der Erdoberfläche nicht beobachten kannst, tut sich etwas. Das kleine Pflänzchen braucht entsprechende Fürsorge, um an die Oberfläche zu stoßen – und genauso verhält es sich mit deinem Wunsch. Während du dich um dein Beet kümmerst, unternimm gleichzeitig aktive Schritte, die mit dem Erreichen deines Zieles zu tun haben.

GEDANKE FÜR DEN HEUTIGEN TAG

Ich säe ein Samenkorn aus und mache einen Schritt in Richtung Realisierung meiner Träume. Ich pflege sowohl die Pflanze als auch meine Ziele. Meine Engel treten jetzt in meinem Auftrag im Verborgenen in Aktion.

Sei wagemutig

Manchmal widersetzt du dich Veränderungen, weil das Unbekannte dir unbequem erscheint. Doch sind Lernen und Wachsen zwei irdische Erfahrungen, nach denen sich deine Seele sehnt. Obgleich du dich vielleicht angesichts neuer, ungewohnter Ereignisse unbehaglich fühlst, bringen sie dennoch Aufregendes mit sich, wenn du dich ihnen stellst.

Sei heute wagemutig und erkunde etwas Neues. Melde dich zu einem interessanten Kurs an, nimm Kontakt zu jemandem auf, den du bewunderst, fahre an einen fremden Ort, mach einen Spaziergang in einer anderen Gegend oder plane eine ungewöhnliche Urlaubsreise. Erweitere deine Grenzen bis hin zum Rausch der Begeisterung. Genieße deine herrliche Lebendigkeit!

Du wirst dich selbst dafür bewundern, mutige Schritte unternommen zu haben, denn sie stärken deine Selbstachtung und fördern dein Selbstvertrauen. Diese Gefühle werden dir bei der Erfüllung deiner Lebensaufgabe helfen, weil du erkennen wirst, dass du wirklich qualifiziert genug und dazu fähig bist, auf bedeutsame Weise zur Verbesserung der Welt beizutragen.

GEDANKE FÜR DEN HEUTIGEN TAG

Ich bin wagemutig. Ich durchschreite die Tore des Mutes und betrete eine neue Welt der Wunder und köstlichen Überraschungen. Ich entdecke, dass es niemals etwas zu befürchten gab, denn meine Expeditionen führen mich zu den Schätzen, die schon immer in mir verborgen waren.

Werde langsamer

Der Versuch, zu viele Dinge in einen Schrank zu stopfen, führt nur zu Unbehagen, und das Gleiche gilt, wenn du dir selbst zu viel zumutest. Um alle möglichen Probleme zu bekämpfen, rotierst du immer mehr und konzentrierst dich nur noch darauf, deine für den Tag geplanten Aktivitäten hinter dich zu bringen anstatt sie zu genießen.

Aus diesem Grund leiten wir Engel dich an, diesen Teufelskreis zu durchbrechen, indem du einen »langsamen Tag« einlegst. So wie ein gemächlicher Tanz, der tiefe Gefühle auslöst, erlaube dir, durch dein vermindertes Tempo, dich wieder mit dem Reichtum eines jeden Moments zu verbinden. Genieße zum Beispiel das Lächeln, das dir gilt, wenn du jemanden an der Kasse im Supermarkt vorlässt, anderen Autofahrern durch ein Zeichen zu verstehen gibst, dass du sie einfädeln lässt, und Menschen ausreden lässt, während du ihnen zuhörst.

Nimm dir Zeit und achte auf jeden Unterschied zwischen deiner Stimmung am heutigen Tag und der Art, wie du dich sonst fühlst. Leg deine Armbanduhr ab, deck die Wanduhren und den Kalender mit einem Tuch ab und erfreue dich an der Zeitlosigkeit, die die wahre Natur des Universums ist.

GEDANKE FÜR DEN HEUTIGEN TAG

Ich werde langsamer und bemerke die Einzelheiten und kleinen Freuden des Lebens. Es gefällt mir, anderen den Vortritt zu lassen, und ich empfinde Mitgefühl für jene Menschen, die ständig in Eile sind, um alle Dinge zu erledigen. Ich gewinne mein kindliches Gespür für Ehrfurcht wieder, während ich mich der Zeitlosigkeit hingebe.

Tagträume

Wenn du deine Gedanken so frei wie einen Drachen im Sommerwind fliegen lässt, wirst du überrascht sein, welche kreativen Eingebungen dir zuteil werden. Lass also deiner Einbildung freien Lauf und beobachte, wohin sie dich heute entführt.

Große Kunstwerke werden durch Tagträume von Menschen geschaffen, die den Mut haben, ihre Gedanken einfach nur zu beobachten (anstatt sie kontrollieren zu wollen). Beginne, indem du eine Absicht formulierst, und dann werde still und mach es dir bequem. Denke an irgendeine »Was-wäre-wenn«-Situation, wo alle Beschränkungen aufgehoben sind – stell dir vor, dass dein größter Traum bereits realisiert ist, und spinne die Geschichte von da an weiter.

Die Magie dieser Vorgehensweise besteht darin, dass sie dich gezielt mit dem Universellen Geist verbindet, etwas, das normalerweise nur zufällig geschieht. Halte Stift und Papier bereit, so dass du deine Erlebnisse in einem »Tag(e)traumbuch« festhalten kannst. Obgleich Tagträumen häufig als leichtfertige, unnötige Beschäftigung angesehen wird, wirst du während dieser Sitzungen wunderbare, sinnvolle Weisungen, Führung und Antworten erhalten. Wir wünschen dir angenehme Tagträume!

GEDANKE FÜR DEN HEUTIGEN TAG

Ich überlasse mich meinen Tagträumen und nehme ein Tagebuch mit an magische Orte, wo ich wunderbare Abenteuer erlebe und unendlich viele Gelegenheiten auf mich warten. Ich erlaube mir selbst, diese Orte zu entdecken, zu wachsen und mich von früheren Beschränkungen frei zu machen. Wenn ich meinen Geist frei fliegen lasse, steigt er bis zum Himmel hinauf und bringt ihn auf die Erde herunter.

Überrasche jemanden

Genauso wie du angenehme Überraschungen liebst, macht es auch anderen Menschen Freude, etwas zu bekommen, was sie nicht erwartet haben. Sich ein solches Geschenk auszudenken, stellt einen Akt der Liebe dar: Dir kommt eine Idee, wie das Geschenk sein soll; du steckst Zeit in die Organisation der damit zusammenhängenden Einzelheiten; und freust dich dann über das Entzücken des Empfängers. Auch spontane Überraschungen, wie zum Beispiel ein ehrliches Kompliment oder ein unerwartetes Hilfsangebot, sind von unschätzbarem Wert.

Wenn du einem anderen Menschen etwas gibst, gibst du in Wahrheit dir selbst, da du und der Empfänger eins sind. Darüber hinaus entlässt du Energie ins Universum und signalisierst, dass du selbst schöne Überraschungen liebst. Das Leben reagiert entsprechend, indem es dir in einem reichen Fluss des Gebens und Nehmens Köstliches zukommen lässt.

Erfreue dich heute am Unerwarteten, sowohl bei dem, was du gibst, als auch bei dem, was du empfängst. Sei aufmerksam und achte auf alles Schöne oder Ungewöhnliche … Überraschungen kommen auf die unterschiedlichste Weise.

GEDANKE FÜR DEN HEUTIGEN TAG

Es macht mir großes Vergnügen, mir für einen besonderen Menschen eine schöne Überraschung auszudenken. Indem wir uns gemeinsam darüber freuen, werden wir vorübergehend an einen Ort kindlichen Staunens zurückversetzt, und ich weiß, dass das Universum auch mir wundervolle Dinge bringen wird.

Höre auf die Weisheit deines Körpers

Nimm dir einen Moment Zeit und achte auf die Wahrnehmungen in deinem Körper. Bleibe still und im Jetzt, während du dich sowohl auf die Körperbereiche einstimmst, die sich entspannt anfühlen als auch auf jene, die angespannt sind. Dann atme tief ein und stell dir vor, dass deine Lungen mit heilendem Licht angefüllt sind. Während du ausatmest, lenke deine Energie und deinen Atem in alle angespannten Bereiche deines Körpers.

Fühle, wie sich deine Muskeln entspannen, während du ihnen Liebe und Aufmerksamkeit schickst, und bitte sie, dir zu sagen, warum sie angespannt waren. Höchstwahrscheinlich wird ihre Antwort irgendwelche verborgenen Ängste enthüllen, denen du dich stellen sollst. Sei ein guter Vertrauter und höre voller Anteilnahme auf deinen Körper. Versichere deinem physischen Selbst erneut, dass es in Sicherheit ist und beschützt wird, und dann nimm dir einen Moment Zeit, um eventuelle Eingebungen zu überdenken, die du soeben durch seine Botschaften erhalten hast.

Dein Körper ist in vielerlei Hinsicht sehr weise und ehrlich – er wird dir stets die Wahrheit sagen. Nach den Entdeckungen, die du soeben gemacht hast, hast du das Bedürfnis, irgendwelche Veränderungen in deinen Plänen für den heutigen Tag vorzunehmen? Möchtest du andere Menschen oder uns Engel um zusätzliche Hilfe bitten?

Führe heute regelmäßig innere Dialoge mit jedem Bereich deines Körpers, der deine Aufmerksamkeit erfordert. Höre auf seine Botschaften und tue, was dir deine innere Führung rät. Auf diese Weise muss dir dein Körper nicht durch Anspannung oder Schmerz seine Bedürfnisse signalisieren, sondern wird stattdessen harmonisch Hand in Hand mit dir zusammenwirken.

GEDANKE FÜR DEN HEUTIGEN TAG

Ich höre auf die Weisheit meines physischen Selbst. Ich bringe meinen Verstand zum Schweigen, bitte meinen Körper, zu mir zu sprechen, und höre seine Botschaften. Ich verstehe, warum mein Körper so handelt, wie er handelt. Ich bin voller Anteilnahme für seine Empfindungen und unternehme Schritte, um mich selbst liebevoll zu unterstützen und dafür zu sorgen, dass es mir gut geht.

Spüre wie deine Wünsche wahr werden

Du musst dich weder anstrengen noch darum kämpfen, etwas zu erreichen. Die Energie, die entsteht, wenn du dich zu sehr bemühst, kann das Gute von dir wegdrücken, während die Kraft der Dankbarkeit positive Dinge zu dir ziehen kann. Du kannst mühelos viel erreichen, wenn du das Gefühl der Dankbarkeit und die Überzeugung aufrecht erhältst, dass dein Wunsch in Erfüllung geht. Mach dir keine Sorgen darüber, auf welche Weise dieser Traum wahr wird – stell dir einfach vor, dass er bereits wahr geworden ist. Je mehr Gefühl, Leidenschaft und Begeisterung du in deine Dankbarkeit hineinlegst, desto schneller wirst du sehen, wie dein Wunsch Realität wird.

Jedes Sehnen schickt eine ätherische Version von sich selbst ins Universum hinaus, während seine Essenz bei dir bleibt und sich zu materieller Form verfestigt. Je mehr positive Energie du in deinen Wunsch investierst, desto schneller wird er realisiert. Doch Negativität, Pessimismus und Zweifel löschen ihn aus und schicken ihn zurück in einen wolkenähnlichen Äther.

Widme dich heute deinen Wünschen, indem du oft an sie denkst und sie mit positiven Gedanken und Emotionen umgibst. Bedanke dich beim Universum für seine kontinuierliche Hilfe in allen Bereichen deines Lebens.

GEDANKE FÜR DEN HEUTIGEN TAG

Alle meine Wünsche werden wahr! Ich bedanke mich dafür, dass alles, wovon ich träume – und noch viel mehr – jetzt Realität ist. Ich fühle in meinem Körper und in meiner Seele warme Dankbarkeit, herrliche Aufregung und tiefes Vertrauen. Ich hege alle meine Träume in dem Wissen, dass ich auf diese Weise den Garten meiner Wünsche pflege, der reiche Früchte hervorbringen wird.

Ehre dich selbst

Du bist ein strahlendes Juwel in der Krone himmlischer Schöpfungen, und dein Licht leuchtet hell in unserer Mitte. Wir Engel wachen über dich mit Bewunderung, Respekt und großer Liebe – es ist unser natürliches Bedürfnis, nur das Beste für dich zu wollen.

Zuweilen beobachten wir, dass du fragwürdige Entscheidungen triffst und Kompromisse eingehst in dem Glauben, du hättest es nicht besser verdient. Du fürchtest, dass du dir selbst oder einem anderen Menschen etwas wegnehmen wirst, wenn dir Gutes zuteil wird. Geliebtes Wesen, glaube uns, wenn wir sagen, dass du dann, wenn du dir selbst Gutes tust, es gleichzeitig anderen gibst. Du und die gesamte Menschheit teilen einen Geist, einen Atem, und eine Wahrheit. Was du für dich selbst und für andere tust, ist untrennbar – es ist, als würdest du versuchen, nur bestimmte Blätter an einem Baum zu begießen! Das ist natürlich unmöglich, doch genau das versuchst du zu tun, wenn du meinst, dich selbst an letzte Stelle setzen zu müssen.

Sorge für dich selbst wie für deine Familie, Freunde und die ganze Welt. Erweise dir selbst Wertschätzung, um auf diese Weise jeden Menschen auf der Erde wertzuschätzen; ehre dich selbst, und du wirst auch allen anderen Ehre zuteil werden lassen.

Je mehr du dir selbst gibst, desto mehr wirst du von einem Gefühl tiefer Liebe ergriffen – und diese Emotion ist der Schlüssel zu Glück und Frieden. Das bedeutet nicht, dass du denken sollst: *Ich bin besser als andere*; vielmehr bedeutet es: *Ich liebe das, was ich in mir selbst und anderen sehe*. Deine Selbstliebe entfacht den freudigen Funken der Schöpfung zum Segen aller Wesen.

GEDANKE FÜR DEN HEUTIGEN TAG

Ich erweise mir selbst Ehre, denn ich weiß, dass ich ein vollkommenes, makelloses Geschöpf Gottes bin. Je mehr ich mir meiner wahren göttlichen Vollkommenheit bewusst werde, desto mehr bin ich fähig zu lieben – und desto mehr kann ich andere Menschen wertschätzen und heilen.

Drücke deine Gefühle auf kreative Weise aus

Deine Gefühle sind reine Energie, vergleichbar mit den Strahlen der Sonne, die sich ausdrücken und verströmen wollen. Unterdrückte Gefühle führen zu körperlichen Beschwerden wie Müdigkeit, Gereiztheit und Süchten – daher schließe heute mit deinen Gefühlen Freundschaft. Würdige sie alle, selbst jene, die dir unangenehm sind, und wisse, dass jede Emotion eine göttliche Ursache hat. Wenn du Mitgefühl und Respekt für deine Gefühle entwickelst, wird ihre Macht dir helfen.

Deine Gefühle, wie alle Energien, müssen sich nach draußen verströmen. Ansonsten werden sie wie Dampf zurückgehalten im geschlossenen Topf, der zu heiß wird und das sich darin befindende Gemüse zerkochen lässt.

Verleihe allem, was in deinem Herzen ist, durch Kreativität Ausdruck. Die Art des Ausdrucks ist nicht so wichtig, solange sie dir Freude bereitet. Deine Emotionen werden intensiv auf *die* Art der kreativen Form reagieren, die sie annehmen wollen … und die Möglichkeiten sind zahllos. Vielleicht möchtest du Fotografie, Schmuckherstellung, Stoffmalen, Nähen, Schreiben, Singen, das Erlernen eines Musikinstruments, Bauchtanz, Ikebana, Zeichnen, Sticken, Stricken, Raumgestaltung, Aquarell-, Öl- oder Hinterglasmalerei oder andere Kunstfertigkeiten ausprobieren, die dir Spaß machen würden.

GEDANKE FÜR DEN HEUTIGEN TAG

Ich bringe meine Gefühle auf kreative Weise zum Ausdruck. Ich erlaube mir selbst, Spaß dabei zu haben und etwas auszuprobieren. Indem ich freudig etwas erschaffe und mich entspanne, lädt sich meine Energie wieder auf, ich fühle mich wieder lebendig und erfrischt.

Achte auf deine Gedanken

Wir Engel sind hier, um dich zu den Antworten auf alle deine Gebete zu führen. Doch können wir dir die Erfüllung deiner Wünsche nicht ohne deine Hilfe bringen – deine Mitwirkung ist unerlässlich. Wenn du um etwas bittest, aber gleichzeitig Angst davor hast, es anzunehmen, können wir es dir nicht geben. Deine Angst schafft Barrieren für die Manifestation deiner Gebete.

Wir können dir jedoch helfen, deine Bedenken zu überwinden – indem du uns einfach nur darum bittest! Jedes Mal, wenn du dich in einer Situation befindest, wo du nicht weißt, wie du dich entscheiden sollst, wende dich an uns, um diesen inneren Zwiespalt zu überwinden. Der erste Schritt besteht darin, dass du auf deine Gedanken achtest, daher werde dir der Gedankengänge in deinem Geist bewusst, die dich sowohl an glückliche als auch beängstigende Orte führen.

Dein Körper wird dir signalisieren, wann immer Angst im Anzug ist: Deine Muskeln werden sich anspannen, dein Atem wird flacher, und dein Puls beschleunigt sich. Das ist der Moment, uns um Hilfe zu bitten. In dem Augenblick, wo du an Engel denkst, wird dein Geist mit der Energie der Liebe durchflutet, die den Umkehrprozess einleitet, durch den du die Angst überwindest.

Achte heute auf deine Gedanken. Wenn du Angst verspürst, denke: *Engel, bitte helft mir, friedvolle Gedanken zu haben*, und wir werden dir umgehend zu Hilfe kommen. Wir können und werden deinen Geist nicht unter unsere Kontrolle bringen; wir werden jedoch deine Energie auf eine höhere Stufe anheben, so dass sie deine wahre Göttlichkeit widerspiegelt. Dadurch basieren deine Gedanken nunmehr auf Liebe, die positive Erlebnisse anzieht und hervorbringt.

GEDANKE FÜR DEN HEUTIGEN TAG

Ich achte auf meine Gedanken, und ich wende mich während des Tages immer wieder an meine Engel. Ich frage direkt und bin offen dafür, ihre Hilfe anzunehmen in dem Wunsch, meine Absichten kristallklar aufrecht zu erhalten. Ich heiße alle meine Wünsche und beantworteten Gebete mit weit ausgebreiteten Armen willkommen.

Lass deine Ängste los

Alle Ängste basieren auf dem Glaubenssatz, dass du isoliert und allein bist. Vielleicht fürchtest du, etwas nicht tun zu können oder nicht das zu erreichen, was du dir wünschst, doch deine Ängste wurzeln in einer falschen Annahme. Du bist auf ewig mit Gott, den Engeln und anderen Menschen verbunden – niemand ist je wirklich allein. Du hast stets Verbündete an deiner Seite, die bereit sind, dir zu helfen, wann immer du sie darum bittest.

Die Tatsache, dass du an die ultimative Energie des Universums angeschlossen bist, macht dich zu einem machtvollen Schöpfer deiner Wünsche, Sehnsüchte, Gedanken und Gefühle. Heute möchten wir Engel mit dir daran arbeiten, dich von Angst zu befreien, die der einzige Grund dafür ist, warum deine Gebete und Affirmationen sich nicht zu manifestieren scheinen. Wann immer du Unsicherheit in dir bemerkst, atme bitte tief ein und rufe uns im Inneren herbei, während du ausatmest. Auf diese Weise bläst du deine Unsicherheit zu uns herüber. Atme deine Ängste solange aus, bis du wieder inneren Frieden fühlst.

Wir können dir helfen, dir dein wahres Wesen zu enthüllen, den Teil von dir, der voller Selbstvertrauen ist, sicher und stark in der Gewissheit, dass dir all die Liebe, Macht und Unterstützung zur Verfügung steht, die du jemals brauchen solltest.

GEDANKE FÜR DEN HEUTIGEN TAG

Ich lasse alte Ängste los, da sie nie Teil meines wahren Selbst gewesen sind. Ich bin jetzt und immer stark. Ich benutze meine Macht mit Liebe und Dankbarkeit und nähre sie mit meinen fürsorglichen Gedanken, positiven Gefühlen und grenzenlosem Vertrauen.

Nimm den Duft der Rosen wahr

Der Ausspruch »Halte inne und nimm den Duft der Rosen wahr« ist gleichbedeutend mit der Aufforderung, das Leben zu genießen, und dies ist eine Botschaft, die wir Engel dir ständig übermitteln. Heute gehen wir mit dieser Anleitung noch einen Schritt weiter und bitten dich, diesen Rat *im wahrsten Sinne des Wortes* zu befolgen.

Der Duft dieser herrlichen Blumen steigt in deine Nase und strömt direkt in dein Herz. Rosen helfen dir, deine Gefühle der Liebe voll erblühen zu lassen. Dies ist der Grund, warum Rosen mit romantischer Liebe assoziiert werden.

Nimm dir heute vor, diesen machtvollen Duft einzuatmen, wann immer du kannst. Suche ein paar lieblich duftende Rosen und atme tief das Geschenk ihres Wesens ein. Achte darauf, wie ihre vielfältigen Farben unterschiedliche Emotionen bei dir hervorrufen. Den Duft von welcher Rose magst du am liebsten?

Bring dir die Energie dieser Blumen nach Hause mit, indem du sie dir kaufst oder in deinen Garten pflanzt, oder besorge dir ein Fläschchen rein ätherischen Rosenöls. Denke daran, diesen heilsamen Duft während des Tages immer wieder einzuatmen und sei dir der sinnlichen Freude deines Herzens bewusst.

Vielleicht wirst du auch in Räumen, wo es keine echten Blumen gibt, einen lieblichen Duft wahrnehmen. Das ist unser Zeichen für dich, dass wir in deiner Nähe sind, und soll dich daran erinnern, dir Zeit zu nehmen, unseren Rat für den heutigen Tag zu befolgen.

GEDANKE FÜR DEN HEUTIGEN TAG

Ich halte inne und erfreue mich am Duft der Rosen; ich nehme mir Zeit, ihren köstlichen Duft tief einzuatmen. Ich mache mir selbst dieses Geschenk, um das Bewusstsein der Liebe in meinem Herzen zu verstärken. Ich kann ruhig mein Herz öffnen, ohne dass Gefahr für mich besteht.

Füttere die Vögel

Wir Engel arbeiten eng mit Vögeln zusammen, um dir Botschaften der Liebe zu übermitteln. Wenn du einen Vogel siehst, der sich eigenartig verhält, oder wenn du an ungewöhnlichen Orten Federn entdeckst, kannst du sicher sein, dass wir dahinter stecken.

Es gibt einen guten Grund, warum wir mit Flügeln dargestellt werden, da wir und die Vögel uns über alle scheinbaren Grenzen und Probleme hinwegheben. Doch schauen wir immer mit einem wachsamen Blick nach unten: Wir erfahren zwar nicht deine Mühseligkeit, doch helfen wir dir bei allem, was dir widerfährt.

Wenn du in Kontakt mit Vögeln bist, kannst du unsere Energie deutlicher fühlen. Deine gefiederten Freunde helfen dir, mit den Naturgeistern und den Erzengeln, mit deinen Schutzengeln und Ahnen zu kommunizieren. Daher füttere heute die Vögel und verbringe ein wenig Zeit in ihrer Gesellschaft. Sie werden deine Großzügigkeit zu schätzen wissen, und du wirst dich an ihrem bezaubernden Gesang, ihrer Anwesenheit und Energie erfreuen.

GEDANKE FÜR DEN HEUTIGEN TAG

Ich füttere die Vögel und fühle, wie mein Herz leicht wird wie eine Feder, und ich achte auf die himmlischen Zeichen der Engel, die sie mir schicken. Ich erlaube meiner Seele, sich zu erheben und so frei wie ein Vogel zu fliegen.

Was hast du bisher gelernt?

Als Kind haben dich deine Eltern wahrscheinlich oft gefragt: »Was hast du heute gelernt?«, woraufhin du ihnen irgendetwas erzähltest, was du in der Schule gelernt hast. Doch selbst wenn du verneintest, irgendetwas gelernt zu haben, tief in deinem Inneren war dir bewusst, dass du etwas Neues entdeckt hast.

Alle Lebenserfahrungen, die angenehmen wie die schwierigen, enthalten tiefe Weisheiten für dich. Wenn du auf schmerzhafte Ereignisse zurückblickst, halte inne und frage dich: *Was habe ich gelernt?* Diese Frage wird dir helfen, das Geschenk in dem Erlebnis zu erkennen, und du wirst wissen, dass du nicht umsonst gelitten hast.

Jede Situation erteilt dir Lektionen in Geduld, Mitgefühl, innerer Stärke und anderen Dingen. Nimm dir einen Moment Zeit und betrachte noch einmal das Wissen, das du in letzter Zeit erworben hast. Was hast du gestern gelernt? Und was heute? Alle Lektionen sind wertvolle Schätze, die dir niemals wieder genommen werden können, also freue dich daran und schätze sie.

GEDANKE FÜR DEN HEUTIGEN TAG

Ich sehe das Geschenk in allen meinen Erfahrungen, und jede Beziehung und Situation lehrt mich etwas Wichtiges. Wie ein Taucher, der eine wunderschöne Perle in einer Muschel gefunden hat, schätze ich die Lektionen meines Lebens.

Gib dir selbst die Erlaubnis

Als Kind hast du darauf gewartet, dass Erwachsene dir Anweisungen und die Erlaubnis gaben, etwas zu tun, und du musstest dich ihrer Autorität beugen. Diese Angewohnheit hat sich bis in dein Erwachsenenleben erhalten – noch heute gibt es einen Teil von dir, der darauf wartet, dass andere dir ihr Einverständnis geben.

Übernimm du heute die volle Befehlsgewalt über deinen Terminkalender, deine Aktivitäten und dein Leben überhaupt. Du bist jetzt dein eigener Vormund, und du kannst dir selbst die Erlaubnis geben, deinen Träumen und deiner inneren Führung zu folgen.

Wozu hättest du gerne die Erlaubnis? Erkenne, dass du die Macht hast, deiner göttlichen Führung zu folgen, ohne die Zustimmung anderer Menschen einholen zu müssen. Du kannst lebenswichtige Entscheidungen treffen, die deine Gesundheit, dein Glück und deinen inneren Frieden fördern werden.

Wir Engel helfen dir bei dieser Entwicklung, wenn du uns nur darum bittest. Wir können deinen Mut und deine Kraft stärken, Veränderungen vorzunehmen, doch letztendlich liegt die Entscheidung bei dir. Was immer es ist, du kannst es, und du schaffst es!

GEDANKE FÜR DEN HEUTIGEN TAG

Ich gebe mir die Erlaubnis, mein Leben selbst in die Hand zu nehmen und die Veränderungen herbeizuführen, die meinem Herzen Freude bringen. Ich bin mein eigener Vormund, und ich habe das Recht, meiner inneren göttlichen Führung zu folgen.

Geh spazieren

Etwas Magisches geschieht, wenn du spazieren gehst. Dein Geist entspannt sich, deine Anspannung löst sich, und du hast Augen für alles in deiner Umgebung.

Der einfache Vorgang des Gehens stellt eine rhythmische Meditation dar, die dir hilft, dich selbst denken zu hören. Wenn du diese Tätigkeit gemeinsam mit einem Freund unternimmst, fügt euer Gespräch dem Ganzen noch einen therapeutischen Aspekt hinzu. Nach dem Spaziergang wirst du dich erfrischt, wie ausgewechselt und dankbar fühlen, dass du diese Gelegenheit ergriffen hast, dir selbst etwas Gutes zu tun.

Nimm dir heute Zeit für einen Spaziergang, der eine langsamere Variante des Joggens ist. Schlendere eine Weile einfach so dahin, plaudere ein paar Minuten mit deinen Nachbarn und nimm dir die Freiheit, unterwegs an ein paar Rosen zu schnuppern oder einen Hund zu streicheln. Wenn dies auch keine Übung fürs Herzkreislaufsystem ist, verstärkt es doch die Liebesfähigkeit deines emotionalen Herzens.

GEDANKE FÜR DEN HEUTIGEN TAG

Ich mache einen Spaziergang, wo auch immer mein Herz mich hinführt. Ich schlendere langsam umher und halte unterwegs an, um meine Umgebung genauer wahrzunehmen, mit der Natur in Kontakt zu sein und mit anderen Menschen zu plaudern. Ich mache mir das Geschenk der Zeit, indem ich entspannt und langsam spazieren gehe.

Halte deine Versprechen

Wann immer du dein Versprechen hältst, freut sich dein inneres Selbst. Jedes Mal, wenn du ein Versprechen einlöst, wird dein Selbstvertrauen gesteigert, weil du lernst, Vertrauen in dich selbst zu haben.

So wie du andere mit Respekt und Fairness behandelst, lässt dir das Universum das Gleiche zukommen – mit anderen Worten, deine Handlungen sind eine gute Investition in dein eigenes Selbst und deine Zukunft. Sie lehren dich, dass du, indem du weiterhin weise durch gute Taten handelst, anderen Menschen und der Welt vertrauen kannst.

Die wichtigsten Versprechen sind die, die du dir selbst gibst. Wenn du dich verpflichtest, positive Veränderungen vorzunehmen, dir eine gesündere Lebensweise anzugewöhnen und ähnliches reagiert dein inneres Selbst genauso begeistert wie ein Kind, dessen Eltern ihm eine tolle Belohnung versprochen haben. Wenn du diese Versprechen dir selbst gegenüber einhältst, fühlt sich deine Seele sicher und geliebt, und sie strahlt vor Glück.

Halte heute deine Versprechen dir selbst und anderen gegenüber ein. Es ist die Mühe wert bei den Belohnungen, die dir winken … versprochen!!

GEDANKE FÜR DEN HEUTIGEN TAG

Ich halte meine Versprechen mir selbst und allen anderen gegenüber ein. Ich halte mich an meine Vereinbarungen und stehe zu meinem Wort, und es fühlt sich gut an.

Segne deine Mahlzeiten

Ein Tischgebet zu sprechen als Ausdruck der Dankbarkeit für eine Mahlzeit ist ein seit alten Zeiten gepflegter Brauch, der bis in die frühesten Anfänge der Menschheit zurückreicht. Es ist eine unbewusste Reaktion auf die innige Handlung des Essens und Trinkens

Du kannst die Energie deiner Mahlzeiten durch Gebete und Affirmationen auf eine höhere Ebene bringen. Wissenschaftler weltweit haben mittlerweile konkrete Beweise für die positiven Wirkungen durch das Segnen der Mahlzeiten; doch der beste Beweis ist deine verbesserte Stimmung und Energie nach einer gesegneten Mahlzeit.

Mache es dir heute zur neuen und guten Gewohnheit, deine Mahlzeiten zu segnen. Es spielt keine Rolle, wie du es machst. Wichtig ist nur, dass du irgendeine Art wählst, durch die alles, was du zu dir nimmst, mit liebevollen Worten gesegnet wird.

GEDANKE FÜR DEN HEUTIGEN TAG

Ich segne meine Mahlzeiten im stillem Gebet oder spreche meine Dankbarkeit aus. Ich sende heilende Energie in alles, was ich esse oder trinke, und werde auf diese Weise vom Geist genährt.

Vergib dir selbst

Letztendlich wendet sich aller Groll, den du unterdrückst, wie ein Bumerang nach innen und wird zu Selbsthass, der dann an die Oberfläche durchsickert und jeden Tag deines Lebens vergiftet. Diese Gefühle können dich blind machen für die alltäglichen Freuden in der Welt.

Aus diesem Grunde leiten wir Engel dich immer wieder an, zu vergeben und die schädigende Ansammlung von Groll und Verbitterung in deiner Seele und in deinem Körper loszulassen. Das ist die beste Art von Entgiftung, die dir alles gibt, was du brauchst: mehr Energie, bessere Ausrichtung, größeres Konzentrationsvermögen, mehr Verspieltheit, Liebe, Geld ... was immer du willst. Dein Lohn für die Vergebung stellt sich so schnell ein wie das Licht, das einen Raum durchflutet, wenn man eine Lampe einschaltet.

Du bis viel zu streng mit dir selbst, geliebtes Wesen. Du glaubst, dass Perfektion eine Voraussetzung dafür ist, geschätzt zu werden, doch in Wahrheit bist du vollkommen liebenswert, während du stolperst, lernst, wächst und deinen Weg weitergehst. Das ist der Grund, warum der wichtigste Akt der Vergebung die Selbstvergebung ist. Wenn du lernst, jeden Teil deines Wesens liebevoll anzunehmen, leuchtet der Funken in deinem Inneren so hell wie ein Scheinwerferlicht, das andere Menschen anzieht und heilt, denen deine Warmherzigkeit und Weisheit zugute kommt.

Lasse am heutigen Tag jeden Groll los, den du gegen dich selbst hegst. Befreie dich von allen Gefühlen der Schuld oder Selbstablehnung und sonne dich in der wohlverdienten Liebe.

GEDANKE FÜR DEN HEUTIGEN TAG

Ich vergebe mir selbst und akzeptiere, dass ich in Wirklichkeit einfach erstaunlich bin. Ich gewähre mir selbst dieselbe bedingungslose Liebe, mit der Gott und die Engel mich umgeben. Ich schwelge in dem köstlichen Gefühl der Selbstachtung.

Nimm's leicht!

Manchmal bemühst du dich so sehr und kämpfst so beharrlich, dass du dich damit unbeabsichtigt selbst blockierst. Das trifft vor allem dann zu, wenn du dir etwas so sehr wünschst, dass du immer wieder aufs Neue versuchst, es zu erzwingen.

Das Universum reagiert auf die Angst, die das Energiemuster von Kampf ist. Diese unterschwellige Angst, dass das, wonach du dich sehnst, sich nicht materialisieren könnte, wird dir in Form von Einschränkungen, Verzögerungen und unbefriedigenden Manifestationen zurückgespiegelt.

Das ist der Grund, warum der Akt des Loslassens sofort Ergebnisse bringt. Wenn du deinen Wunsch dem Universum übergibst, lässt du damit gleichzeitig die Ängste los, die dich zuvor blockiert haben. Loslassen ist eine Erklärung, die besagt: »Ich weiß, dass mein Wunsch sich auf die bestmögliche Weise manifestiert, selbst wenn ich mir nicht sicher bin, wie dies genau geschehen wird.« Dieses Vertrauen kann man damit vergleichen, die Haustür zu öffnen und deinen Wunsch wie einen schon erwarteten Gast bei dir zu Hause willkommen zu heißen.

Nimm's heute leicht und erlaube dem Universum, ans Werk zu gehen und deine Träume wahr zu machen. Du hast deinen Teil der Arbeit getan, als du den Wunsch geäußert hast, also übergib ihn Gott und freue dich über die Kreativität, wie deine Gebete erhört werden.

GEDANKE FÜR DEN HEUTIGEN TAG

Ich entspanne mich und überlasse alle meine Wünsche Gott. Die unendliche Weisheit und Liebe des Göttlichen erfüllt meine Bedürfnisse genau auf die richtige Art. Ich atme leicht und frei und öffne meine Arme, um voller Vertrauen alles zu empfangen.

Sei nicht nachtragend

Wenn dich das Verhalten eines Menschen verletzt hat, wirst du unter Umständen gegenüber dieser Person Groll und Verbitterung empfinden. Doch schadest du dir mit diesem Gefühl nur selbst, da es deine Energie, deine Begeisterung und Leistungsfähigkeit vermindert. Alle unfreundlichen Äußerungen oder Handlungen eines anderen Menschen dir gegenüber sind lediglich eine Reflexion dieser Person; sein oder ihr Verhalten hat nichts mit deinem wahren Selbst zu tun.

Wenn Menschen lieblos handeln, verbannen sie Licht und Liebe aus ihrem Leben, was dazu führt, dass sie immer mehr Erfahrungen anziehen, die ihre Unzufriedenheit steigern. Je weniger liebenswert ein Mensch zu sein scheint, desto mehr *braucht* er Liebe, die sein Unglücklichsein heilt und die Wärme in seinem Herzen wieder entzündet.

Das bedeutet jedoch nicht, dass du Zeit in der Gesellschaft mit allen verbringen musst, die sich dir gegenüber anscheinend unfreundlich verhalten. Du kannst ihnen aus sicherer Entfernung freundliche Gedanken senden und auf diese Weise dein Ziel erreichen. Wenn du jemandem Liebe schickst, den du zuvor abgelehnt hast, tritt Heilung auf drei Ebenen ein:

* Du wirst von dem Schmerz und den negativen Eigenschaften des Grolls und der Verbitterung befreit.
* Unerwünschte Muster werden aufgehoben, da du immer das anziehst, womit du dich in deinen Gedanken beschäftigst.
* Sie trägt zur Heilung der anderen Person bei.

Vergib heute jemandem, der dir Schmerz bereitet hat. Den Nutzen, den du daraus ziehst, übersteigt bei Weitem jedes Vergnügen, das das Festhalten an deinem Groll dir jemals hätte machen können. Lass ihn los und sei frei!

GEDANKE FÜR DEN HEUTIGEN TAG

Ich vergebe die erste Verstimmung, die mir gerade einfällt, und lasse sie los. Ich verwandle alten Groll in die Energie heilender Liebe. Ich bin bereit, zu vergeben.

Wisse, dass du liebenswert bist

Für uns Engel bist du der liebenswerteste Mensch, den man sich nur vorstellen kann. Wir sehen die Güte in deinem Herzen und in der Art, wie du Zuneigung ausdrückst und annimmst. Bei jedem Ausatmen sendest du wunderbare Energie nach außen.

Du bist vollkommen liebenswert. Deine Persönlichkeit, Gedanken und Gefühle sind einfach reizend, und deine körperliche Erscheinung ist in jeder Hinsicht perfekt. Jeder Teil von dir ist vollkommen großartig

Wir sind deine Engel, ständig an deiner Seite, und wir werden dich immer lieben, komme was wolle.

GEDANKE FÜR DEN HEUTIGEN TAG

Ich bin ein liebenswerter Mensch, einfach weil ich eben ich bin. Meine Engel kennen und lieben mein wahres Selbst, und ich kann ruhig so sein, wie ich wirklich bin Ich schätze mich selbst, genauso wie Gott mich schätzt.

Schreibe heute etwas

Das geschriebene Wort ist eine wunderbare Möglichkeit des Selbstausdrucks, Lehrens und sogar des Lernens. Außerdem stellt es eine Möglichkeit dar, sich mit dem Himmel zu verbinden und durch den Vorgang des Channelns Informationen von der Ebene des Göttlichen zu erhalten. Du hast wahrscheinlich im Laufe deines Lebens schon viele Hinweise dafür erhalten, dass Schreiben ein Bestandteil deiner Natur und Lebensaufgabe ist. Dies ist eine Botschaft für dich, dir heute Zeit zu nehmen, dich hinzusetzen und deinen Stift zu zücken

Durch den Vorgang des Schreibens wirst du offen, um neue Ideen und Informationen zu empfangen. Du zapfst sowohl deinen inneren Lehrer als auch die Weisheit des Universums an, daher mach dir keine Sorgen darüber, was für ein Thema es sein wird. Setz dich einfach vor deinen Computer oder dein Notebook und fang an, alles aufzuschreiben, was dir in den Sinn kommt. Es macht nichts, wenn deine Worte keinen Sinn ergeben oder du mit undefinierbaren Gefühlen oder Gedanken anfängst. Die Richtung, die dein Schreiben nimmt, wird dir klar werden, sobald du erst einmal damit angefangen hast.

Mach diese Tätigkeit des Schreibens zu einem regelmäßigen Bestandteil deines Lebens – wenn möglich zu einer täglichen Gewohnheit. Wir Engel werden dir helfen, eventuelle Probleme mit deinem Selbstvertrauen zu überwinden, und wenn du uns darum bittest, werden wir dich führen. Nimm dir heute Zeit zum Schreiben und achte darauf, wie vorteilhaft sich das eigene Schreiben auf deine Gefühle und Selbstachtung auswirkt.

GEDANKE FÜR DEN HEUTIGEN TAG

Ich schreibe und drücke mich in Worten aus, die vom universellen Geist inspiriert und von den Engeln gesegnet sind. Ich nehme mir die Freiheit, die Botschaften aus meinem Herzen zu Papier zu bringen.

Bastle dir eine Traumcollage

Eine *Traumcollage* ist ein wunderbares Mittel, um dir deine Ziele, Gebete und Wünsche vor Augen zu führen. Sie besteht aus einer Grundlage aus festem Karton oder Holz, auf die du Fotos, Zeichnungen, Sprüche und andere Bilder klebst, die für das stehen, was du dir wünschst. Blättere durch Zeitschriften, um sie zu finden, und habe Spaß daran, sie aufzukleben.

Wenn deine Traumcollage fertig ist, hänge sie an einen auffälligen Ort, damit du sie jeden Tag sehen kannst. Wann immer du daran vorbeigehst, bleibe einen Moment stehen und visualisiere deine Wünsche als bereits manifestiert. Empfinde ehrliche Dankbarkeit und sage danke zum Universum für die Verwirklichung deiner Träume.

Übergib dem Himmel alle Sorgen oder Ängste darüber, wie sich dieser Wunsch materialisieren wird. Richte deine Aufmerksamkeit ausschließlich darauf, dankbar zu sein für die Tatsache, dass dein Wunsch bereits wahr geworden ist, und dann heiße ihn willkommen, wenn er in dein Leben tritt.

GEDANKE FÜR DEN HEUTIGEN TAG

Ich bastle mir eine Traumcollage aus Bildern für meine Wünsche und sehe, wie perfekt sie zusammenpassen. Ich stelle mir jetzt meine Wünsche als Wirklichkeit vor. Danke, Gott und ihr Engel, für .... (trage hier deinen Wunsch ein).

Ruf dir deine schönste Erinnerung
ins Gedächtnis zurück

Die Zartheit erlebter Gefühlsmomente ruft viele angenehme Emotionen hervor. Erlaube dir heute die köstliche Erinnerung an eine Zeit, wo du dich sicher und vollkommen geliebt gefühlt und an einen Moment, wo du dich maßlos gut unterhalten hast. Erinnere dich nicht nur an das, was du damals gedacht, sondern auch gefühlt hast.

Mache das ruhig eine Weile und genieße diese Erinnerungen, und lasse deinen Geist nach Herzenslust treiben. Stelle dir selbst die folgenden Fragen und achte auf die Antworten, die dir spontan in den Sinn kommen

* Was ist eine meiner schönsten Geburtstagserinnerungen?
* Wann war ich besonders stolz auf mich?
* Wann habe ich den Aufenthalt in der Natur ganz besonders genossen?
* Welche wunderbare Erinnerung habe ich aus meinem Liebesleben?
* Welcher Moment war ein Schlüsselerlebnis in meinem Leben?

Lass die Erinnerungen aufsteigen und schreibe vielleicht etwas dazu in ein Notizbuch, oder erzähle einem vertrauten Menschen davon – oder uns, deinen Engeln.

GEDANKE FÜR DEN HEUTIGEN TAG

Ich erinnere mich an ein besonders schönes Erlebnis, was als Weg zur (energetischen) Anhebung der Gefühle und Gedanken dient. Meine Zukunft wird noch viel wunderbarer werden als meine Vergangenheit.

Sage zu dir selbst: Ich liebe dich

Selbst-Liebe ist ein Ausdruck, den du häufig hörst, doch weißt du eigentlich nicht, wie sie in die Praxis umgesetzt werden kann. Eine der einfachsten Möglichkeiten, dies zu tun, besteht darin, zu dir zu sagen: *Ich liebe dich*. Du kannst es im Stillen sagen, laut verkünden oder aufschreiben.

Jeder Mensch hört gern Liebeserklärungen, und dein inneres Selbst bildet keine Ausnahme. Wenn du solche Gefühle dir selbst gegenüber ausdrückst, strahlt deine Seele vor lauter Freude. Dein ganzes Energiefeld dehnt sich aus, was deine Heilung und Fähigkeit zur Manifestation unterstützt.

GEDANKE FÜR DEN HEUTIGEN TAG

Ich sage zu mir selbst: *Ich liebe dich*. Ich umarme mich selbst und hege mein Inneres. Ich habe jetzt die Quelle aller Liebe verinnerlicht, und sie ist ein wirksamer Heilbalsam, der mir hilft, neue Höhen in meinem Leben zu erklimmen.

Visualisiere Engel

Eine Möglichkeit, mit uns Engeln zu kommunizieren, sind Bilder, die du vor deinem geistigen Auge entstehen lässt. Wenn du uns visualisierst, ist es das Gleiche, als würdest du uns an deine Seite rufen. Nimm dir heute ein wenig Zeit, um ganz ruhig zu werden. Schließe deine Augen, atme tief und gleichmäßig, und visualisiere, wie du von uns Engeln umgeben bist.

Stelle dir vor, wie du mit uns sprichst und uns dein Herz ausschüttest; und wie du im Gegenzug Liebe, Weisheit, Unterstützung und Führung empfängst. Es spielt keine Rolle, wie detailliert deine Visualisierung ist, da allein deine Absicht, mit uns in Kontakt zu treten, immer ein erfolgreiches Ergebnis nach sich zieht – selbst wenn du es nicht bewusst wahrnimmst. Denke daran, dass wir uns eines jeden einzelnen deiner Gedanken und Gefühle gewahr sind, selbst wenn du uns nicht hören kannst …

Wir lieben dich bedingungslos, und wir haben unendliche und ewige Geduld – eben Engelsgeduld – mit dir.

GEDANKE FÜR DEN HEUTIGEN TAG

Ich visualisiere Engel um mich, die mich heilen, aufrichten, mich führen, beschützen und lieben. Im Laufe des Tages spreche ich immer wieder mit meinen Engeln. Ich sage ihnen alles und bitte immer um ihre Hilfe.

Lass den Wunsch nach Bestätigung los

Lass den Wunsch los, von jedem gemocht zu werden; das einzige, was zählt ist, dass du dich selbst achtest. Die Ansichten eines anderen besagen nicht, was und wer du wirklich bist, da sie lediglich Äußerungen des Betreffenden sind, mit denen seine Selbstkritik auf dich projiziert wird.

Schau dir unsere Situation als Paradebeispiel dafür an: Obwohl wir Engel unsere ganze Zeit damit verbringen, anderen zu helfen, gibt es immer noch welche, die uns misstrauen und nicht mögen. Würden wir uns durch diese negative Beurteilung niederdrücken lassen, wären wir nicht in der Lage, unsere Aufgabe gut zu erfüllen.

Denke daran, wie viel Zeit und Energie du dafür aufwendest, um dir die Anerkennung bei anderen zu holen. Würde es sich nicht viel besser anfühlen, wenn du deine Zeit damit verbringst, dich selbst anzunehmen und deinen Wert an einem höheren Maßstab zu messen als an der Meinung anderer Personen? Natürlich lautet die Antwort auf diese Frage »Ja«. Und heute ist genau der richtige Tag, um dir diese positive neue Einstellung anzueignen.

GEDANKE FÜR DEN HEUTIGEN TAG

Ich lasse den Wunsch nach Anerkennung von anderen Menschen los; um mich selbst zu mögen und zu achten, strebe ich nur nach meinem Selbstwertgefühl. Meine gesunde Selbstachtung zieht jeden und alles an, was ich mir nur wünsche. Ich schenke mir selbst Anerkennung.

Sende Liebe in dein eigenes Herz

Dein gesamter Körper reagiert positiv auf Liebe. Wenn du dieses Gefühl auf dein physisches Selbst richtest, ist dies dieselbe Energie, die wir Engel dir senden oder andere Menschen, die dich lieben. Liebe ist Liebe, egal, durch welchen Kanal sie fließt.

Gib deinem Herzen heute extra viel liebevolle Energie, indem du es physisch, emotional und spirituell segnest. Bete dafür, dass es vollkommen gesund ist. Umgib es mit Liebe und bitte es, dieses Geschenk mit jedem Herzschlag aufzunehmen. Bedanke dich bei deinem Herzen dafür, dass es so gesund, stark und leistungsfähig ist.

Lass dein Herz wissen, dass ihm nichts geschehen kann und du es in jeder Hinsicht beschützt. Sag ihm, dass du dir genug Bewegung verschaffen und dich gesund ernähren wirst, entsprechend deiner inneren Führung. Erkläre, dass du deine Gefühle ehren wirst, um besser unterscheiden zu können, welche Beziehungen und Situationen gut für dich sind – und welche besser vermieden werden sollten.

Sieh dein Herz als eine wunderschöne Blume und bitte seine Blütenblätter, sich sanft zu entfalten. Achte darauf, ob irgendwelche Barrikaden, hinter denen du dich versteckt hast, niedriger werden. Sende deinem Herzen zärtliche Gefühle, und im Gegenzug wird es dir helfen, mehr Liebe zu empfinden.

GEDANKE FÜR DEN HEUTIGEN TAG

Ich sende Liebe an mein Herz und umgebe es mit heilendem Licht. Ich danke ihm und sorge für mein Herz, indem ich meiner inneren Führung folge und darauf achte, dass es mir gut geht.

Bitte lächeln ...

Wissenschaftliche Untersuchungen haben die vielen physio-logischen Vorteile des Glücklichseins und Lächelns bewiesen. Auch gibt es unzählige Vorteile für den Geist, und heute bitten wir Engel dich, deine Aufmerksamkeit auf einen dieser Vorteile zu richten: auf den Bumerang-Effekt des Lächelns.

Wenn du lächelst, können die anderen Menschen nicht anders, als dir den gleichen Gesichtsausdruck widerzuspiegeln. Selbst wenn sie ihre Zähne nicht durch ein breites Grinsen zeigen, merkst du, wie ihre Augen freundlich zwinkern, wenn sie dich anschauen. Diese menschliche Reaktion ist eine gott-gegebene Fähigkeit, von der wir möchten, dass du sie dir zunutze machst. Sie ist ein Beweis für den Ausspruch: »Je mehr du gibst, desto mehr empfängst du.«

Schenke heute jemandem ein Lächeln und achte darauf, wie es um so mehr zu dir zurückkommt. Fühle dich wunderbar bei dem Wissen, dass das Lächeln, das du einem Menschen schenkst, vielen zugute kommen und einen heilenden Domino-effekt auslösen wird, während es von einem zum anderen wandert. Die Wohltaten des Lächelns werden immer auf vielfache Weise leuchtend zu dir zurückkommen.

GEDANKE FÜR DEN HEUTIGEN TAG

Ich lächle, denn es gibt so viele Gründe, glücklich zu sein, selbst wenn ich sie nicht sehen kann. Mein Lächeln ist ein erster Schritt auf dem Weg zum Glück – für mich und andere – und ein Geschenk, das ich zum Wohle aller Menschen ins Universum aufsteigen lasse.

Lachen ist Balsam für Körper und Seele

Von allen Geräuschen auf der Erde kommt der Klang des Lachens der Sphärenmusik im Himmel am nächsten. Seine reinste Essenz lässt wie ein Quell deine innere Freude in die Welt hinaussprudeln, was weit reichende Folgen hat. Dein Lachen heilt sowohl dich als auch alle anderen, die es hören oder seine Macht spüren, denn es verstärkt die Energie in dem Raum, in dem es erklingt. Ob es sich dabei um ein leises oder schallendes Gelächter handelt – es ist immer machtvoll.

Halte heute Ausschau nach einem Anlass zum Lachen. Du könntest dir beispielsweise einen lustigen Film ansehen, oder dir mit anderen Menschen Witze erzählen. Achte während des Tages auf das Humorvolle in verschiedenen Situationen und versuche, wie ein Komiker zu denken. Lachen, wie alle anderen positiven Aspekte des Lebens, wird durch Übung immer leichter – und diese neue Angewohnheit wird lang anhaltende positive Wirkungen zeigen.

GEDANKE FÜR DEN HEUTIGEN TAG

Ich lache ehrlich und aus vollem Herzen über den Humor, der vom Universum überall fest eingebaut wurde. Während ich das Lustige in meinem täglichen Leben sehe, muss ich in mich hineinlachen, und mein Herz erfreut sich an meiner Heiterkeit.

Wähle das Glück

Glücklichsein ist ein Seinszustand, den du kreierst – es ist eine Wahl, die du in deinem Inneren triffst, unabhängig von dem, was tatsächlich um dich herum passiert. Mache dir heute selbst das therapeutische Geschenk dieses magischen Gefühls – ein Gefühl, das die Macht hat, kritischen Situationen die Spitze zu nehmen, Krankheiten zu heilen, Missverständnisse auszuräumen und neue Chancen zu ergreifen.

Wenn du dich freust, ist dies das eindeutige Zeichen für den unerschütterlichen Glauben daran, dass deine Gebete erhört und beantwortet werden ... und dein Glaube wird stets auf eine Weise belohnt, die wunderbare Überraschungen mit sich bringt. Dies ist ein gut funktionierender Kreislauf: Je freudiger du bist, desto mehr Erfahrungen ziehst du an, die deinem Wohlbefinden dienen. Daher wähle Freude und fasse den Vorsatz, heute leichten Herzens und liebevoll zu bleiben. Falls du in Negativität abzugleiten drohst, erinnere dich an das Gefühl der Freude. Allein der Gedanke daran reicht aus, ihr wärmendes Licht hervorzurufen, so dass jegliche Negativität einfach überstrahlt wird.

Sei heute ein Leuchtfeuer dieser Emotion, um andere zu inspirieren und anzuleiten, ihrerseits Freude zu wählen. Schließlich ist die beste Methode, Glücklichsein zu lehren, die, es selbst zu sein.

GEDANKE FÜR DEN HEUTIGEN TAG

Ich entscheide mich für das Glück und fühle und denke optimistisch. Ich verhelfe den Menschen in meiner Umgebung zu größerem Wohlbefinden, indem ich überall, wohin ich gehe, Freude verbreite.

Mach dir selbst ein Geschenk

Warum auf eine besondere Gelegenheit warten, um dir etwas Gutes zu tun? Nicht zuletzt brauchst du Belohnungen während ganz normaler Zeiten in deinem Leben. Das Geschenk, das du dir selbst machst, muss nicht teuer oder ausgefallen sein, es kann sogar nichts kosten. Es braucht nur dein Herz zum Jauchzen zu bringen. Sei offen für alles und gestatte dir, zum genau passenden Geschenk für dich geführt zu werden. Das könnte eine Beschäftigung sein wie ins Kino zu gehen oder ein gutes Buch zu lesen oder dich durch eine Massage oder Fußpflegebehandlung verwöhnen zu lassen. Du könntest sogar ein einfaches Bad in der Wanne oder ein Mittagsschläfchen vorziehen. Und du brauchst dich nicht auf ein Geschenk pro Tag zu beschränken. Belohne dich mit kleinen Geschenken, so oft du dich dazu angeleitet fühlst, und erfahre ihre Wohltaten durch gesteigerte Begeisterung und Freude.

GEDANKE FÜR DEN HEUTIGEN TAG

Ich mache mir selbst ein Geschenk und erfreue mich so an Selbstliebe. Ich verdiene eine besonders gute Behandlung und belohne mich selbst mit Liebe.

Heile alte Beziehungen

Hast du in letzter Zeit an jemanden aus deiner Vergangenheit gedacht? Dies könnte ein Zeichen für dich sein, den Kontakt mit diesem Menschen wieder aufzunehmen, oder es kann bedeuten, dass die Zeit gekommen ist, ein altes Problem mit dem Betreffenden zu lösen. Wenn Gedanken an eine frühere Beziehung an die Oberfläche steigen, sollte man die Gründe dafür hinterfragen.

Als Erstes achte auf die Gefühle in deinem Bauch, während du an diesen Menschen denkst. Fühlst du Anspannung? Beruhigung? Freust du dich? Fühlst du dich bedrückt? Finde die verschiedenen Emotionen heraus, die du mit dieser Beziehung assoziierst, und rufe dir in Erinnerung, wie die Trennung von dieser Person damals verlief. Falls du irgendwelche Reuegefühle hast, atme tief ein und fasse den Vorsatz, diese Gefühle beim Ausatmen loszulassen – allein dieser Vorgang könnte schon das Heilmittel sein, das deine Seele benötigt. Darüber hinaus kannst du das Universum darum bitten, die Auswirkungen jeglicher Fehler ungeschehen zu machen, die einer von euch beiden gemacht hat. Diese Bitte wird immer erhört, mit erstaunlichen und oft wunderbaren Resultaten.

Vielleicht möchtest du dem Betreffenden einen Brief schreiben und so versuchen, deine wahren Gedanken und Gefühle zu verstehen. Es ist nicht nötig, dass du ihn abschickst, um einen therapeutischen Nutzen aus diesem Vorgang zu ziehen … manchmal ist es am besten, das Geschriebene in einer kleinen Zeremonie zu vernichten – zum Beispiel indem du den Brief verbrennst – als Symbol dafür, dass du losgelassen hast.

Nach einer Weile des Nachdenkens wirst du vielleicht das starke Gefühl verspüren, noch einmal Kontakt mit der betreffenden Person aufzunehmen. Rufe uns Engel herbei, um die Wiedervereinigung mit schützender Liebe zu umgeben und dafür zu sorgen, dass sie so harmonisch wie möglich verläuft.

(Wir können dir außerdem helfen, den Betreffenden zu finden, solltest du dies wünschen).

GEDANKE FÜR DEN HEUTIGEN TAG

Ich heile eine alte Beziehung. Ich vergebe und vergesse als eine Möglichkeit, weiterzugehen, indem ich die Schnüre jeglicher Negativität aus meiner Vergangenheit durchtrenne. Ich ziehe nur gesunde Interaktionen mit anderen Menschen an, heute und in Zukunft.

Sende deinen Muskeln Liebe

Vielleicht ist dein Körper in diesem Moment verspannt, ohne dass du es merkst. Wir Engel weisen dich darauf hin, damit du positive Schritte zu deiner Entspannung unternehmen kannst.

Nimm dir einen Moment Zeit und fühle in dich hinein, ob es irgendwo in deinem Körper angespannte Bereiche gibt. Frage deine Muskeln, was sie dir sagen möchten – wahrscheinlich wirst du eine Antwort hören, fühlen oder denken. Nimm dir ein paar weitere Sekunden Zeit und frage deine Muskeln, warum sie angespannt sind.

Als Nächstes atme tief ein, und während du ausatmest, stell dir vor, wie du den Atem bewusst in deinen Körper lenkst. Habe Mitgefühl und Verständnis für deine Muskeln und danke ihnen dafür, dass sie immer so hervorragend funktionieren. Denn sie stützen dich nicht nur, sondern teilen dir mit, was du wirklich fühlst.

Dein Körper neigt dazu, sich zu verspannen oder zu schmerzen, wenn er vernachlässigt wird, daher nimm dir heute Zeit, um ihn zu verstehen und anzunehmen. Genauso wie Menschen sich entspannen, wenn sie spüren, dass man sie versteht, wird es deinen Muskeln ergehen.

GEDANKE FÜR DEN HEUTIGEN TAG

Ich spreche zu meinen Muskeln mit Respekt und Verständnis. Anstatt von ihnen zu verlangen, sich zu entspannen, nehme ich mir die Zeit, ihre Perspektive zu sehen. Ich danke ihnen, dass sie ihre Arbeit so gut machen, und sende ihnen allen meine Liebe.

Erkenne deinen Wert

Anstatt dein Selbstwertgefühl an weltlichen Standards zu messen, betrachte dich bitte so, wie die Engel dich sehen. In unseren Augen bist du absolut wertvoll, und dass du einfach da bist ist von großer Wichtigkeit. Mit jedem Atemzug und jedem Schlag deines Herzens verströmst du Liebe und verbreitest das Licht des Himmels auf der Erde.

Deine Gebete sind Musik in unseren Ohren, da sie uns die Gelegenheiten bieten, mit dir eng zusammenzuarbeiten.

Wir blicken tief in das Innerste deiner Seele, wo deine Weisheit und dein guter Kern immer zu erkennen sind.

Du bist ein wertvoller Mensch, und dieser Planet braucht dich, selbst wenn du dir deiner Aufgabe nicht genau bewusst bist. Dein Dasein bringt Segen in das Leben vieler Menschen, und wir verlassen uns darauf, dass du Vertrauen in dieses Leben hast. Es wird zusehends leichter werden … das versprechen wir dir.

GEDANKE FÜR DEN HEUTIGEN TAG

Ich erkenne, dass ich geschätzt werde einfach als das, was ich bin. Ich werde im Augenblick vollkommen und bedingungslos geliebt. Mein Dasein bringt der Welt Segen.

Wisse, dass wir dich genau verstehen

Manchmal fühlst du dich wohl von den Menschen in deinem Leben missverstanden. Vielleicht fragst du dich sogar, ob du dich selbst verstehst.

Wir Engel verstehen dich. Wir kennen deine geheimsten Gefühle und Gedanken, und wir achten dich für das, was du gerade durchmachst. Wir stehen dir zur Seite und sind bereit, dich zu unterstützen und dir bei allem zu helfen, wenn du uns darum bittest. Wisse, dass uns jeder Teil deines Wesens kostbar ist, von deinen dunkelsten Schatten bis zu deinem strahlendsten Licht, weil du mit unseren Augen gesehen immer vollkommen liebenswert bist.

Sprich mit uns, wann immer du dich missverstanden fühlst. Schütte uns dein Herz aus wie es für dich am angenehmsten ist; und wisse, dass wir dir immer zuhören, dich verstehen und dir helfen.

GEDANKE FÜR DEN HEUTIGEN TAG

Ich erinnere mich daran, dass meine Engel mich verstehen. Sie können mir helfen, den Weg aus meinen dunklen Momenten heraus in das Licht der Erkenntnis darüber zu finden, dass ich in Wahrheit ein wunderbares Geschöpf Gottes bin. Ich kann meinen Engeln alles anvertrauen.

Schütte uns dein Herz aus

Wir Engel sind durchweg für dich da. Wenn du aufgewühlt oder enttäuscht bist, schütte uns dein Herz aus. Teile uns alles mit, auch Gedanken und Gefühle, die dir unangenehm sind.

Dieser Prozess dient deiner eigenen Heilung. Da uns nichts verborgen bleibt, wissen wir bereits, was du durchmachst. Wir unterstützen dich in jeglicher Hinsicht, denn unsere Liebe ist bedingungslos und frei von Verurteilung.

GEDANKE FÜR DEN HEUTIGEN TAG

Ich schütte meinen Engeln mein Herz aus, so wie ich es einem nahen Freund gegenüber tun würde. Meine Engel sind meine besten Freunde, in guten und in schlechten Zeiten.

Schwinge deinen Zauberstab

Du hast dir wahrscheinlich schon oft gewünscht, einen Zauberstab zu besitzen, mit dessen Hilfe du dein eigenes Leben und das anderer Menschen verzaubern könntest. Wir Engel möchten dich gern auf die Zauberkraft aufmerksam machen, die du schon immer besessen hast: Liebe.

Wenn du deine Lebenssituationen vollständig mit dieser Emotion in all ihren verschiedenen Ausprägungen umgibst – Dankbarkeit, Vergebung, Mitgefühl, Frieden und so weiter – hast du den magischen Zauberstab geschwungen, der jedes Ungleichgewicht oder jede Erkrankung heilen kann. Wenn du uns darum bittest, können wir dir helfen, diesen gesegneten Zustand von Körper, Geist und Seele zu erreichen. Wir werden uns mit deiner eigenen Energie verbinden, um die Situation mit der Magie göttlicher Liebe zu erfüllen.

GEDANKE FÜR DEN HEUTIGEN TAG

Ich umgebe diese Situation mit Liebe und schwinge meinen magischen Zauberstab, um sie nun vollständig zu transformieren und zu heilen. Meine liebevollen Gedanken, Worte und Gefühle besitzen die größte Zauberkraft überhaupt.

Lass dein Licht hell erstrahlen

Wenn du dein wahres Selbst voll zum Ausdruck bringst, strahlt dein inneres Licht hell und verbreitet seine Freude durch Lachen, Singen, Tanzen, Verspieltheit und liebevolle Verbundenheit mit anderen. Erlaube diesem Teil deines Wesens heute, hervorzutreten – dein Licht kann so den Weg eines anderen Menschen erhellen und in einer Episode der Dunkelheit inspirierend sein.

Lass heute dein Licht hell erstrahlen, Erdenengel. Benutze es, um einen anderen Menschen zu führen.

GEDANKE FÜR DEN HEUTIGEN TAG

Ich erlaube meinem inneren Licht zu strahlen und drücke meine freudigen Gefühle durch Lächeln, Lachen und Spontaneität aus. Ich nehme mir die Freiheit, zu singen und zu tanzen, wenn ich mich danach fühle, und weiß, dass mein Licht anderen ihren Weg erhellt und mir hilft, mich selbst anzunehmen.

Wisse, dass deine Zukunft gesichert ist

Wir Engel sehen, dass du dir oft Sorgen über deine Zukunft machst, daher wollen wir dich heute beruhigen und dir sagen, dass alles geregelt ist: Es gibt nichts, was du nicht schaffen kannst. Wir halten immer deine Hand und gehen gemeinsam mit dir voran.

Außerdem möchten wir dich daran erinnern, nur positive Gedanken in die Zukunft zu senden, damit sie sich so gestalten wird, wie du es in diesem Augenblick empfindest. Übergib uns deine Sorgen und Ängste vor dem Morgen und richte deine ganze Aufmerksamkeit auf ein friedliches Heute. Deine innere Ruhe und Gelassenheit ist eine gute Investition in deine Zukunft, die wunderbaren Gewinn bringen wird. Indem wir dich mit unserer Liebe umgeben, können wir dir helfen, angstvolle Gedanken gegen solche einzutauschen, die dich glücklich machen und dir Geborgenheit geben. Doch um wirklich mit unserer Hilfe verbunden zu sein, musst du sie aus vollem Herzen bejahen. Am Besten tust du dies über deinen Atem, daher atme bitte all die liebevolle Energie um dich herum ein und ziehe sie in dein Innerstes. Dann umarme dich selbst und atme jegliches Gefühl der Anspannung aus. Wende dich immer wieder an uns, bis du innerlich zur Ruhe gekommen bist und du keine Angst mehr vor dem hast, was auf dich zukommt.

In Wirklichkeit ist alles immer in Ordnung – je mehr du diese Wahrheit fühlst und verinnerlichst und dir darüber bewusst wirst, desto mehr wirst du sie erleben. Du bist in Sicherheit und musst dir um nichts Sorgen machen ... weder jetzt noch in Zukunft.

GEDANKE FÜR DEN HEUTIGEN TAG

Ich gebe meine Deckung auf und erlaube mir, mich in dem sicheren Wissen zu entspannen, dass meine Zukunft so strahlend ist, wie ich es nur möchte. Ich werde ab sofort meine Gedanken mit der klaren, hohen Energie der Liebe erfüllen. Ihr Engel, bitte helft mir, dieses Gefühl heute und immer leben zu können.

Klopfe dir selbst auf die Schulter

Jeder Mensch braucht Anerkennung und Lob. Wir Engel bedenken dich die ganze Zeit mit positiven und liebevollen Worten, doch vielleicht kannst du sie nicht wahrnehmen, solange sie nicht auch noch durch eine menschliche Stimme geäußert werden.

Die Anerkennung, die du am meisten brauchst, kommt von dir selbst. Wenn andere dich lieben, fühlt es sich zwar gut an … doch unter Umständen kannst du ihre Worte nicht ganz für voll nehmen. Ein Teil von dir distanziert sich von der Schmeichelei aus Angst vor der Macht oder Energie, die hinter den Worten steckt. Das ist der Grund, warum es doppelt wichtig für dich ist, dir selbst Anerkennung zu schenken.

Klopfe dir heute regelrecht selbst auf die Schulter und sage: »Gut gemacht!« für etwas, das du in letzter Zeit geschafft hast. Was du auf diese Weise würdigst, kann vielleicht unbedeutend sein, aber vergiss nicht, dass jede große Leistung aus vielen kleinen solcher Taten besteht. Wenn du dich für jeden dieser kleinen Schritte lobst, wirst du umso begeisterter den nächsten machen.

GEDANKE FÜR DEN HEUTIGEN TAG

Ich klopfe mir selbst auf die Schulter und gratuliere mir für alles, was ich bisher geleistet habe. Ich habe Lob verdient, denn selbst wenn ich beabsichtige, noch höhere Gipfel zu stürmen, ist es wichtig anzuerkennen, wie weit ich schon gekommen bin. Ich danke mir dafür, die schwierigen Zeiten durchgestanden und die angenehmen genossen zu haben.

Befreie dich von Schuldgefühlen

Wenn du etwas für einen anderen Menschen tust, weil du meinst, es ihm schuldig zu sein oder dich dazu verpflichtet fühlst, hat dies zur Folge, dass du den Betreffenden ablehnst. Dieses Gefühl beraubt dich der Freude, die du normalerweise empfindest, wenn du einem anderen hilfst … es ist wie eine Jalousie, die das Licht in deinen Beziehungen blockiert.

Das ist der Grund, warum wir Engel mit dir heute daran arbeiten, Schuldgefühle in deinem Bewusstsein zu löschen. Diese Emotion ist etwas völlig anderes als das Verantwortungsgefühl, das auf fürsorglichen, liebevollen Empfindungen beruht. Der Schlüssel ist, anderen aus einem Gefühl der Liebe heraus zu helfen und nicht aufgrund von Verpflichtung, da ersteres unbeschwert und heiter ist, letzteres dagegen eine einzige Plackerei. Was ist wohl gesünder für dich und die Beziehung?

Bevor du irgendetwas tust, das du nicht willst, halte einen Moment inne und bitte uns um Hilfe. Wir können deine Denkweise auf die Ebene der Liebe heben, damit du entweder eine gute Alternative zur Lösung der Aufgabe findest, oder in die Lage versetzt wirst, sie mit einem freudigen Herzen zu bewältigen.

GEDANKE FÜR DEN HEUTIGEN TAG

Ich rufe mir in Erinnerung, dass ich nichts aus Angst oder einem Schuldgefühl heraus tun muss. Ich bitte meine Engel, mir zu helfen, wann immer ich Ablehnung oder Widerwillen empfinde, wenn ich mich mit einer Aufgabe oder einem Anliegen konfrontiert sehe. Die Engel werden meine Denkweise, meine Emotionen und die gesamte Situation aufeinander abstimmen, damit mein Handeln zu einer idealen Verwirklichung der Liebe führt.

Ehre deine Sensitivität

Du reagierst empfindlich auf verschiedene Energien, und es kann sein, dass dich das durcheinandergebracht hat und du nicht wusstest, ob es die Gefühle eines anderen Menschen waren oder deine eigenen. Zuweilen erscheint dir das Leben so mit Reizen überflutet zu sein, dass du sogar versuchst, deine eigene Wahrnehmung zu verschließen. Mit anderen Worten, du bist sensitiv.

Heute bitten wir dich, diese Eigenschaft als ein Geschenk für dich und die Welt zu betrachten. Deine ausgeprägte Wahrnehmungsgabe ermöglicht es dir, sowohl Wahrheit und Aufrichtigkeit in Beziehungen herauszuspüren als auch Freude und Liebe sehr tief zu empfinden. Außerdem hilft dir deine Empfindsamkeit, klar mit uns Engeln zu kommunizieren. Du spürst unsere Präsenz und die Botschaften in deinem Inneren. Darüber hinaus gehst du sehr behutsam mit den Emotionen anderer Menschen um – du bist besonders aufmerksam, freundlich und bewusst.

GEDANKE FÜR DEN HEUTIGEN TAG

Ich achte meine Sensitivität und vertraue darauf, dass sie mir selbst und anderen großen Nutzen bringt. Ich freue mich über meine besondere Wahrnehmungsgabe und umgebe sie mit liebendem Schutz, da sie ein Geschenk für mich und die Welt ist und mir hilft, meine Lebensaufgabe zu erfüllen.

Bereinige Missverständnisse

Nicht jeder wird mit den Entscheidungen oder der Art und Weise, wie du mit Situationen umgehst, einverstanden sein. Wenn sich jemand über dein Verhalten aufregt, bist du vielleicht traurig, wütend, verwirrt oder fühlst dich hintergangen. Wahrscheinlich fragst du dich, warum er oder sie so völlig anders denkt als du. Vielleicht zweifelst du sogar an deiner eigenen Entscheidung und fragst dich, ob der andere vielleicht doch im Recht ist.

Diese Situation zeigt, dass jeder Mensch auf seine Art einzigartig ist, auch wenn allen Menschen derselbe Geist und dasselbe Licht innewohnt. Liebe oder Sympathie entsteht, indem ihr euch auf die Gemeinsamkeiten zwischen euch konzentriert, die euch wiederum dafür blind machen können, eure Unterschiede zu erkennen.

Doch in jeder Beziehung wird es gelegentlich zu Meinungsverschiedenheiten kommen. Es sind nicht die Auseinandersetzungen, die eine Rolle spielen, sondern die Art, wie du damit umgehst. Wenn du bereitwillig akzeptieren kannst, dass dein Gegenüber anders denkt als du, bist du auf dem spirituellen Weg des Lernens und Wachsens einen großen Schritt vorangekommen.

Die Heilwirkung tritt zunächst bei dir selbst ein und entfaltet sich dann bei deiner Beziehung. Egal, was der andere tut, stehe zu deiner eigenen Göttlichkeit. Dein spirituelles Wachstum hängt nicht davon ab, Menschen zu ändern; es bedeutet vielmehr, das Licht in anderen zu sehen, bei jeder Gelegenheit.

GEDANKE FÜR DEN HEUTIGEN TAG

Ich bleibe bei all meinen Interaktionen mit anderen Menschen in friedvoller Liebe zentriert. Ich will das innere Licht in mir und jedem anderen sehen. Ich bin bereit, unsere Verschiedenheit zu akzeptieren, und ich liebe mich für das, was ich jetzt gerade bin.

Nimm dir Zeit

Du hast dich so daran gewöhnt, immer in Eile zu sein, um all deine Verpflichtungen zu erfüllen, dass es beinahe zu einer festen Gewohnheit geworden ist. Doch indem du von einer Aufgabe zur nächsten hetzt, gewinnst du weder einen Wettbewerb, noch wirst du auf diese Weise inneren Frieden finden – vielmehr fixierst du dich durch diese Angewohnheit auf die Zukunft, was dich daran hindert, den jetzigen Augenblick zu genießen.

Diese Botschaft zu *lesen* ist ein Weg für dich, für dein eigenes Wohlergehen zu sorgen. Du nährst dadurch deine Seele und entwickelst gesunde neue Ansichten, doch wir Engel möchten, dass du mehr als nur einen Versuch unternimmst, nicht so schnell durch deinen Tag zu eilen.

Das zu erledigen, was du dir vorgenommen hast, *und* dir Zeit zu lassen, sind zwei Aktivitäten, die sich nicht gegenseitig ausschließen. Du kannst viel mehr bewältigen, wenn deine Energie und Stimmung von Schaffenskraft erfüllt sind, die aus deiner Freude am Tun entsteht. Dieses Glücksgefühl kommt daher, dass du auf die schönen, humorvollen und wichtigen Ereignisse deines Tages achtest – und das geht nur, wenn du dir Zeit nimmst, damit diese Einzelheiten deutlich werden.

Außerdem kannst du andere bitten, dir bei deinen Bedürfnissen und Pflichten zu helfen, und dazu gehört auch, uns Engel um Hilfe zu bitten. Genieße deine Zeit, heute!

GEDANKE FÜR DEN HEUTIGEN TAG

Ich nehme mir Zeit und nähere mich mit Staunen und Entzücken dem heutigen Tag und achte auf die reiche Fülle eines jeden Augenblickes. Ich kann gern langsamer werden, da ich alles, was ich erledigen muss, leicht in einem langsameren Tempo schaffen kann.

Zünde eine Kerze an

Es gibt wunderbare Gründe, warum Kerzen seit jeher bei geistlichen Zeremonien verwendet werden. Ihr Licht hebt die Energie und die Sinne eines jeden, der sie sieht, nicht zuletzt weil es dem natürlichen Sonnenlicht wesentlich näher kommt als künstliche Beleuchtung in den meisten Häusern und Büros. Dies ist eine Erklärung dafür, warum das Betrachten einer Kerzenflamme so energetisierend wirkt, als würde man sich im hellen Sonnenlicht aufhalten.

Kerzenlicht entfacht die Fantasie, daher schaue in die Flamme einer Kerze, die sich als Fixpunkt für Meditation und Visualisierung eignet. Darüber hinaus kannst du Kerzen anzünden, um etwas zu feiern oder an einen Menschen oder ein Ereignis zu erinnern, da sie jedem Zweck dienen, für den du sie bestimmst.

Zünde heute mit liebevollen Absichten eine Kerze an. Während du den Docht anzündest, denke an deine Intention (wie beispielsweise die Gesundheit einer dir nahe stehenden Person, Weltfrieden, Wohlstand und so weiter). Entzünde für jede Absicht eine Kerze und schaue in ihre Flamme, während du für das betest, was dir am Herzen liegt. Wenn du später die Flamme löschst, denke daran, der Kerze für ihre Unterstützung zu danken.

GEDANKE FÜR DEN HEUTIGEN TAG

Ich entzünde eine Kerze und verbinde mich mit der leuchtenden Kraft meiner Gebete. Dieses heilige Licht in meinem Inneren wird im Spiegel der tanzenden Flamme reflektiert.

Errichte dir einen Altar oder widme ihm Zeit

Es ist wichtig, einen Raum für dich allein zu haben, wo du beten und meditieren kannst. Dies muss kein offizieller Ort sein, sondern einfach nur ein Platz, wo du dich wohlfühlst, wo du ungestört deine Augen schließen und innere Einkehr halten kannst. Es kann sogar nur die Ecke eines Raumes sein, der eigentlich für andere Zwecke genutzt wird.

In dieser geweihten Umgebung einen Altar zu errichten, wird dich zum Meditieren inspirieren. Benutze eine glatte Oberfläche – zum Beispiel eine Tischplatte oder ein Bord – auf die du Gegenstände stellen kannst, die eine Bedeutung für dich haben oder eine friedliche Stimmung bei dir hervorrufen. Dazu könnten Dinge gehören, die die Natur symbolisieren wie Federn, Muscheln oder Kristalle. Ein Altar dient als Mittelpunkt für Gebet und Meditation, und über die Zeit wird er mit großer spiritueller Energie aufgeladen.

Fange heute an, deinen Altar zu errichten. Wenn du bereits einen Altar hast, widme ihm etwas Zeit und schau dir die Gegenstände an, die auf ihm stehen. Fühlst du dich dazu angeleitet, einige der Sachen zu entfernen oder neue darauf zu legen? Während du dich mit deinem Altar befasst, achte auf die Gefühle, die er in dir auslöst. Verbinde dich mit ihm, so wie du es mit einem guten alten Freund tun würdest, und er wird dir jeden Tag treu dienen.

GEDANKE FÜR DEN HEUTIGEN TAG

Ich nehme mir Zeit, meinen Altar zu errichten (oder mich mit ihm zu befassen), der mein besonderer Ort für Gebet und innere Einkehr ist – ein Ort, wo ich loslassen, der Geistessenz meine wahren Gefühle offenbaren und meinem göttlichen Weg die Ehre erweisen kann.

Heile Unsicherheitsgefühle

Zuweilen hast du Selbstzweifel und fragst dich, ob du überhaupt liebenswert bist. Du hast Angst, dass dich in Wahrheit niemand wirklich gern hat, und du fühlst dich völlig einsam. Dies sind die Momente, wo wir dir am nächsten stehen, um dich vor diesen schmerzhaften Gefühlsausbrüchen zu beschützen. Wenn man diese Energien in deiner Umgebung lassen würde, würden sie schmerzhafte Situationen anziehen, die nicht bewusst von dir gewählt wurden.

Da du eng mit uns Engeln zusammenarbeitest und uns gebeten hast, gefühlsmäßig über dich zu wachen, schützen wir dich gelegentlich sogar vor dir selbst. In deinen menschlichen Worten ausgedrückt bist du zuweilen selbst »dein ärgster Feind«, denn wenn du dich nicht liebenswert findest, beginnst du, Situationen und Beziehungen anzuziehen, die diesen Glaubenssatz auch noch bestätigen.

Es ist zerstörerisch, sich selbstmitleidigen Gedanken und Gefühlen hinzugeben, dennoch haben wir Verständnis, dass jeder Mensch manchmal dazu neigt, sich diesen Gefühlen zu unterwerfen. Unsicherheit kann man mit dem Ausrutschen beim Klettern vergleichen: In dem Moment, wo du merkst, dass du abstürzt, kommt es darauf an, um Hilfe zu rufen und nach der Rettungsschnur zu greifen.

Wir sind hier, um dich aufzufangen, wann immer du stürzt. Jedoch bestimmt dein freier Wille, dass – falls du unter einem negativen Selbstwertgefühl leiden willst – nicht einmal Gott eingreifen oder irgendetwas daran ändern kann. Wir stehen direkt neben dir, warten und senden dir liebevolle Hoffnungsstrahlen, doch wenn du diese Geschenke nicht annimmst, perlen sie wie Wasser von dir ab.

Ruf uns in dem Moment zu Hilfe, wo du dir schmerzhafter Gedanken oder Gefühle bewusst wirst. Wir werden deinem Vertrauen neuen Auftrieb geben, dass du vollkommen liebenswert, zum Gernhaben und wertvoll bist, und zwar deshalb, weil du genauso bist, wie du jetzt gerade bist. Und das ist eine Tatsache!

GEDANKE FÜR DEN HEUTIGEN TAG

Ich arbeite gemeinsam mit meinen Engeln daran, meine alten Unsicherheitsgefühle durch neue, stärkende Überzeugungen zu ersetzen, um meinen Wert als Mensch zu erkennen. Je mehr ich mich selbst achte, desto mehr kann ich andere wertschätzen, sie lieben und ihnen helfen.

Verwandle Nervosität

Das Wort *nervös* weist darauf hin, dass etwas mit deinen Nerven nicht stimmt. Doch in Wahrheit ist dein Nervensystem gesund und macht einfach nur Überstunden. Wenn du dieses Gefühl durchmachst, bist du wie ein wilder Vogel in der Natur, der ängstlich nach Feinden Ausschau hält – du fühlst dich wie eine Beute und bist allzeit um deine eigene Sicherheit besorgt.

Der einzige »Feind« in deinem Leben ist deine Angst, die dich keinesfalls beschützt. Vielmehr reibt sie deine Nerven auf und bringt dich in Situationen, in denen du dich noch mehr bedroht fühlst. Die einzige Möglichkeit, diesen Kreislauf zu durchbrechen, besteht darin, dich selbst durch eine geänderte körperliche und emotionale Haltung zu beruhigen.

Beginne mit dem physischen Aspekt, da dies konkreter ist. Sobald sich dein Körper entspannt, ist es leichter, den Geist zu beruhigen, daher bitten wir Engel dich, heute an deiner Entspannung zu arbeiten. Wir werden dich individuell an die Methode heranführen, die am Besten zu deinem Terminkalender, Vorlieben, Temperament und so weiter passen. Wenn du das starke Bedürfnis verspürst, Dehnungsübungen zu machen, zu trainieren, nach draußen zu gehen, mehr Wasser zu trinken, zu entgiften, eine Badekur zu machen, dich massieren zu lassen und ähnliches, mach dir bitte bewusst, dass diese Botschaften von uns kommen, die so als deine Physiotherapeuten in Aktion treten.

Während du deinen Blick darauf richtest, deinen Körper zu entspannen, werden wir dir gleichzeitig helfen, deine Gefühle zu besänftigen. Den Anfang kannst du selbst machen, indem du im Laufe des Tages immer wieder tief durchatmest und deinen Atem zu den Muskeln sendest, die sich verspannt anfühlen. Atme jedes Empfinden von Gefahr aus und atme ein wohltuendes Gefühl von Sicherheit und Frieden ein.

Du bist in Sicherheit, geliebtes Wesen – wir wachen über dich und deine Lieben, genau so, wie du uns darum bittest. Du kannst ruhig loslassen.

GEDANKE FÜR DEN HEUTIGEN TAG

Ich entspanne meinen Körper und lasse mich von Gott und den Engeln beschützen. Ich löse die Anspannung in meinen Muskeln in dem Wissen, dass ich in jeder Hinsicht und für alle Zeit in Sicherheit bin.

Glaube an deine Träume

Deine Träume können dir zuweilen tollkühn und überwältigend erscheinen, und du machst dir Sorgen, ob und wie du sie realisieren kannst. Während du dich fragst, wie du das, was du dir wünschst, in dein Leben bringen kannst, kann es passieren, dass deine Gefühle zwischen Begeisterung (wenn du dir deinen Wunsch ausmalst) und Angst (wenn du dir Sorgen machst, ob du ihn je in die Tat umsetzen kannst) hin und her schwanken.

Diese Achterbahn der Gefühle ist ein Spiegel für die Verwirklichung deines Traumes. Mit anderen Worten, so wie du zwischen positiven und negativen Gefühlen hin und her schwankst, bewegt sich auch dein Ziel auf dich zu und dann wieder von dir weg. Und während reiner Optimismus vielleicht etwas zuviel verlangt ist, wenn du keinerlei Beweise dafür hast, haben Wissenschaftler mittlerweile herausgefunden, was wir Engel schon immer gewusst haben: Positive Gefühle wirken sich heilsam auf die Gesundheit aus und führen sogar zu einer höheren Lebenserwartung. Heute werden wir noch einmal verdeutlichen, wie heilsam es tatsächlich ist, sich eine optimistische Haltung zuzulegen.

Selbst wenn du voller Zweifel bist, haben wir stets Vertrauen in dich und deine Fähigkeiten. Wir wissen, dass du in der Lage bist, das zu tun, wofür auch immer du dich entscheidest. Du bist der Zauberer, so wie jeder von euch – du musst nur daran glauben!

GEDANKE FÜR DEN HEUTIGEN TAG

Ich erinnere mich daran, dass meine Engel an mich glauben. Ich bitte sie, mir zu helfen, optimistisch zu bleiben, was mich und meine Träume betrifft. Ich erlaube mir, das beglückende Gefühl einer positiven Denkweise zu genießen.

Weiter so

Einige deiner Träume beanspruchen deine Zeit und Energie, und es ist leicht, sich ablenken zu lassen und das Ganze aufzuschieben. Doch zur gleichen Zeit brennt der Wunsch nach Vollendung in deinem Herzen. Diese sinnvollen Ziele werden »Haupt-Projekte« genannt – vom Inneren angetriebene Unternehmungen, die deine Seele leiten.

Lass nicht nach in deinen Bemühungen um die Verwirklichung dieser wichtigen Ziele. Wenn du uns um unsere Hilfe bittest, werden wir deinen Terminkalender entsprechend entlasten und dir den nötigen Raum, die entsprechende Zeit und Motivation geben. Wir können dir helfen, die Neigung zum Aufschieben wichtiger Dinge zu überwinden, indem wir dir dabei helfen, deine zugrunde liegenden Ängste zu heilen.

Du musst nur bitten, und wir werden dir helfen, kreative Wege zu finden, damit dir die Arbeit an diesen Projekten Spaß macht. Während die Erfüllung deiner Lebensaufgabe wichtig ist, so ist die Reise dahin ebenso von Bedeutung für das Wohlbefinden deiner Seele.

GEDANKE FÜR DEN HEUTIGEN TAG

Ich bitte meine Engel um Hilfe, mich zur Arbeit an meinen Haupt-Projekten zu motivieren. Ich arbeite weiterhin zielstrebig an der Umsetzung meiner Ziele, die für mich persönlich sinnvoll sind; dieser Zeitaufwand ist eine Investition in mich selbst.

Überlasse Gott die Details

Geliebtes Wesen, wir Engel sehen, wie du dich um den Fort-schritt in deinem Leben sorgst. Wir sind hier, um dir zu ver-sichern, dass jedes deiner Gebete von mächtigen Wesenheiten überblickt wird, die bereits in deinem Interesse tätig sind. Alle Einzelheiten dieser Bemühungen sind unbedeutend und mit Sicherheit nicht wert, dass du dir Sorgen darüber machst.

Zugegeben, es ist wahr, dass du meinst, dein Leben mehr unter Kontrolle zu haben, wenn du weißt, was vor sich geht. Doch das Verstehen hat viele Ebenen, je nachdem, ob deine Aufmerksamkeit auf Themen mit niederen oder höheren Ener-gien gerichtet ist. Die niedrigste Ebene ist gegeben, wenn Menschen glauben, anderen etwas wegnehmen zu müssen, um ihre eigenen Bedürfnisse zu befriedigen. Diese Vorgehensweise basiert auf dem Glaubenssatz, dass es nicht genug von allem gibt und Konkurrenzverhalten eine Notwendigkeit darstellt.

Im Gegensatz dazu kann die höchste Ebene als »freudiges Vertrauen« beschrieben werden – eine sorglose und echte Er-gebenheit dem Göttlichen gegenüber. Menschen mit dieser Ausrichtung verstehen, dass Gott sich nach ihrem Gebet um alle Einzelheiten kümmern und sie anleiten wird, aktiv zu wer-den (wenn nötig), um den Dingen auf die Sprünge zu helfen. Dies ist die wahre Zusammenarbeit mit dem Himmel.

GEDANKE FÜR DEN HEUTIGEN TAG

Ich übergebe Gott und den Engeln alle Sorgen darum, wie sich meine Gebete und Wünsche erfüllen.

Folge deiner inneren Führung

Du bist in alle Ewigkeit mit Gott verbunden, der überall ist. Dieses Band ist in deiner Seele verankert und äußert sich durch das, was du »Bauchgefühl« nennst. Wenn du auf diese inneren Anregungen hörst und ihnen folgst, werden sie dich dem Himmel näher bringen.

Dein sechster Sinn hat immer hundertprozentig recht, da er das Bindeglied zu Gottes Vollkommenheit ist. Wenn es auch den Anschein hat, als würdest du vom rechten Pfad abkommen, rufe dir in Erinnerung, dass es sich nur um einen kleinen Umweg handelt und die Sache noch nicht verloren ist, da deine Intuition niemals ausgelöscht werden kann … sie kann lediglich überhört werden. Doch selbst dann funktioniert dein Bauchgefühl so sicher und genau wie immer.

GEDANKE FÜR DEN HEUTIGEN TAG

Ich folge meiner inneren Führung und vertraue den Botschaften, die ich von Gott und den Engeln erhalte.

Sieh die Unschuld in jedem Menschen

In allen Menschen lebt ein unschuldiges Kind Gottes, das das Beste tut, was ihm oder ihr möglich ist. Manchmal gehen diese Kinder mit ihrer Angst auf eine Weise um, die andere zu verletzen scheint, doch hinter ihrer Angst brennt das reine Licht göttlicher Liebe.

Je mehr du heute deinen Blick auf die Unschuld in deinem eigenen Inneren und in anderen Menschen richtest, desto mehr Beweise siehst du für die Göttlichkeit im Inneren eines jeden einzelnen. Deine Aufgabe hier auf der Erde ist, dich an die Liebe zu erinnern und sie durch dein Vorbild zu vermitteln, und du kannst damit beginnen, indem du dir die Flamme der Liebe in anderen bewusst machst.

Der Ausdruck »gedankenloses Verhalten« bezeichnet in Wahrheit Handlungen, die auf Angst anstatt auf Liebe basieren. Die Unschuld in den Menschen zu sehen, die rücksichtslos gegenüber anderen zu sein scheinen, setzt heilende Energie frei. Deine Liebe kann den Kreislauf angstbegründeter Handlungen durchbrechen.

Erkenne und fühle das unschuldige Kind in jedem von uns, vor allem in dir selbst. Diese Unschuld ist kostbar … sie ist ein Ausdruck der Liebe Gottes.

GEDANKE FÜR DEN HEUTIGEN TAG

Ich bin Gottes geliebtes Kind, jetzt und immer. Ich bin bereit, sowohl mir selbst als auch anderen für begangene Taten zu vergeben, da ich die Unschuld in mir und jedem Menschen sehen kann.

Sieh das Licht in jedem Menschen

In deinem Inneren brennt ein Licht, das nie ausgelöscht oder verdunkelt werden kann – es ist klar und rein, und seine Funken werden von der Liebe geschürt. Die warmen Gefühle, derer du dich erfreust, werden von diesem inneren Funken genährt.

Nimm dir jetzt einen Moment Zeit, um die Flamme in deinem Inneren zu sehen und Einzelheiten wahrzunehmen, wie zum Beispiel seine Farben, seine Intensität und Größe. Achte darauf, wie dein Körper sich fühlt, während du deine Aufmerksamkeit auf dieses innere Leuchten richtest. Stelle dem Licht alle Fragen, die dir in den Sinn kommen, und empfange seine Antworten klar als Gedanken, Gefühl, Wort oder Bild.

Dieses Strahlen ist deine Verbindung zum Göttlichen, und du bist es, der es am Leben erhält; du kannst mit deinen Gedanken, Emotionen und Atem seine Größe und Intensität verstärken. Achte darauf, wie du dich fühlst, wenn dieses Licht in deinem Inneren größer und strahlender wird. Es kann wie eine Verbrennungsanlage die Reste alten Schmerzes oder Zorns beseitigen, daher wirf alles, was du nicht mehr brauchst, in die Flamme und lass es zum Brennstoff für die Liebe werden.

Sieh während des Tages immer wieder das Leuchten in deinem Inneren und in der Seele anderer Menschen. Je mehr du dich darauf konzentrierst, desto freier und glücklicher wirst du dich fühlen.

GEDANKE FÜR DEN HEUTIGEN TAG

Ich konzentriere mich auf das Licht in meinem Inneren und fühle seine immerwährende Wärme in meinem Bauch, meinem Herzen und meiner Seele. Wenn ich mich innerlich kalt und einsam fühle, muss ich dieses Leuchten nur bitten, heller und stärker zu werden, und schon geschieht es. Ich kann das Strahlen in mir selbst und in allen anderen Menschen sehen, und es berührt mein Herz zutiefst.

Verwende nur positive Worte

Sich eine neue positive Gewohnheit anzueignen erfordert Standfestigkeit und Übung, und dies ist dein heutiges Ziel. Dieser wichtige Punkt ist schon früher von uns Engeln angesprochen worden und wird im Laufe des Jahres immer wieder ein Thema werden.

Du weißt schon, dass die Worte, die du wählst, eine entscheidende Auswirkung auf deine Erfahrungen haben und dem Wesen deiner Beziehungen, Gesundheit, Finanzen und so weiter eine bestimmte Ausprägung geben. Es gibt keinen Grund, diese Macht der Worte zu fürchten; stattdessen betrachte sie, wie du eine ehrfurchteinflößende, herrliche Bergkette betrachten würdest. Deine Fähigkeit, durch Worte zum Schöpfer zu werden, ist ein naturgegebenes Wunder, daher mache sie dir im besten Sinne zu Nutze, achte und würdige sie.

Beginne den heutigen Tag mit der Absicht, dich einer positiven Sprachweise zu bedienen … und vergiss nicht, dass wir Engel dir dabei helfen werden, wenn du uns darum bittest. Um klar mit anderen zu kommunizieren, eignet sich eine liebevolle Ausdrucksweise ganz besonders gut, und deine erhebenden Worte sind ein Balsam für alle, die sie hören oder lesen. Sie sind magische Instrumente des Göttlichen – wirksame Werkzeuge, die Gott dir gegeben hat –, daher gebrauche sie gut.

GEDANKE FÜR DEN HEUTIGEN TAG

Ich wähle meine Worte mit Liebe. Alles, was ich sage, ist lebensbejahend, und ich bitte meine Engel, heute durch mich zu sprechen. Sollte ich mich dabei ertappen, negative Worte zu benutzen, halte ich inne und fange noch einmal von vorne an, dieses Mal mit positiven Worten.

Visualisiere dein höchstes Potenzial

Beginne deinen Tag, indem du dir vorstellst, wie dein Leben aussehen und sich anfühlen würde, wenn du dein höchstes Potenzial verwirklicht sähest. Nimm dir jetzt einen Moment Zeit, um all die wunderbaren Einzelheiten zu sehen, die deinen Weg zur Selbstfindung säumen.

Diese Art der Visualisierung ist ein wichtiger Ausgangspunkt, vergleichbar mit dem Austüfteln einer Reiseroute zu deinem Ziel, bevor du dich auf den Weg machst. Oh ja, es wird ein paar nette Umwege und Abfahrten auf dem Weg geben, doch dein Ziel besteht immer darin, das Beste deines Wesens zu verkörpern.

Bitte heute dein höheres Selbst um Führung bei dem, was es tun möchte, in dem Wissen, dass es für immer mit Gottes unendlicher Weisheit verbunden ist.

GEDANKE FÜR DEN HEUTIGEN TAG

Ich sehe mein Leben jetzt in der Blüte seiner höchsten Vollendung. Ich weiß, dass es mir möglich ist, auf dieser Ebene zu leben, und ich gestatte mir, die damit verbundene Freude ganz zu empfinden. Ich behandle mich mit liebevollem Respekt, da ich bis in alle Ewigkeit mit der unendlichen Weisheit Gottes verbunden bin.

Fühl dich reich!

Deine finanzielle Situation, genau wie andere Bereiche deines Lebens, wird von den Gefühlen beeinflusst, die du in deinem Inneren mit dir herumträgst. Deine untere Bauchgegend ist die physische Basis deines inneren Lichtes – der Sitz jeglicher Manifestation –, und die Gefühle, die du dort festhältst, wirken sich auf seine Helligkeit und Intensität aus.

Wenn du an deine finanzielle Situation denkst, entspanne deinen Bauch und spüre, wie dieses Licht größer und strahlender wird. Positive Gedanken, kombiniert mit einem leuchtenden inneren Licht von großer Kraft, führen zu schnellen Manifestationen. Das Gegenteil ist ebenso zutreffend: Angstbasierte Gedanken über Geld bewirken ein Zusammenziehen deiner Muskulatur, was die Fähigkeit des Lichtes, zu leuchten und zu manifestieren, zunichte macht.

Stell dir heute vor, dass du sagenhaft reich bist. Fühle tief in deiner Seele (und überall in deinem Körper und deinen Emotionen), dass du materiell völlig abgesichert bist. Erlaube deinem Bauch, sich zu entspannen, und sieh deine innere Flamme, wie sie von der Kraft deines Glaubens entzündet wird. Wisse, dass du reich *bist*, wenn du dich reich fühlst.

GEDANKE FÜR DEN HEUTIGEN TAG

Ich fühle mich in jeder Hinsicht reich. Ich visualisiere mich als materiell völlig abgesichert. Mit jedem Atemzug entspanne ich bewusst meinen Bauch und sehe und fühle, wie die Flamme meines inneren Lichtes hell erstrahlt.

Bringe ein Vorhaben zu Ende

Stell dir vor, wie wunderbar es sich anfühlt, ein Vorhaben zu Ende gebracht zu haben. Welches fällt dir als Erstes ein? Nimm dir heute Zeit, dieses Vorhaben als Geschenk an dich selbst zu vollenden.

Dein inneres Selbst lacht vor Freude, wenn du seinen wahren Bedürfnissen Zeit widmest. Belohne dich selbst nach dem Abschluss der jeweiligen Tätigkeit und wisse, dass du alles schaffen kannst, was du dir in den Kopf gesetzt hast.

GEDANKE FÜR DEN HEUTIGEN TAG

Ich vollende ein Vorhaben, indem ich es in kleine Schritte aufteile, die ich ganz leicht bewältigen kann. Indem ich dies zu meiner obersten Priorität mache, investiere ich Zeit in mich selbst. Ich fühle mich gut bei dieser Absicht und habe Freude daran, sie umzusetzen.

Übe dich im Nichturteilen

Urteilen bedeutet, Worte zu benutzen, um Menschen und Dinge in Kategorien zu unterteilen – es ist die Methode deines Egos, Dinge zu vereinfachen. Im Gegensatz dazu wendet dein höheres Selbst sein *Urteilsvermögen* an, was unter anderem bedeutet, sich nach seinen Gefühlen von Anziehung oder Abstoßung gegenüber den Energien einer Person, eines Gegenstandes oder einer Sache zu richten.

Wenn du urteilst, sagst du: »Das ist schlecht«, oder: »Das ist gut«, während Urteilsvermögen ausdrückt: »Ich fühle mich von dieser Situation angezogen«, oder: »Diese Umstände gefallen mir nicht.« Das eine spaltet und trennt, während das andere nach dem Prinzip der Anziehung arbeitet.

Übe dich heute in jeder Situation und Beziehung im Nichturteilen. Gestehe anderen zu, sie selbst zu sein und anders als du zu handeln. Sei liebevoll in deinen Gedanken und betrachte dich selbst mit den Augen des Mitgefühls.

Achte auf die Gefühle, die dich zu verschiedenen Situation hinziehen – oder von ihnen abstoßen. Dieses Urteilsvermögen wird dir ein guter Ratgeber sein.

GEDANKE FÜR DEN HEUTIGEN TAG

Ich achte und würdige meine Intuition. Meine Gefühle schützen mich sicher in jeglicher Hinsicht; denn Gott und die Engel sprechen durch sie zu mir.

Benutze freundliche Worte

Die liebevollen Worte, die du zu anderen sprichst, wirken wie ein Schlüssel, der ihre Herzen aufschließt, weil durch diese Freundlichkeit Anteilnahme auf praktische Weise übermittelt wird.

Halte heute Ausschau nach Gelegenheiten, dieses Gefühl in deinen Unterhaltungen auszudrücken, und benutze Worte, die höflich, ehrlich, warmherzig und zuvorkommend sind. Dies sind Tugenden, die du von Natur aus besitzt, aber mache sie dir mehr bewusst, indem du sie zum Ausdruck bringst.

Wisse, dass jedes freundliche Wort, das du heute sprichst, ein Geschenk für beide, den Sprecher und den Zuhörer, ist.

GEDANKE FÜR DEN HEUTIGEN TAG

Ich bin ein liebevoller Mensch und bringe meine Liebenswürdigkeit gegenüber anderen mühelos zum Ausdruck. Ich spreche Worte voller Anteilnahme und Freundlichkeit.

Nimm alles Gute dankbar an

Indem du dich einer positiven Redeweise bedienst und dein Licht hell erstrahlen lässt, wirst du sehen, wie alle deine guten Gedanken vor deinen Augen Wirklichkeit werden. Heute werden wir Engel mit dir daran arbeiten, deine Aufnahmebereitschaft für diese Manifestationen zu erhöhen.

Du bist in dem Glauben aufgewachsen, dass nur gutes Verhalten mit Geschenken belohnt wird, und wenn du unerwartet diese Geschenke erhältst, fragst du dich, ob du sie überhaupt verdient hast. Wenn du dich jedoch wegen früherer Taten schuldig fühlst, so glaubst du vielleicht, es nicht wert zu sein, dass Gutes in dein Leben kommt, und drückst es unbewusst fort oder ignorierst es.

Geliebtes Wesen, diese Manifestationen sind keine Belohnung, genauso wenig wie schmerzhafte Erfahrungen eine Bestrafung sind. Das Göttliche urteilt nicht in Kategorien von »Gut« und »Schlecht«; vielmehr reagiert es auf deine Energie – genau wie bei jedem anderen auch.

Wenn du dir gestattest, Gutes zu empfangen, triffst du damit dem Universum gegenüber eine machtvolle Aussage. Du zeigst damit, dass dir dein eigenes Wohlergehen und das jedes Menschen am Herzen liegt, der von dir inspiriert wird, was den Verlauf der Manifestation besiegelt. Der Kreis der Liebe schließt sich, vom Aussäen eines liebevollen Gedankens bis hin zu deiner Dankbarkeit, wenn er auf der physischen Ebene Gestalt annimmt.

GEDANKE FÜR DEN HEUTIGEN TAG

Ich breite meine Arme aus, um das Gute dankbar entgegenzunehmen in der Gewissheit, dass ich es verdiene, genau wie alle anderen Menschen auch. Meine Dankbarkeit für die erhaltenen Geschenke ist eine Inspiration für jeden anderen und umgibt meine Manifestationen mit einer Aura der Liebe.

Ruhe dich aus

Du bist seit vielen Inkarnationen voller Hingabe und Bereitwilligkeit Lichtarbeiter gewesen. Du lässt sowohl deinen Lieben als auch Fremden rund um die Uhr großzügig deine Hilfe zuteil werden, sogar während du träumst. Wir Engel danken dir für dein großes Opfer – doch jetzt bist *du* an der Reihe zu empfangen.

Dies ist ein Tag, an dem du dich entspannen darfst, daher sag – wenn möglich – deine Termine ab und mache einmal Pause. Falls deine Verpflichtungen keinen Aufschub dulden, werden wir dich begleiten und dir helfen, es ruhig angehen zu lassen. Bitte uns, dir zu helfen, während dieses Tages und in der Nacht etwas Ruhe zu finden, und wir werden dich mit schützender Energie umgeben, damit du ganz ungestört bist.

Lass dir heute Zeit, geliebtes Wesen. Wir sind mit unserer Liebe bei dir.

GEDANKE FÜR DEN HEUTIGEN TAG

Ich entspanne mich, gönne mir eine Ruhepause und erinnere mich darin, dass in der Ruhe die Kraft liegt. Ich verdiene es, mir eine Auszeit zu nehmen, weil jeder davon profitiert, wenn ich gut ausgeruht und entspannt bin.

Achte auf die Geräusche der Natur

Die rhythmischen Laute im Freien helfen dir, deinen Geist mit dem Herzschlag des Universums in Einklang zu bringen, was deine Fähigkeit steigert, zur rechten Zeit am rechten Ort zu sein. Wir Engel nehmen die Hilfe der Natur in Anspruch, um dich mit ihrer Musik zu verbinden.

Achte heute auf die Geräusche, die überall um dich herum zu hören sind: das Rascheln der Blätter, Vogelgezwitscher, Blitz und Donner, das Meeresrauschen. Auch das Anhören einer CD oder Kassette mit Naturgeräuschen kann ebenso hilfreich sein.

Da du zur Erde gehörst, ist es ganz natürlich für deinen Körper, mit dem herrlichen Rhythmus der Symphonie von Mutter Natur eins zu werden.

GEDANKE FÜR DEN HEUTIGEN TAG

Ich achte auf die Geräusche der Natur, indem ich mich auf den lebendigen Rhythmus der Vögel, Bäume, Tiere und des Windes einstimme. Ich lausche auf die Musik von Mutter Natur tief in meiner Seele. Ich erlaube meinem eigenen Rhythmus, im Gleichklang mit dem Rhythmus des Universums zu schwingen, was mir zu einem exakten Zeitgefühl verhilft.

Halte deine Versprechen dir selbst gegenüber

Von all deinen Versprechen sind die, die du dir selbst gibst, am Wichtigsten. Die Beziehung, die du zu dir selbst hast, kann man am besten mit der eines Vaters oder einer Mutter zu ihrem Kind vergleichen; wenn du also diese Verpflichtungen erfüllst, förderst und achtest du dich damit selbst.

Erinnere dich an ein Versprechen, das du dir selbst gegeben hast, und beschließe, es heute einzulösen. Vielleicht wirst du zunächst nur einen kleinen Schritt in Richtung deiner Verpflichtung machen, doch egal wie weit du kommst, in jedem Fall wird dein inneres Selbst durch diese Zuwendung glücklicher sein und sich viel lebendiger fühlen.

GEDANKE FÜR DEN HEUTIGEN TAG

Ich halte meine Versprechen mir selbst gegenüber ein. Ich vertraue darauf, dass ich sie einlöse, denn ich habe eine vertrauensvolle Beziehung zu mir selbst entwickelt, und ich weiß, dass ich allen meinen Verpflichtungen nachkommen werde.

Sag »Danke«

Die Worte »Danke sehr« sind Grundzutaten in deinem Rezept für Gesundheit, Frieden und die Manifestation von allem, was du dir wünschst. Diese Worte zu sagen, zu denken oder zu schreiben erhöht sofort deine Schwingung, daher übe dich darin, sie während des Tages immer wieder auszudrücken. Sprich die Worte leise, laut oder still, je nachdem, wozu du dich angeleitet fühlst.

Achte auf den Welleneffekt, der eintritt, wenn du dich bedankst, angefangen mit einem warmen Gefühl der Dankbarkeit in deinem Herzen bis hin zum strahlenden Lächeln, das als Reaktion auf deine Dankbarkeit die Gesichter anderer Menschen erhellt. Und wir Engel schicken dir unsere himmlische Anerkennung für deine Bereitschaft, ein Überbringer dieses Geschenkes zu sein: Danke sehr.

GEDANKE FÜR DEN HEUTIGEN TAG

Ich bin dankbar für alle Wohltaten, die mir zuteil werden, und ich bringe freudig zum Ausdruck, wie dankbar ich für mein Leben und dafür bin, ich selbst zu sein. Mein Herz ist voller Freude, während ich den ganzen Tag über immer wieder »Danke« sage.

Verbringe Zeit in der Natur

Wir Engel haben dir oft geraten, Zeit in der Natur bei Bäumen, Pflanzen, Vögeln und in frischer Luft zu verbringen, weil wir den therapeutischen Nutzen für deinen Körper, Geist und deine Seele erkennen. Du hast unsere Anregungen vernommen und fühlst das Sehnen, dich mit der Natur zu verbinden. Wir werden dir helfen, heute diese Energie in Bewegung zu bringen. Egal, was du sonst so geplant hast, empfehlen wir dir, dich heute eine Weile im Grünen aufzuhalten. Selbst wenn du in der Stadt wohnst oder arbeitest, gibt es auch dort Parks, Bäume und Rasenflächen, wo du hingehen könntest.

Die Natur befreit dich von der Anspannung, die von deinem Wettlauf gegen die Uhr kommt. Im Gegensatz zu einer Uhr bist du aber keine Maschine, und dich selbst andauernd dazu anzutreiben, wie eine zu funktionieren, damit du irgendwelche Zeitvorgaben einhalten kannst, bringt dich aus deinem natürlichen Rhythmus und führt dazu, dass du dich zerrissen, unbeholfen und orientierungslos fühlst.

Erlaube heute der Natur, den Druck und die Anspannung in deinem Leben zu heilen und dein Selbstempfinden neu zu beleben. Entdecke wieder deinen Instinkt für gute Zeiteinteilung, indem du mit deinen bloßen Füßen die Erde berührst, dich an einen Baum lehnst und die frische Luft einatmest.

GEDANKE FÜR DEN HEUTIGEN TAG

Ich nutze heute die Zeit für mich selbst, indem ich ins Freie gehe. Während ich die frische Luft einatme, fühle ich mich neu belebt und erfrischt. Ich mache mir heute die Natur zum Geschenk.

Bringe dein inneres Kind zum Ausdruck

Wir Engel haben dir gezeigt, wie du dich selbst um dein inneres Kind kümmern kannst, denn es hat genau wie jeder andere Bedürfnisse und Gefühle und auch den Wunsch, Verspieltheit und Spontaneität auszudrücken.

Wir werden heute mit dir zusammenarbeiten und uns um dieses strahlende Licht in deinem Inneren kümmern, was *dir* ermöglichen wird, noch heller zu leuchten. Deine Energie wird sich regenerieren, und deine Lebensfreude wird gesteigert.

Lass uns beginnen, indem wir zunächst dein inneres Kind befragen. Leise, laut oder schriftlich frage bitte:

* »Wie fühlst du dich gerade?«
* »Was würdest du mir gerne sagen?«
* »Wie kann ich dir helfen?«
* »Was brauchst du von mir?«

Nachdem du jetzt die Bitte deines inneren Kindes um mehr Aufmerksamkeit gehört hast, verbringe den Tag damit, ihm diese Aufmerksamkeit zu schenken. Indem du diesen Teil deiner Selbst mit Liebe versiehst, wird dein ganzes Wesen glücklicher und friedvoller.

GEDANKE FÜR DEN HEUTIGEN TAG

Ich erlaube meinem inneren Kind, seine Wünsche und Sehnsüchte auszudrücken. Ich schenke ihm meine Aufmerksamkeit, denn ich liebe es sehr und möchte ihm meine Zuneigung beweisen.

Würdige deine Leistungen

Wir Engel sind seit deiner Kindheit bei dir, haben deine Erfolge mitgefeiert und dir durch schwierige Phasen deines Lebens geholfen. Wir möchten dich wissen lassen, wie stolz wir auf dich sind und darauf, wie weit du schon gekommen bist.

Du hast wiederholt den steinigen Weg gewählt und der Entwicklung deines Charakters vor allem anderen den Vorrang gegeben. Wir klatschen dir Beifall für die vielen Male, wo du liebevoll gehandelt und anderen geholfen hast, ohne irgendetwas dafür zu verlangen. Wir loben dich dafür, dass du dir auferlegt hast, dein Leben vom spirituellen Standpunkt aus zu leben. Du hast viele Themen bearbeitet und eine Menge gelernt, und wir haben dich dabei jeden Augenblick bedingungslos geliebt.

GEDANKE FÜR DEN HEUTIGEN TAG

Ich erkenne nun an, wie weit ich schon gekommen bin, und ich genieße das Gefühl, mein Wachstum und alles, was ich erreicht habe, zu würdigen. Meine Engel sehen stets das Gute in allem, was ich tue.

Du hast drei Wünsche frei

Denke heute an drei Dinge, die du dir oder jemand anderem wünschst. (Natürlich hast du die Macht, unzählige Wünsche zu materialisieren, doch lass uns heute nur mit dreien beginnen.)

Was ist der erste Wunsch, der dir in den Sinn kommt? Sprich ihn mit der Macht deiner Worte laut und deutlich aus. Spüre die Begeisterung und Dankbarkeit bei dem Gedanken, wie sich dein Wunsch verwirklicht, und dann lass ihn los, damit Gottes unendliche Weisheit ihn in seiner höchstmöglichen Vollendung realisieren kann. Anschließend wiederhole diesen Vorgang mit zwei anderen Wünschen.

Indem du dich während des Tages immer wieder an deine Wünsche erinnerst, stelle dir vor, wie sie von rosafarbenem Licht umgeben sind. Auf diese Weise werden sie mit einer liebevollen Energie versiegelt, wo sie sich ungestört in eine stoffliche Form verwandeln können.

GEDANKE FÜR DEN HEUTIGEN TAG

Ich spreche mit lauter Stimme drei Wünsche und umgebe sie mit Vertrauen, Dankbarkeit und Freude. Ich bedecke meine Wünsche mit dem rosafarbenen Licht der Liebe und glaube fest daran, dass sie sich manifestieren.

Nimm eine positive Veränderung vor

Wenn du mit den Fingern schnippen und eine Sache in deinem Leben ändern könntest, was wäre das wohl? Das erste, was dir einfällt, ist ein wichtiges Thema, das zur Sprache gebracht werden muss. Deine Seele sehnt sich nach einer Veränderung, und dein inneres Selbst wartet, dass du dafür etwas unternimmst.

Dich um dein inneres Wohlergehen zu kümmern kann manchmal bedeuten, sich in den Abgrund des Unbekannten vorzuwagen. Doch während du an der festen Absicht festhältst, deine Situation zu verbessern, sei dir gewiss, dass du unsere volle Unterstützung hast.

Bewege dich heute in Richtung der Manifestation deiner erwünschten Veränderung. Einen Schritt zu machen, ob groß oder klein, bringt das Universum für dich in Bewegung, da es jede Handlung von dir mit einem großen Beitrag zu deiner Sache versieht.

GEDANKE FÜR DEN HEUTIGEN TAG

Ich mache einen Schritt (oder mehrere) in eine positive Richtung. Ich ehre mich selbst durch eine liebevolle Fürsorge für mich.

Vermeide jeden Konflikt

Deine Lebensaufgabe beruht darauf, dich an die Liebe zu erinnern und sie anderen Menschen zu vermitteln. Alles, was dich von dem Bewusstsein über diese Emotion ablenkt, ist – sobald du es erkennst – ein Mittel des Lernens.

Wenn Streit und Unruhe deinen inneren Frieden bedrohen, erinnere dich daran, dass du die Freiheit hast zu wählen, ob du dich auf einen Konflikt einlassen willst oder nicht. Du kannst ein liebevoller und hilfreicher Mensch sein, ohne dich in negativem Denken oder angstbegründetem Verhalten zu verlieren, da deine beständige Liebe und innere Harmonie einen beruhigenden Einfluss auf dich haben.

Wir werden dir helfen, heute zentriert zu bleiben, wenn du uns darum bittest. Halte an der Absicht fest, dich respektvoll aus jedem Konflikt herauszuhalten, der sich dir unter Umständen heute bietet.

GEDANKE FÜR DEN HEUTIGEN TAG

Ich ziehe nur harmonische Situationen und Beziehungen an. Mein Seelenfrieden spiegelt sich in meinem Leben wider und ist mein Geschenk an andere. Ich bin ausgeglichen, ruhig und voller Mitgefühl, egal, was um mich herum passiert, denn ich vergesse nie, dass Liebe die größte heilende Kraft ist.

Liebe dich selbst bedingungslos

Wir Engel lieben dich ohne Urteil oder Bedingungen, da wir in dir ein reines Wesen des Schöpfers sehen. Du bist von göttlicher Abstammung, genau wie wir; in dieser Beziehung sind wir also eine Familie – und das Gleiche gilt für alle Lebensformen auf diesem Planeten.

Wir lieben dich bedingungslos und kümmern uns unermüdlich um dein Wohlergehen, da wir geduldig sind und absolutes Vertrauen in dich setzen. Wir sind liebevolle Zeugen jeder Entscheidung oder Wahl, die du triffst, und wissen, dass alle Wege dich zu Gott zurückführen.

Versuche heute dein Bestes, dich selbst bedingungslos zu lieben und dir gut zu sein. Blicke hinter alle vermeintlichen Fehler und erfasse das wahre Bild deiner Göttlichkeit. Deine bedingungslose Liebe verschmilzt mit der unsrigen und schafft dadurch ein wahrhaft zuverlässiges Fundament, das dich auf die nächsthöhere Ebene hebt ... und noch höher.

GEDANKE FÜR DEN HEUTIGEN TAG

Ich gebe mir selbst bedingungslose Liebe. Ich habe Mitgefühl mit mir und erinnere mich daran, dass Gott immer in mir ist. Ich ehre meine Göttlichkeit.

Nimm die Liebe um dich herum wahr

Das Universum bietet ständig Gelegenheiten, sich an die Liebe zu erinnern, und diejenigen, die es bemerken wissen, dass dieses Gefühl überall ist – es gibt so viel, was man voller Freude feiern kann! Diese Wahrnehmung stellt einen einfachen Weg zum Glücklichsein dar.

Mach es dir heute zur Aufgabe, Beispiele für Liebe und Fürsorglichkeit zu sehen … wie die Hilfsbereitschaft eines freundlichen Menschen oder die Zuneigung eines Kindes. Indem du diese Zeichen der Liebe wahrnimmst, schwelge in der köstlichen Energie, die von der Liebe hervorgerufen wird, und nähre dich von ihrer Wärme.

Liebe ist überall um dich herum, heute und an jedem Tag.

GEDANKE FÜR DEN HEUTIGEN TAG

Ich bemerke überall Liebe und sehe alle Formen dieser wohltuenden Energie zwischen den Menschen und in der Natur. Ich bin entzückt über diese Erfahrungen und nehme dieses Kostbare dankbar an.

Genieße die unendliche Stille in deinem Inneren

Es gibt einen Raum in deinem Inneren, an den du dich zurückziehen und unendliche Stille genießen kannst. Dieser Ort bietet eine Zuflucht vorm Lärm, dem Chaos und den Ängsten des täglichen Lebens, wo du innehalten, dich erholen und dein Bedürfnis nach Frieden durch das lautlose Echo der Ruhe stillen kannst.

Du erreichst diese Freistatt durch deine Bereitschaft, zur Ruhe zu kommen. Deine Augen zu schließen und tief durchzuatmen kann dir helfen, diesen Zustand schnell zu erreichen. Die Stille in deinem Inneren zu finden, ist ein natürlicher und einfacher Vorgang ... du musst dich also nicht anstrengen.

Gönne dir während des Tages immer wieder »Unterbrechungen der Stille«. Wenn du dich an diesen inneren Ort begibst, kehrst du damit zurück zum Himmel in dir.

GEDANKE FÜR DEN HEUTIGEN TAG

Ich empfinde jetzt unendliche Stille in meinem Inneren. Ich bin im Frieden mit mir und der Welt, denn mein Geist ist still und meine Seele ein Ort vollkommener Ruhe. Ich achte heute darauf, dass ich immer wieder tief durchatme.

Verbinde dich bei allem, was du tust, mit Gott

Als Kind warst du immer ganz stolz darauf, etwas ganz allein zu tun, und Selbstständigkeit ist auch heute noch eine Quelle der Freude für dich. Doch sich nicht auf andere verlassen zu wollen, ist etwas ganz anderes, als unabhängig von Gott zu sein.

Du bist bis in alle Ewigkeit mit dem Göttlichen verbunden – nur in deiner Einbildung ist eine Trennung möglich. Die unendliche Liebe, Weisheit und Fülle des Himmels ist jederzeit verfügbar für dich, sobald du darum bittest … aber dein freier Wille hält Gott davon ab, dir Hilfe aufzudrängen. Wenn du um Beistand bittest, wirst du automatisch mit einem unbegrenzten Vorrat an Geschenken und Gaben jedweder Art in Verbindung gebracht, ähnlich den Myriaden von Angeboten, die dir zur Verfügung stehen, wenn du dich ins Internet begibst.

Erinnere dich bei allem, was du tust, an diese Verbindung mit dem Göttlichen. Bei jeder Aufgabe, Entscheidung und Frage wende dich an den Himmel. Als Gottes vertrauenswürdige Boten werden wir Engel dir helfen, dich daran zu erinnern, und wir werden deine Kanäle zur göttlichen Kommunikation reinigen, wenn du uns darum bittest.

GEDANKE FÜR DEN HEUTIGEN TAG

Ich denke daran, mich während des Tages immer wieder mit den himmlischen Mächten zu verbinden. Ich bitte bei jeder Entscheidung, Frage und Handlung um göttliche Unterstützung. Ich danke dir, Gott, für deine stets bereite Hilfe, die ich jetzt dankbar annehme.

Sei dir gewiss, dass du bis in alle Ewigkeit geliebt wirst

Wir haben dich immer geliebt, seit der Geburt deiner Seele vor ewigen Zeiten. Du bist als Gottes vollkommene Schöpfung geboren worden, und unsere Zuneigung hat seitdem nie nachgelassen. Wir werden bis in alle Ewigkeit bei dir sein, für immer an deiner Seite.

Du wirst bis in alle Ewigkeit geliebt, kostbares Wesen. Dies hast du allein schon dadurch verdient, dass du ein Kind des Göttlichen bist. Du brauchst nichts weiter tun, um unserer Liebe würdig zu sein oder sie zu verdienen – sie ist bereits für ewig dein.

GEDANKE FÜR DEN HEUTIGEN TAG

Ich werde jetzt in diesem Moment und immer zutiefst geliebt. Ich verdiene Liebe und heiße sie willkommen, denn ich kann ruhig diese Emotion fühlen. Mein Herz ist weit geöffnet, um göttliche Liebe und Hilfe zu empfangen.

Visualisiere einen erfolgreichen Tag

Stell dir vor, dass du heute in jeder Situation erfolgreich bist. Sieh dich selbst, wie du lächelst und es dir großes Vergnügen bereitet, dass alles so läuft, wie du es dir wünschst. Spüre die Emotion der Begeisterung und Freude, während sich alle Türen für dich öffnen, und wisse, dass sich andere von deinen Erfolgen inspiriert fühlen.

Visualisiere, wie du dir selbst einen Tag der Belohnung zum Geschenk machst. Deine positiven Erwartungen sind Samenkörner, für dein Glück gepflanzt, die mit Sicherheit zu wunderbaren Erlebnissen heranreifen werden.

GEDANKE FÜR DEN HEUTIGEN TAG

Ich bin in jeder Beziehung erfolgreich, und ich lerne aus allen meinen Erfahrungen. Die Menschen lieben und respektieren mich, weil ich mich selbst schätze und mich wohl in meiner Haut fühle. Ich kann ruhig erfolgreich sein, und ich erlaube mir, genau dies zu tun. Ich verdiene – wie alle Menschen – Wohltaten, und wenn ich Erfolg habe, profitiert auch jeder andere davon.

Wähle den Frieden

Wenn sich heute in deiner Umgebung Konflikte ergeben, kannst du dich stattdessen für Frieden entscheiden. Es gibt ein altes Sprichwort, das sagt: »Wähle deine Kämpfe weise.« Nun, stattdessen kannst du dich entscheiden, das Kämpfen ganz sein zu lassen!

Wähle heute Frieden statt Konflikt. Du musst dich nicht auf Situationen einlassen, die Machtkämpfe heraufbeschwören. Anstatt eine Auseinandersetzung mit lauter Stimme anzuheizen, rufe durch deine Gebete für Harmonie göttliche Führung herbei, die wesentlich besser beim Finden einer kreativen Lösung hilft.

Entscheide dich heute bei allem, was du tust, für Frieden.

GEDANKE FÜR DEN HEUTIGEN TAG

Ich beruhige meinen Geist und höre auf seine unendliche Weisheit, die harmonische Lösungen wählt. Ich bin ein Vorbild an Friedfertigkeit, und andere Menschen fühlen sich davon inspiriert. Ich übe eine beruhigende Wirkung auf die Personen in meiner Umgebung aus, denn ich bin ein Mensch, der Frieden schafft.

Kümmere dich besonders gut um deinen Körper

Du weißt bereits, welche Veränderungen du in Hinblick auf deinen Körper und deine körperliche Gesundheit vornehmen möchtest. Wir Engel werden heute mit dir daran arbeiten, diese Vorsätze in die Tat umzusetzen.

Vielleicht möchtest du mehr Sport treiben, deine Ernährungsweise ändern oder eine Sucht aufgeben. Was immer dein Ziel ist, wir sind als deine persönlichen Trainer und Heiler an deiner Seite, um dich auf deinem Weg zu ermutigen und bei Laune zu halten. Es geht nicht darum, dass du alle deine Gewohnheiten von heute auf morgen änderst, sondern vielmehr darum, Schritte in die gewünschte Richtung zu unternehmen. Wir werden mit dir gemeinsam zusammenarbeiten und dich von der Seitenlinie aus anfeuern.

GEDANKE FÜR DEN HEUTIGEN TAG

Ich lasse meinem Körper die allerbeste Fürsorge zukommen. Ich werde heute mindestens eine Handlung vornehmen, um meine körperliche Gesundheit zu achten, und mein inneres Selbst strahlt vor Dankbarkeit über diesen Schritt.

Lass alle Ängste um das Wohlergehen deiner Lieben los

Alle Menschen haben Schutzengel, die ununterbrochen über sie wachen, und dazu gehören natürlich auch die Menschen, die du liebst. Anstatt dir um deine Freunde und Familienangehörigen Sorgen zu machen, bitte darum, dass zusätzliche Engel an ihrer Seite stehen sollen – genau in dem Augenblick, in dem du diese Bitte äußerst, wird sie auch schon erfüllt.

Je größer die Anzahl der Engel ist, die dich oder einen anderen Menschen umgeben, desto besser ist der Betreffende in einen Schutzmantel aus Liebe gehüllt. Diese Kraft schützt dich und alle, deren Wohl dir am Herzen liegt, vor den Stürmen des Lebens und turbulenten Ereignissen, indem sie Zufriedenheit und Sicherheit gewährt.

Genau in diesem Moment wachen wir über deine Lieben. Übergib deine Sorgen und Ängste an Gott und sei dir gewiss, dass wir Engel durch deine Gebete die Menschen beschützen, die deinem Herzen nahe stehen.

GEDANKE FÜR DEN HEUTIGEN TAG

Gott und die Engel wachen über meine Lieben, und ich überlasse meine Ängste und Sorgen dem Himmel. Danke, ihr göttlichen Wesen, dass ihr über meine Lieben wacht, und vor allem über .... (bitte Namen eintragen).

Mach den nächsten Schritt

Du hast in letzter Zeit viel gebetet und dich gefragt, welchen Schritt du als nächstes in Richtung deiner Lebensaufgabe machen sollst. Wir Engel sind heute hier, um dir zu versichern, dass jeder winzige Schritt zählt, genau wie jeder noch so kleine Geldbetrag, den du auf dein Konto einzahlst, mit der Zeit zu einer beträchtlichen Summe anwächst.

Das Universum reagiert auf deine Bemühungen und steuert seinen eigenen Beitrag dazu bei. Jede deiner Handlungen erzeugt einen energetischen Welleneffekt, dessen Ausströmen durch hereinkommende Energie ausgeglichen wird.

Das bedeutet, dass jegliche Aufmerksamkeit, die du deiner Lebensaufgabe widmest, bedeutsam ist und positive Ergebnisse nach sich ziehen wird – daher mach heute einen kleinen Schritt entsprechend deiner inneren Führung. Übergib uns Engeln deine Ängste davor, ob dieser Schritt der »beste« oder »richtig« ist, und wir werden dir versichern, dass du auf dem richtigen Weg bist.

GEDANKE FÜR DEN HEUTIGEN TAG

Ich werde aktiv, um meinen Träumen, Leidenschaften, Talenten und Interessen nachzugehen. Ich weiß, dass ich eine dringend benötigte Lebensaufgabe zu erfüllen habe, und ich übernehme sie, ohne zu zögern. Ich konzentriere mich bei meinen Zielen nur auf heute und vertraue darauf, dass sie sich auch morgen und übermorgen gut entwickeln werden.

Lass dir von deinen Engeln helfen

Wir Engel haben das Thema des freien Willens schon an früherer Stelle angesprochen und dir wiederholt gesagt, wie und warum du unbedingt um unsere Hilfe bitten musst, bevor wir sie dir geben können. Erinnere dich daran, dass uns alle deine Hilfegesuche stets willkommen sind, daher musst du nie befürchten, dass du zuviel von uns verlangst. Wir sind Wesen der Kommunikation und des Dienens, und wir lieben diese Tätigkeit. Je öfter du uns um unsere Hilfe bittest, desto besser arbeiten wir harmonisch mit dir zusammen – und die Momente dieses Zusammenwirkens sind unsere größte Freude.

Wir wollen dir bei allem helfen, geliebtes Wesen! Bitte denke daran, während des Tages immer wieder unsere Hilfe in Anspruch zu nehmen.

GEDANKE FÜR DEN HEUTIGEN TAG

Ich spreche mit meinen Engeln über alles. Ich denke daran, sie um Hilfe zu bitten, und ich bin offen dafür, ihre Hilfe zu empfangen. Meine Engel wollen mich bei allem unterstützen, was ich tue, ob es groß oder klein ist.

Erkenne, dass du gefunden hast, wonach du suchst

Alles, was du dir wünschst, hat sich bereits in dem Augenblick eingefunden, in dem du gerade daran denkst. Durch dein Wünschen überbringst du Botschaften ans Universum, als würdest du etwas mit der Post absenden. Nachdem du eine Ware bestellt hast, vertraust du darauf, dass sie dir innerhalb kürzester Zeit geliefert wird, und mit deinen Gedanken verhält es sich genauso: Jeder Gedanke manifestiert in kürzester Zeit sein Spiegelbild.

Anstatt in der Außenwelt nach dem Ausschau zu halten, was du dir wünschst, konzentriere dich lieber darauf, im Geiste Abbilder deiner Wünsche entstehen zu lassen. Umgib diese Bilder mit dem Gefühl von Sicherheit, Dankbarkeit und Vertrauen, und sei dir gewiss, dass das, wonach du gesucht hast, bereits in diesem Moment auf dem Weg zu dir ist.

Mach dir keine Sorgen darüber, wie etwas zu dir gelangt, genauso wenig wie du dich mit all den Einzelheiten befassen würdest, wie deine Warensendung auf dem Postweg abgewickelt wird. Genauso wie die Post ihren Teil der Aufgabe erledigt, wird auch das Universum seinen Teil erledigen. Deine Rolle besteht nur darin, die Tür zu öffnen, wenn dein Wunsch angeliefert wird und dich über das Ergebnis deiner positiven Gedanken zu freuen.

WEISHEIT DES TAGES

Alles, was ich mir wünsche, ist schon in diesem Augenblick in mir vorhanden. Ich breite meine Arme aus, um die Geschenke des Universums zu empfangen, und halte an meinen positiven Gedanken fest. Ich vertraue darauf, dass alles, was ich mir wünsche, bereits manifestiert ist, und ich verdiene das Gute.

Nimm die Liebe des Himmels an

Gottes Liebe für dich ist so tief, dass sie nicht in Worte zu fassen ist. Um eine Vorstellung davon zu bekommen, wie sehr du geliebt wirst, versuche dir eine allumfassende, grenzenlose Energie vorzustellen. Im Himmel ist jeder Gedanke an dich positiv, weil Gott nur deine Großartigkeit und Göttlichkeit sieht und sich an deiner Vollkommenheit erfreut.

Als deine Engel spiegeln wir diese leuchtende Liebe für dich wider – auch wir lieben dich mehr, als Worte es jemals ausdrücken könnten. Es ist unsere größte Freude, an deiner Seite zu sein, und dir zu helfen ist uns eine Ehre.

GEDANKE FÜR DEN HEUTIGEN TAG

Ich werde sehr geliebt, und ich verdiene diese Liebe. Gottes Zuneigung zu mir ist bedingungslos, grenzenlos und allumfassend.

Arbeite mit deinen himmlischen Teamkollegen zusammen

Wir Engel hören jedes deiner Gebete und danken dir dafür, da jedes eine Einladung an uns ist, mehr an deinem Leben teilzuhaben. In dem Moment, in dem du uns um Hilfe bittest, werden wir schon aktiv – oftmals hinter den Kulissen, wodurch du dir nicht bewusst darüber wirst, wie deine Worte Gestalt annehmen.

Heute möchten wir deine Aufmerksamkeit auf das Thema »Teamarbeit« lenken. Um unsere Ausführungen zu verstehen, denk an den Vergleich mit einer Sportmannschaft. Beim Basketball wird der Ball von Spieler zu Spieler geworfen, je nachdem, welcher Spieler dem Korb am nächsten ist, einen Freiwurf machen kann oder auf einen bestimmten Bewegungsablauf spezialisiert ist.

Indem du betest, machst du sozusagen den ersten Ballwurf, und wir fangen ihn immer. Während wir an der Umsetzung davon arbeiten, worum du gebeten hast, werfen wir den Ball zwischen der geistigen und irdischen Dimension hin und her – er ist immer in Bewegung und nähert sich immer mehr dem Korb, bei dem du stehst. Und wenn das Gebet manifestiert ist, spielen wir dir den Ball zu, damit du einen Korb werfen kannst. Wenn du dich weigerst, den Ball zu fangen, aus Angst oder weil du glaubst, es nicht zu verdient zu haben, oder meinst, nicht mit Erfolg umgehen zu können, oder aus irgendeiner anderen Unsicherheit heraus, fällt er zu Boden.

Wir hoffen, dass dir dieser Vergleich helfen wird, die Manifestation von Gebeten besser zu verstehen. Wir sind ein Team, und wir sind darauf angewiesen, dass du uns den Ball zuwirfst, damit wir aktiv werden können, du ihn am Ende fangen und den Sieg verbuchen kannst. Wenn du einen Widerstand in deinem Inneren fühlst, helfen wir dir, dich zu öffnen, um zu empfangen.

Mit großem Mitgefühl und in tiefer Liebe bitten wir dich um deine Erlaubnis, dir öfter helfen zu dürfen. Wir lieben dich!

GEDANKE FÜR DEN HEUTIGEN TAG

Ich lasse jeglichen Widerstand los, der mich vom Empfangen abhält, und gestatte, dass meine Gebete erhört und beantwortet werden. Ich darf ruhig glücklich sein.

Vertraue auf die göttliche Zeitplanung

Oft muss eine Reihe von Handlungen und Reaktionen erfolgen, damit dein Gebet beantwortet werden kann, vor allem, wenn mehrere Personen an der Situation beteiligt sind. Dieses Phänomen wird göttliche Zeitplanung genannt, und es ist vergleichbar mit den verschiedenen Phasen, die ein Samenkorn durchläuft, bevor es aus dem Boden keimt. Ja, dieser Prozess kann bis zu einem bestimmten Grad beschleunigt werden, doch es gibt immer eine Wirkungszeit sowohl für Gebete als auch für Pflanzen, bevor sie Gestalt annehmen.

Bitte übe dich in Geduld und versorge deine Wünsche weiterhin mit Liebe, positiven Gedanken und durch angeleitetes Handeln. Wisse, dass dein Gebet sich schon jetzt, während du diese Worte liest, im Prozess der Manifestation befindet. Die göttliches Zeitplanung sorgt dafür, dass dein Wunsch sich genau im richtigen Moment verwirklicht. Manchmal wird dir diese Tatsache nur im Zurückblicken klar, nachdem das Gebet Gestalt angenommen hat – doch mit Vertrauen kannst du den Überblick schon jetzt erlangen.

GEDANKE FÜR DEN HEUTIGEN TAG

Alle meine Gebete werden vernommen und beantwortet. Ich vertraue auf die göttliche Zeitplanung des Universums, denn ich bin im harmonischen Gleichgewicht von Geben und Nehmen. Indem ich mit Dankbarkeit und Vertrauen an mein Leben herangehe, nimmt es magische Gestalt an.

Würdige alles, was du bisher erreicht hast

Geliebtes Wesen, du bist mit deinem Lernen und Verstehen weit gekommen. Du hast viel Mühe in deine Entwicklung investiert und schon viel erreicht. Wir beglückwünschen dich dafür und ermutigen dich, deine Leistungen auch selbst anzuerkennen.

Wenn ein Bergsteiger auf dem halben Weg zum Gipfel innehält, um den Ausblick zu genießen, der sich ihm bietet, werden seine Energie und Motivation neu belebt – und genauso verhält es sich mit dir. Ja, du hast deinen Blick auf noch höhere Ziele gerichtet, doch du kannst trotzdem viel gewinnen, wenn du einen Moment innehältst und anerkennst, was du bereits alles getan hast.

Ehre dich heute selbst für deine Leistungen. Selbst wenn du meinst, dass es nur bescheidene Versuche sind, freut sich dein inneres Selbst über die Würdigung.

GEDANKE FÜR DEN HEUTIGEN TAG

Ich sehe, was ich bisher geleistet habe, und es fühlt sich gut an, mein Werk zu würdigen. Ich genieße den Pfad auf dem Weg zur Erfüllung meiner Träume. Ich bin in meinem Leben weit gekommen und habe eine Menge gelernt.

Lass allen Ballast los

Entledige dich deiner schweren Bürde, geliebtes Wesen, und übergib alle Sorgen und Ängste Gott. Es ist nicht nötig, dass du mit Ängsten kämpfst, wenn dir soviel Hilfe zur Verfügung steht.

Überlasse heute den himmlischen Mächten alles, was dich belastet. Atme tief ein, und während du ausatmest, gib deine Sorgen Gott, dessen unendliche, liebevolle Weisheit alle Verstrickungen entwirren und Leid durch Frieden ersetzen wird.

Lass alle Anspannung los und erlaube dem Himmel, das zu tun, was er am besten kann: dich lieben.

GEDANKE FÜR DEN HEUTIGEN TAG

Ich übergebe jetzt alle Ängste oder Sorgen Gott und seufze erleichtert auf in dem Wissen, dass ich nicht auf mich selbst gestellt bin. Ich habe volle Unterstützung in jedem Bereich meines Lebens, denn Gott liebt mich. Es kann mir ruhig helfen lassen.

Breite deine Arme auf, um zu empfangen

Das Universum lässt mir ständig große und kleine Dinge zukommen. Wenn dir jemand seine Hilfe anbietet, dich zum Essen einlädt oder dir ein Geschenk macht, breite deine Arme aus, um diese Gaben in Empfang zu nehmen. Je mehr du Wohltaten in deinem Leben bejahst, desto freier fließt die universelle Energie zu dir und durch dich hindurch. Wenn du die angebotene Hilfe ablehnst, schließt du die Tür zu dieser Fülle.

Breite heute deine Arme aus, um jegliche Geschenke willkommen zu heißen, die deines Weges kommen, und sage »Ja« zum universellen Fluss. Lass zu, dass man dir hilft, dich liebt und verwöhnt … erlaube dir, etwas zu empfangen.

GEDANKE FÜR DEN HEUTIGEN TAG

Ich nehme all Wohltaten dankbar an, die mein Leben mir bietet. Ich darf ruhig etwas empfangen, und ich breite meine Arme aus, um die Liebesgaben des Universums willkommen zu heißen.

Betrachte jeden Menschen als reich

Die Art, wie du andere Menschen siehst, übt eine große Wirkung auf deine Selbstwahrnehmung aus. Wenn du eine andere Person als reich ansiehst, erkennst du gleichzeitig die Fülle in dir selbst.

Sieh heute den Reichtum in allen Menschen, die dir begegnen, unabhängig von den äußeren Umständen. Damit tust du ihnen und dir selbst einen großen Gefallen, da es einer energetischen Geldspende entspricht, die du jedem gibst, der dir begegnet (einschließlich dir selbst).

Wir leben in einem Universum unendlicher Fülle, in dem es für jeden genug gibt. Der Geldhahn für Reichtum ist nur für jene aufgedreht, die ihn bemerken – das heißt für Menschen, die sich als wohlhabend betrachten. Indem du überall, wo du hingehst, Wohlstand und Fülle siehst, kannst du diese positive Denkweise in dir fördern.

GEDANKE FÜR DEN HEUTIGEN TAG

Wo immer ich hingehe, sehe ich Wohlstand und öffne meine Augen für die Fülle des Lebens. Je mehr ich diese Fülle sehe, desto leichter fließt sie mir zu. Alle meine Worte spiegeln die Wohltaten der Fülle wider, die ich jedem erweise, der mir heute begegnet.

Betrachte jeden Menschen als gesund

Deine Sichtweise über die Gesundheit der Menschen um dich herum hat denselben Einfluss wie deine Gedanken über Wohlstand – das heißt, wie du das Wohlbefinden anderer wahrnimmst, wird dein eigenes beeinflussen. Wenn du Menschen als vital, strahlend und vollkommen siehst, strahlt diese Wahrnehmung auf deinen eigenen physischen Körper zurück. Du machst anderen Gesundheit als Geschenk, wenn du sie mit diesen Augen betrachtest.

Vollkommene Gesundheit ist der natürliche Zustand eines jeden Menschen ... so wie Gott alle Männer und Frauen geschaffen hat. Wenn du das Wohlbefinden eines Menschen wahrnimmst – unabhängig von äußeren Erscheinungen – siehst du damit das Göttliche in ihm.

Erkenne heute die vollkommene Gesundheit aller, die dir begegnen, und bringe sie in deinen Worten zum Ausdruck. Die Liebe in dir und anderen entfacht die Flamme des Wohlbefindens und sorgt dafür, dass sie größer, heller und strahlender im Leben aller Menschen leuchtet.

GEDANKE FÜR DEN HEUTIGEN TAG

In Wahrheit erfreue ich mich vollkommener Gesundheit, denn Gottes Geschöpfen geht es immer gut. Ich sehe es als Tatsache, wo auch immer ich hingehe, da ich das Göttliche im Inneren eines jeden Menschen wahrnehme. Alle Menschen sind gesund.

Bitte Gott um Hilfe

Du bist niemals allein, besonders nicht in Zeiten großer Not. Wenn du dich einsam oder traurig fühlst, sind wir Engel dir noch näher als sonst, auch wenn wir stets in deiner Nähe und bereit sind, dir zu helfen, sobald du uns darum bittest. Gelegentlich jedoch vergisst du unsere Anwesenheit und versuchst, das Leben im Alleingang zu meistern.

Erinnere dich heute daran, in allen Situationen um geistigen Beistand zu bitten, bereits wenn du morgens aus dem Bett steigst. Bitte uns um Führung, wenn du dich anziehst, Auto fährst, wanderst, trainierst und bei jedem Zusammentreffen mit anderen Menschen.

Bitte auch andere Menschen, dir zu helfen. Deine Familienmitglieder, Freunde, Kollegen und sogar Fremde fühlen sich nützlich und wertvoll, wenn du ihnen erlaubst, dir zu helfen, und dein inneres Selbst wird genährt, wenn du anderen Menschen gestattest, dir beim Tragen deiner Last zu helfen. Die liebevolle Energie, die von allen Helfern und denjenigen ausstrahlt, die sie mit ihrer Hilfe beehren, taucht den ganze Planeten in Frieden.

Nehmen ist genauso wichtig wie geben. Achte bewusst darauf, um Hilfe zu bitten – sei es von uns Engeln oder anderen Menschen – und erlaube dir, diese Hilfe dankbar und mit Freude anzunehmen.

GEDANKE FÜR DEN HEUTIGEN TAG

Ich erinnere mich daran, meine Engel um Führung zu bitten. Es ist ein Zeichen von Stärke, dass ich ihnen und anderen erlaube, mich zu unterstützen. Ich nehme Hilfe dankbar an.

Stütze dich auf uns

Wir Engel sind ein sicheres Fundament in deinem Leben, und du kannst immer darauf zählen, dass wir zu dir stehen. Wenn alles andere unbeständig ist und sich verändert, unserer beständigen Gegenwart und Hilfe kannst du dir immer sicher sein.

Wir sind verlässlich, weil wir niemals vergessen, dass Gottes Liebe alles ist, was ist. Wir wanken nicht in unserer Liebe zu dir, und unsere Energie lässt niemals nach. Wir sind uns stets gewiss, dass diese Emotion überall gegenwärtig ist, daher sind wir bis in alle Ewigkeit von Frieden erfüllt.

Stütze dich auf uns, wenn du Halt brauchst. Wisse, dass wir die besten Vertrauten sind und mit dir durch dick und dünn gehen. Wir lieben dich, egal was passiert … verlass dich auf uns!

GEDANKE FÜR DEN HEUTIGEN TAG

Ich bin glücklich in dem Wissen, dass ich immer auf Gott und meine Engel zählen kann, da sie überall sind, wo auch ich bin – und mit mir durch dick und dünn gehen. Egal, was passiert, sie sind immer für mich da.

Sprich liebevolle Worte

Wir haben schon mehrmals betont, welche Macht deine gesprochenen und geschriebenen Wortes besitzen, und die ungeheure Manifestations-Wirkung in jedem eurer Worte beschrieben. Heute werden wir uns nun auf die Energie der Freundlichkeit konzentrieren, die in deinen Worten enthalten ist.

Dein Mitgefühl strahlt eine sanfte und unterstützende Art von Liebe aus. Seine Energie ist aufbauend und wohltuend, sowohl für den Gebenden als auch für den Empfangenden. Wenn liebevolle oder mitfühlende Worte gesprochen oder geschrieben werden, kommt eine Herzensbindung zustande, die alle Beteiligten miteinander verbindet. Ein Bündnis der Liebe entsteht, bei dem alle, die diese Freundlichkeit in Worten ausdrücken oder sie hören, gemeinsam in ihrer heilenden Kraft baden und auf diese Weise eine innige Verbindung eingehen.

Äußere während des heutigen Tages nur freundliche und liebevolle Worte. Erfreue dich an dem zweifachen Segen, den dieses Verhalten dir und allen anderen zum Geschenk macht.

GEDANKE FÜR DEN HEUTIGEN TAG

Ich suche nach Gelegenheiten, um freundlich mit mir und anderen zu sprechen, indem ich liebevolle Worte benutze, um alles und jeden zu beschreiben, auch mich selbst. Ich bin ein mitfühlender Mensch, und ich ziehe Menschen an, die genauso sind. Ich bin von Personen mit diesem Wesen umgeben, und das Leben ist freundlich zu mir.

Erhöhe deine Energiefrequenzen

Deine Energie-Frequenz wird von deinen Gedanken und Worten sowie von deiner Lebensweise beeinflusst. Diese Frequenz zu erhöhen, bringt viele Vorteile mit sich, beispielsweise schnellere Manifestationen und Heilung, klarere Kommunikation mit Gott und den Engeln und ein intensiveres Empfinden von Frieden und Glück. Heute werden wir damit beginnen, deine Energiefrequenz auf eine höhere Ebene anzuheben.

Nimm dir einen Moment Zeit, um dich mit Hilfe deines Atems zu zentrieren und Körper und Geist zu beruhigen. Fasse den Entschluss, den Level deiner Energiefrequenz zu sehen oder zu fühlen. Es macht nichts, wenn du nicht weißt, was das genau bedeutet, da deine Intention dich dennoch sicher führen wird.

Achte auf alle Eindrücke, die du empfängst. Siehst du irgendwelche Farben, oder fühlst du Hitze oder Kälte, oder tauchen bei dir andere Bilder, Gedanken oder Gefühle auf? Was immer zu dir kommt, ist richtig, also vertraue bitte der Genauigkeit deiner Wahrnehmung.

Sende nun deinen ausströmenden Atem deiner Energiefrequenz. Achte darauf, wie sich dies auf verschiedene Aspekte, wie zum Beispiel Farbe oder Gefühl, auswirkt. Spüre, wie deine Kraft mit jedem Ausatmen und deiner positiven Aufmerksamkeit zunimmt.

GEDANKE FÜR DEN HEUTIGEN TAG

Der Level meiner Energiefrequenz steigt jetzt auf seine höchste Stufe und entspricht meiner perfekten Gesundheit und Harmonie.

Kommuniziere mit den nichtphysischen Frequenzen von Farbe und Licht

Während du deine Energie auf eine höhere Ebenen bringst, stimmst du dich ganz automatisch auf nichtphysische Frequenzen ein. Im Gegenzug kannst du auch mit der nichtphysischen Ebene arbeiten, um deine persönliche Energiefrequenz anzuheben. Wir Engel möchten, dass du die nächsten Tage mit Energien kommunizierst, die solch *metaphysischen* Ursprungs sind (*meta* bedeutet soviel wie »über«).

Heute werden wir über Farben arbeiten, die verschiedene Frequenzen ausstrahlen, die deine Augen als Grün, Rosa, Gelb und diverse Mischtöne registrieren. Diese Wellenlängen können dir helfen, deine *persönliche* Energiefrequenz anzuheben.

Achte heute auf Farben und ganz besonders darauf, auf welche Weise jede Farbe deine Stimmung, deine Ausrichtung oder deine körperlichen Empfindungen beeinflusst. Beobachte, welche Wirkung die einzelnen Farben von Kleidungsstücken, Räumen und ähnlichem auf dich ausüben. Wenn du dich von einem bestimmten Farbton angezogen fühlst, dann betrachte einmal länger einen Gegenstand in dieser Farbe. Dies wird dir helfen, die der Farbe innewohnenden Wirkungen aufzunehmen und dich mehr auf nichtphysische Frequenzen einzustimmen.

GEDANKE FÜR DEN HEUTIGEN TAG

Ich betrachte die Farben und spüre, welche Wirkung sie auf mich ausüben. Ich unterscheide, wie meine Emotionen, Energie und Ausrichtung von den verschiedenen Farbtönen beeinflusst werden, die ich anhabe und um mich herum sehe. Meine Sensitivität für Energie verfeinert sich ständig.

Achte auf Klänge

Heute wollen wir mit der nichtphysischen Energie von Klängen arbeiten, um deine Energiefrequenz zu erhöhen. Wahrscheinlich hast du bereits dein gesteigertes Hörvermögen bemerkt, das mit deiner erhöhten Energiefrequenz zusammenhängt. Deine erhöhte Sensitivität erlaubt dir, die Stimmen von uns Engeln zu hören, und ermöglicht dir, die Wirkung von Klängen (und Geräuschen) bewusst zu erfahren.

Du weißt bestimmt schon, welche Musikrichtung du bevorzugst, und hast bestimmte Vorlieben hinsichtlich Lautstärke und Ton. Heute legen wir dir nahe, dich noch mehr einzustimmen und genau darauf zu lauschen, was du in deinem Inneren oder in deiner Umgebung hörst. Benutze deine Aufmerksamkeit, um die verschiedenen Geräusche aus dem Klangteppich herauszuhören. Welche sind dir angenehm und welche unangenehm? Wie wirken sie sich körperlich und emotional auf dich aus?

Je mehr du dir der Wirkung von Geräuschen auf dich bewusst wirst, desto feiner wird deine Sensitivität, die ein Bestandteil deiner erhöhten Energiefrequenz ist. Wir bitten dich, deine Empfänglichkeit zu würdigen und zu erkennen, dass sie wirklich ein Geschenk ist.

GEDANKE FÜR DEN HEUTIGEN TAG

Ich stimme mich auf die Geräusche in meiner Umgebung ein und achte darauf, welche Wirkung sie auf mich haben. Ich vertraue den Gefühlen, die als Reaktion auf jeden Laut aufsteigen, und ich würdige meine gesteigerte Sensitivität als das Geschenk, das sie tatsächlich ist.

Achte auf Wohlgerüche

Damit du weiterhin diene Aufmerksamkeit darauf richtest, deine Sensitivität gegenüber nichtphysischen Dingen in deiner Umgebung zu verfeinern, möchten wir Engel nun, dass du mit Gerüchen arbeitest. Der Geruchssinn zählt zu deinen ursprünglichsten Wahrnehmungssinnen überhaupt.

Achte heute ganz besonders gut auf die Wohlgerüche und Duftstoffe, die dich umgeben, und stelle fest, wie sie sich auf deine Ausrichtung, deine Emotionen und Gedanken auswirken.

Bereichere deine Umgebung mit neuen Düften, wie beispielsweise durch Blumen, Duftöle, Räucherstäbchen und anderen angenehmen Duftstoffen. Indem du deine Energiefrequenz durch das Einstimmen auf Düfte erhöhst, wirst du feststellen, dass deine Sensitivität insgesamt auf eine positive Weise verfeinert wird.

GEDANKE FÜR DEN HEUTIGEN TAG

Ich bemerke Düfte überall um mich herum und achte darauf, wie sie auf meine Sinne wirken. Ich bereichere meine Umgebung mit wundervollen Düften. Meine Sensitivität ist ein Geschenk.

Fühle feinstoffliche Energien

Heute werden wir uns auf deine Sensitivität gegenüber anderen feinstofflichen Energien konzentrieren. Lasse deine Hand langsam nahe deinem Körper entlang gleiten und fühle die Kraft, die er ausstrahlt. Jeder Mensch, jedes Tier und jeder Ort strahlt Schwingungen aus – sie sind die Gefühle, die du bei einer Person wahrnimmst oder in Räumen oder einen anderen Umgebung, die du betrittst.

Dein Körper unterscheidet diese Energie als hoch, mittel oder niedrig (oder entsprechende Abstufungen). Fühlen sich die Schwingungen höher an als deine eigenen, wirst du den Ort sehr wahrscheinlich als angenehm empfinden; fühlen sie sich niedriger an, wirst du dich höchstwahrscheinlich bald entfernen.

Achte heute auf deine Gefühle als Reaktion auf andere Menschen, Tiere und Orte. Lass deine Hand über Pflanzen und andere Objekte gleiten und spüre die von ihnen ausstrahlenden Energiewellen. Freue dich über die Wahrnehmung deiner erhöhten Frequenz, die das Fundament für deine natürlichen spirituellen Gaben ist.

GEDANKE FÜR DEN HEUTIGEN TAG

Ich stimme mich auf die Energien ein, die ich in meinem Körper fühle. Ich achte meine Gefühle und vertraue darauf, dass sie richtig sind.

Kläre deine Energien

Mit steigender Sensitivität wächst deine Verantwortung für dich selbst, richtig mit eventuell aufgenommenen Energien umzugehen. Genauso wie du badest, um deinen physischen Körper von Schmutz zu säubern, ist es erforderlich, dich energetisch zu reinigen. Und so, wie es diverse Möglichkeiten gibt, dich physisch zu reinigen, steht dir eine Vielzahl von Methoden zur Auswahl, mit denen du dein energetisches Selbst reinigen kannst.

Wir werden dich heute anleiten und dir zeigen, wie du unerwünschte Energien entfernen kannst. Wir wollen dich jedoch daran erinnern, dass wir dies nur tun können, wenn du uns vorher darum bittest, also rufe uns um Hilfe. Du kannst physische und energetische Giftstoffe klären, indem du ein heißes Bad mit reinem Meersalz nimmst. Natürliche Pflanzen (entweder Topf- oder Gartenpflanzen) sowie Kristalle können dir zusätzlich bei diesem Reinigungsprozess helfen, indem du sie einfach in deine Nähe holst.

Die bloße Absicht zur Klärung deines physischen oder nichtphysischen Körpers genügt schon, um erfolgreich zu sein, also sorge dich bitte nicht, ob du auch alles richtig machst. Beobachte, wie leicht und voller Energie du dich nach dieser Reinigung fühlst.

GEDANKE FÜR DEN HEUTIGEN TAG

Ich achte besonders gut auf mich. Genauso wie ich meinen Körper bade, reinige ich regelmäßig meine Energien und bitte meine Engel, mich von jeglichen niederen Energien zu befreien. Ich bin nun vollkommen geklärt.

Schütze dich

Dies ist eine sichere Welt, und es gibt keinen Grund für irgendwelche Ängste. Wenn wir Engel heute das Thema »Schutz« behandeln, meinen wir damit nicht, dass du dich bewaffnen sollst. Worüber wir sprechen möchten, hat mehr mit dem gesunden Menschenverstand zu tun, der dich dazu veranlasst, einen Regenmantel anzuziehen, bevor du an einem regnerischen Tag das Haus verlässt. Und genauso wie du den Regenmantel nicht aus einer Angst heraus wählst, gibt es keinen Grund, sich zu ängstigen, wenn du dich anderweitig schützt.

Es gibt viele Möglichkeiten, dich selbst zu schützen. Du kannst für einen grundlegenden Schutz sorgen, indem du visualisierst, dass du von weißem Licht umgeben bist. Diese schützende, leuchtende Energie ist gestaltlose Liebe – sie ist unsere Lebenskraft. Da weißes Licht im Laufe der Zeit schwächer wird, ist es nötig, dir zwei- bis dreimal im Verlaufe des Tages erneut vorzustellen, davon umgeben zu sein. Wenn du dies von nun an jeden Tag tust, werden wir dich dazu anleiten, noch mit weiteren Farben zu arbeiten und weitere Schutzmechanismen anzuwenden.

Achte auf deine Stimmung, bevor und nachdem du das weiße Licht erbeten hast. Durch den Schutzvorgang wirst du dich sicher fühlen, so dass du deine spirituellen Talente voll entfaltest.

GEDANKE FÜR DEN HEUTIGEN TAG

Ich rufe die Engel und das weiße Licht an, um sowohl meine Lieben und mich zu umgeben als auch meinen Arbeitsplatz, mein Auto, mein Zuhause und andere Besitztümer. Engel und weißes Licht, bitte schützt mich, damit nur positive Energien von mir ausgehen und mich erreichen.

Achte dich selbst

Wir Engel sind schon lange Zeit bei dir, wir verstehen dich sehr gut, und wir wollen dich wissen lassen, dass wir dich schätzen. Du hast wunderbar gelernt zuzuhören, und dein Herz hat sich anderen gegenüber voller Mitgefühl geöffnet. Du gibst mit Liebe und empfängst mit Dankbarkeit. Sehr schön!

Heute wollen wir dir helfen, dich selbst zu achten. Abgesehen davon, was du gelernt und erreicht hast, lobe dich selbst dafür, einfach der zu sein, der du bist. Du lässt Gottes Licht aufs Hellste erstrahlen und bist die reine Freude für alle, die dich sehen. Nimm dir heute ein wenig Zeit, dich selbst zu achten, und verbringe Zeit in deiner eigenen erleuchteten Gesellschaft.

GEDANKE FÜR DEN HEUTIGEN TAG

Ich sehe mit Freuden, wie weit ich schon gekommen bin und was ich alles gelernt habe. Ich erkenne, wie viel ich gegeben und wie viel ich empfangen habe. Und vor allem bin ich dankbar dafür, ich selbst zu sein.

Vertraue dir selbst

Dein innerer Kompass führt dich zielsicher in Richtung der Manifestation deiner Träume und Wünsche. Vertraue der Führung, die du erhältst, da sie direkt von der unendlichen Weisheit Gottes kommt und dir hilft, dich auf das Glück zuzubewegen, das der Himmel auf Erden ist.

Wenn du dich freust, leuchtet dein Licht noch heller, und du inspirierst andere, selbst fröhlich zu sein. Vertraue deinen inneren Gefühlen, Ideen und Visionen, da sie gottgegebene Mittel sind, geschaffen, um dich in Frieden und Glück nach Hause zu führen.

GEDANKE FÜR DEN HEUTIGEN TAG

Ich vertraue meiner Intuition und höre auf meine weise innere Stimme. Ich handele nach den Botschaften, die ich empfange. Ich habe Vertrauen in mich selbst und weiß, das ich kontinuierlich von der Liebe Gottes geführt werde.

Endecke neue Wege der Kreativität

Kreativität hilft dir, zu lernen und zu wachsen. Das Ziel ist, dich auszudrücken, und zwar indem du dein inneres Licht erstrahlen lässt und andererseits aufgestaute Gefühle ausdrückst und dadurch loslässt.

Entdecke heute neue Wege des kreativen Selbstausdrucks. Alles, was du sonst nicht tust, eignet sich dazu: zum Beispiel unter der Dusche singen, ein Blumengesteck arrangieren, ein Zimmer umdekorieren, tanzen oder fotografieren. Auf welche Weise du dich ausdrückst, ist nicht so wichtig, nur die Tatsache, dass du es tust.

GEDANKE FÜR DEN HEUTIGEN TAG

Ich probiere etwas Kreatives und Ungewöhnliches aus. Ich drücke mich auf originelle Weise aus, und während ich dies tue, habe ich ein tieferes Verständnis von mir selbst. Mein Leben wird durch schöpferischen Selbstausdruck aufregender und bunter.

Sei gut zu dir selbst

Dein inneres Selbst ist auf dein äußeres Selbst angewiesen, damit es ihm gut geht. Daher sorge für dich und gehe den ganzen Tag über liebevoll mit dir um. Lass dir Zeit, wenn du dich morgens anziehst, isst, gehst oder mit dem Auto fährst – schön mit der Ruhe.

Nähre dich durch positive und hilfreiche Selbstgespräche, da Lob und Komplimente deine Seele erfreuen. Sag dir im Laufe des Tages immer wieder: »Ich liebe dich,« entweder leise oder laut. Indem du dir selbst Zuneigung schenkst, öffnest du dich noch weiter, um mehr von dieser Liebe zu empfangen.

GEDANKE FÜR DEN HEUTIGEN TAG

Ich sorge ausgezeichnet für mein Selbst. Ich lasse mir Zeit und gehe entspannt durch den Tag. Ich verdiene es, verwöhnt und gut behandelt zu werden.

Besuche einen ätherischen Heiltempel

Stell dir einen Heiltempel vor, der in regenbogenfarbenes Licht getaucht ist und von wunderschönen Lichtreflexen und friedlicher Energie erfüllt ist. Stell dir vor, wie du dieses Heiligtum besuchst.

Liebevolle Heiler laden dich ein, dich auf einem weichen Bett niederzulassen, das von Kristallen umgeben ist. Du fühlst dich sofort wohl und von Frieden erfüllt, während die Heiler regenbogenfarbene Lichtstrahlen auf dich richten. Während du tief Atem holst, spürst du, wie warme, stärkende Energie in deinen Körper fließt.

Jegliche Schwere, die dich belastet hat, wird aufgehoben, und du fühlst dich tief entspannt und frei von allen Sorgen. Genieße diese Heilbehandlung so lange, wie du möchtest, und sei dir gewiss, dass du jederzeit und wann immer du es wünschst, zurück zu dieser Heilstätte kommen kannst.

GEDANKE FÜR DEN HEUTIGEN TAG

Ich besuche den Heiltempel und werde in Liebe und Licht getaucht. Alle Sorgen und Ängste werden weggewaschen, und ich fühle mich erfrischt und von neuer Lebenskraft erfüllt.

Affirmiere, dass du vollkommen liebenswert bist

Du bist absolut liebenswert, genauso wie du in diesem Augenblick bist. Die Meinung, die du oder andere Menschen von dir haben, ist unwichtig angesichts der Tatsache, dass du ein vollkommenes Kind Gottes bist. Nichts an dir kann jemals defekt oder falsch sein. Du bist seit jeher die perfekte Schöpfung des Himmels gewesen – und du wirst es auch immer bleiben.

Lass dich nicht von der Illusion täuschen, die das Ego dir vielleicht vorgaukelt. Dein höheres Selbst (und das eines jeden Menschen) ist ewig mit Gott verbunden und liebt dich daher immer, will nur das Beste für dich und sieht stets das Gute in dir.

Wisse, dass du es verdienst, vollkommen geliebt zu werden. Du musst dich nicht um Gottes Zuneigung bemühen … sie wurde dir bereits vor deiner Schöpfung geschenkt und wird für alle Zeiten dein sein, egal was passiert.

GEDANKE FÜR DEN HEUTIGEN TAG

Ich bin absolut liebenswert einfach dafür, dass ich genauso bin, wie ich bin. Ich verdiene es, umsorgt zu werden, und erlaube mir, dies zu fühlen. Ich bin ein geschätztes Wesen.

Sei dir gewiss, dass es nichts zu fürchten gibt

Geliebtes Kind, hab keine Angst, da Gottes Liebe dich und deine Lieben beschützt, jetzt und immer. Es gibt nichts zu fürchten … gib uns Engeln deine Sorgen und Probleme und entspanne dich in der ruhigen Gewissheit, dass du und alle, die deinem Herzen nahe stehen, in Sicherheit sind.

Wir wachen aufmerksam über dich, allzeit bereit, etwas für dich zu tun. Immer wenn du besorgt bist, Angst hast, dich nicht geliebt oder einsam fühlst, wende dich bitte an uns. Du kannst deine Bitte laut aussprechen, leise in deinem Inneren oder indem du sie aufschreibst. Unsere Gespräche werden dir helfen, deinen Ballast abzulegen und uns erlauben, uns ans Werk zu machen und dich zu unterstützen.

Es gibt nichts zu fürchten, weder jetzt noch in Zukunft. Du bist in eine wärmende Decke göttlicher Liebe eingehüllt – also schlaf ruhig.

GEDANKE FÜR DEN HEUTIGEN TAG

Ich entspanne mich jetzt, denn ich bin sicher und beschützt. Ich übergebe jegliche Sorgen und Ängste Gott und den Engeln und erlaube mir, Frieden zu empfinden.

Sei dir gewiss, dass deine Zukunft sicher ist

Wenn wir Engel einen Blick in deine Zukunft werfen, sehen wir viele erfüllende, glückliche und bedeutsame Momente, die dir bevorstehen. Es stehen dir viele Alternativen zur Auswahl mit Erfahrungen für unterschiedliche Ebenen des Lernens. Du wirst ganz leicht den schönsten Weg für dich finden, wenn du stets mit uns kommunizierst und uns daher die Erlaubnis gibst, dir bei allem zu helfen.

Atme frei, entspanne dich und lege deinen Schutzpanzer ab, denn deine Zukunft ist sicher. Wir werden dich nicht enttäuschen.

GEDANKE FÜR DEN HEUTIGEN TAG

Ich entspanne mich jetzt beim Gedanken an meine Zukunft, weil ich weiß, dass sie strahlend und sicher ist. Ich werde von Gott und den Engeln vollkommen beschützt, jetzt und in der kommenden Zeit. Alles wird gut, denn ich werde bewacht und beschützt.

Manifestiere Fülle

Da du uns Engel gebeten hast, dir bei der Verbesserung deiner Finanzlage zu helfen, werden wir heute an der Manifestation von Fülle arbeiten. Du hast bereits einen wichtigen ersten Schritt in die richtige Richtung gemacht, indem du mit den himmlischen Mächten zusammenarbeitest.

Der nächste Schritt besteht darin, dass wir dir helfen, einige deiner »Denkmuster«, Glaubenssätze, körperlichen Empfindungen und Emotionen in Bezug auf Geld zu verändern. Wir werden dies gemeinsam mit dir tun.

Um diesen Prozess in Gang zu bringen, lege dich bequem hin, entspanne dich und beginne, indem du sagst:

> Gott, ihr Erzengel und Schutzengel,
> Danke, dass ihr jegliche Ängste beseitigt,
> die ich möglicherweise davor habe,
> vom göttlichen Fluss der Fülle zu bekommen,
> der immer und jedem zur Verfügung steht.
> Danke, dass ihr mir helft, mein Herz zu öffnen,
> um diese Fülle empfangen zu können.
> Danke, dass ihr alte Gefühle des Zorns oder
> der Ablehnung aus meinem Bewusstsein tilgt.
> Danke, dass ihr mir helft, meine Muskeln zu entspannen.
> Ich fühle mich nun wohl und offen,
> um zu empfangen.
> Ich bin dankbar, und mein Herz ist voller Frieden.

Genieße die nährende Energie, die du spürst. Jegliches Erschauern in deinem physischen Körper ist ein positives Zeichen dafür, dass Loslassen und Heilung geschehen.

Affirmiere, dass du ruhig jegliche Fülle empfangen kannst

Um unsere Arbeit an der Manifestation von Fülle fortzusetzen, werden wir Engel heute noch einmal an deiner Bereitschaft, etwas zu empfangen, arbeiten. Jeder Tag bietet dir zahlreiche Möglichkeiten, etwas zu empfangen: Vielleicht fragt dich jemand, ob er dir helfen kann oder macht dir ein Kompliment, oder du erhältst eine Einladung zum Mittagessen.

Achte auf die Geschenke, die du während des Tages bekommst. Bejahe alle diese Geschenke und nimm sie dankbar in der Gewissheit, dass du sie verdient hast.

Überlasse uns jegliche Ängste oder Schuldgefühle, die du vielleicht dabei empfindest, und erlaube uns dir zu helfen, dich beim Empfangen zu freuen. Wenn du weiterhin die Geschenke eines jeden Tages annimmst, reagiert das Universum darauf, indem es seinen Fluss der Fülle noch mehr in deine Richtung lenkt.

GEDANKE FÜR DEN HEUTIGEN TAG

Ich erlaube mir jetzt, »Ja« zu sagen zu allen Hilfsangeboten. Ich kann ruhig Hilfe annehmen sowie Geschenke, da sie für mich bestimmt sind. Ich mag gern etwas empfangen, und ich heiße dankbar alles Gute in meinem Leben willkommen.

Vertraue

Dieses Universum ist sicher und voller Liebe – sie ist überall, wo du bist, und füllt jeden Raum deiner Lebensreise aus. Je mehr du nach Gewissheit dafür suchst, desto mehr wirst du sie finden. Wir Engel wachen ununterbrochen über dich, wir führen und beschützen dich in jedem Augenblick.

Vertraue dieser Welt und deinen Erfahrungen in ihr. Vertraue dir selbst, deinem Bauchgefühl, Träumen und Wünschen. Lege deinen Schutzpanzer ab, entspanne dich und hab Spaß auf dem Rummelplatz des Lebens.

GEDANKE FÜR DEN HEUTIGEN TAG

Ich vertraue auf das Gute im Menschen und glaube, dass mein Leben immer und in jeder Beziehung vollkommen sicher ist. Meine Lieben sind zu allen Zeiten beschützt und in Sicherheit, denn ich habe Vertrauen in Gott.

Fühle dich geliebt

Die Liebe ist allgegenwärtig, das heißt, dass sie überall um dich herum und in deinem Inneren ist. Sie ist dein eigentliches Wesen – dein göttliches Erbe, die Energie, aus der du gemacht bist.

Vielleicht hattest du eine schmerzhafte Beziehung mit einem anderen Menschen, die dich misstrauisch gegenüber der Liebe gemacht hat. Du hast Liebe mit Schmerz assoziiert und bist zu dem Schluss gekommen, dass es Gefahr bedeutet zu lieben. Du hast beschlossen, dich nicht mehr auf tiefe Gefühle einzulassen, in dem Glauben, dich auf diese Weise vor Leid zu bewahren. Wir Engel können dir helfen, dein Herz zu heilen, damit du dich imstande siehst, wieder zu lieben. Wir sind immer an deiner Seite, und du kannst uns bitten, die Energie deiner zwischenmenschlichen Beziehungen auf eine höhere Ebene anzuheben. Wir werden deine Beziehungen führen, damit du dich sicher und beschützt fühlen kannst.

Es ist unmöglich, Liebe komplett abzublocken. Die wahre Lebenskraft deiner Seele ist zärtliches Bewusstsein. Je mehr du dir dieser Emotion bewusst wirst, desto lebendiger fühlst du dich!

GEDANKE FÜR DEN HEUTIGEN TAG

Es besteht keine Gefahr darin, mich geliebt zu fühlen. Ich bitte meine Engel, mich bei der Wahl meiner Beziehungen zu führen, damit ich nur Personen, die absolut aufrichtig sind, anziehe. Jeder Mensch, mit dem ich in meinem Leben zu tun habe, behandelt mich jetzt mit Respekt, und ich habe wunderbare Freunde, die mir sehr nahe stehen.

Lass los

Es gibt nichts, worum du kämpfen musst. Die Lösung für jedes vermeintliche Problem – wirklich für alles, was du dir wünschst – fließt dir ganz von selbst zu.

Kampf basiert auf Angst, die spitze Energiezacken freisetzt, die wiederum ein Hindernis im Fluss des Lebens bilden, wie bei einem natürlichen Strom, der plötzlich über scharfe Klippen fließen muss. Das ist einer der Gründe, warum Ängste und Sorgen deine Manifestationen zum Stocken bringen. Wenn du deine Sorgen loslässt und sie Gott übergibst, können die Dinge wieder leicht und schnell zu dir kommen.

Lass heute alle Probleme los, durch die du dich angespannt fühlst. Dies kannst du tun, indem du sie in einer Liste aufführst, diese an Gott und uns Engel adressierst und uns bittest, dir zu helfen, sie loszulassen. Allein deine bloße Absicht zu diesem Schritt wird dir von großem Nutzen sein.

GEDANKE FÜR DEN HEUTIGEN TAG

Ich bitte Gott und die Engel bei allem um Hilfe. Anstatt zu kämpfen oder mir Sorgen zu machen, erzähle ich den himmlischen Mächten von meinen Ängsten. Ich bin jetzt bereit, meine Sorgen komplett loszulassen und stattdessen Frieden zu empfangen.

Erkenne, dass du Liebe bist

Gott ist reine Liebe, und das ist das einzige Gefühl, das im Himmel existiert. Da du aus einem der Gedanken des Schöpfers entsprungen bist, wurde deine Seele aus göttlicher Liebe ersonnen und hervorgebracht.

Dein physisches Selbst ist nur ein kleiner Teil von dem, was du tatsächlich bist. Deine Seele übersteigt jede Begrenzung, die dein Körper zu haben scheint … sie ist auf ewig mit Gott verbunden und daher mit der Liebe. Du badest förmlich in einem Meer dieses innigen Gefühls, das du gleichzeitig gibst und empfängst.

Sei dir heute ganz besonders deiner wahren Natur bewusst, indem du deine gottgegebene Zuneigung dir selbst und anderen gegenüber zum Ausdruck bringst. Merke, wie du dich so authentischer und wohler fühlst. Du wirst in jedem Moment sehr geliebt und umsorgt. Liebe ist, was du bist!

GEDANKE FÜR DEN HEUTIGEN TAG

Ich werde in diesem Moment zutiefst geliebt. Gott und die Engel sind reine Liebe, genau wie ich. Alles an mir ist liebenswert, und allein dadurch, dass ich lebe, bringe ich mehr von dieser Emotion in die Welt. Sie ist das, was ich bin, jetzt und immer.

Vergib dir selbst

Du bist ein vollkommenes Wesen des Einen Schöpfers, und du kannst dieses göttliche Werk niemals ungeschehen machen. Es gibt letztendlich nichts, was du vergeben musst, da du nie den Willen des Schöpfers zur Perfektion zunichte machen kannst.

Jegliches Bedauern basiert auf der Illusion, dass du etwas anderes sein könntest als das reine, liebevolle Wesen, das Gott erschaffen hat. Indem du dir selbst vergibst für das, was du Falsches zu haben glaubst, passt du dein Selbstbild dem Bilde Gottes von dir an. Und dann kannst du verstehen, warum der Himmel dich so sehr liebt: In deinem inneren Kern ist nur Güte.

Sei heute bereit, alte Schuldgefühle oder Bedauern gegen die Gewissheit über Gottes Liebe einzutauschen. Dies ist der Weg zu wahrem und anhaltendem Frieden.

GEDANKE FÜR DEN HEUTIGEN TAG

Ich bin bereit, mir selbst zu vergeben und alles loszulassen, was mich niederdrückt. Ich atme Gottes Liebe ein, und ich atme verbrauchte, alte Gefühle aus. Ich weiß, dass ich geheilt und ganz bin.

Erkenne die wunderbare Wahrheit über dich selbst

Jedes Attribut, das du benutzen würdest, um den Himmel zu beschreiben, trifft auch auf dich zu, da du nach Gottes Ebenbild erschaffen wurdest. Du bist machtvoll, das heißt, dass du die Kraft hast, alles hervorzubringen und in dein Leben zu holen, und zwar über deine Worte und Wünsche ... du bist ein Schöpfer, genau wie der Eine, der dich gemacht hat. Du bist sowohl gesund und ein Heiler – liebevoll und geliebt – als auch wissend, vergebend, fürsorglich und so weiter.

Die Wahrheit über dich ist ausschließlich positiv. Jede schlechte Meinung, die du von dir hast, beruht auf einem Irrtum und ist daher reine Zeitverschwendung.

Nimm dir heute vor, nette Dinge über dich zu denken und zu sagen. Achte darauf, wie diese Worte dir helfen, die Kraft und Freude deines wahren Selbst zu fühlen. Wenn du positiv bist, bringst du damit zum Ausdruck, wer du wirklich bist.

GEDANKE FÜR DEN HEUTIGEN TAG

Ich hole mir die Wahrheit über mich selbst zurück: Ich bin Gottes vollkommenes Kind. Ich denke und sage nur positive Worte, und ich bete um Hilfe, wann immer ich Trost brauche.

Erfreue dich der höchsten Energie

Deine Energiequelle ist Gott in dir, und diese Kraft ist ständig verfügbar, um deine Stimmung anzuheben, wann immer du neuen Auftrieb brauchst. Du kannst diese Energie anzapfen, indem du einfach deine Augen schließt, dich auf dein Inneres konzentrierst, tief atmest und an deiner Absicht festhältst.

Während du deine Aufmerksamkeit nach innen lenkst, stell dir einen schönen Lichtball vor, der wie die Sonne ständig Energie ausstrahlt. Dieses Kraftwerk in deinem Inneren ist immer bereit, dein Energieniveau anzuheben, indem es nur reine, natürliche Liebe als Brennstoff benutzt, der immer wieder erneuert wird. Du wirst dich erfrischt fühlen, wenn du dich einfach nur auf diese Quelle ausrichtest. Mit einem tiefen Atemzug kannst du ihre Energie nach oben aufsteigen und durch deinen ganzen Körper fließen lassen.

Wenn du deine innere Energie auf diese Weise anzapfst, arbeitest du mit der höchsten Macht zusammen, die es gibt.

GEDANKE FÜR DEN HEUTIGEN TAG

Mein Energieniveau ist immer hoch, und ich kann mir selbst ganz einfach Auftrieb geben, wann immer ich es möchte. Alles, was ich jemals brauchen könnte, kommt von Gott in meinem Inneren. Ich bin göttlich und vollkommen energetisiert.

Erfreue dich eines unbegrenzten Vorrates

Alles, was du brauchst, ist genau in diesem Moment für dich verfügbar. Das Universum ist wie ein Unternehmen, das alles anbietet, was du dir nur vorstellen kannst. Wenn du über einen Wunsch nachdenkst, wird im Warenlager bereits deine Bestellung für den Versand an dich verpackt. Solange du dieselben positiven Gedanken beibehältst (oder sie vertrauensvoll dem Universum übergibst), wird dein »Paket« schnellstmöglich ankommen. Solltest du jedoch diesen Gedanken fallen lassen und stattdessen ein widersprüchliches Verlangen hegen oder Angst haben, dass sich dein Wunsch nicht materialisieren wird, verzögert sich die Zustellung.

Du kannst alles bekommen, was du gerne hättest. Du musst deinen Wunsch nur klar äußern und darauf vertrauen, dass er erfüllt wird. Wir Engel können dir helfen, deine Wünsche entsprechend ihrer höchsten und reinsten Stufe zu verfeinern, wenn du uns darum bittest. Letztendlich triffst du jedoch allein die Entscheidung.

Wenn du darum bittest, dass deine Bedürfnisse erfüllt werden und deine Wünsche sich manifestieren, ist das »Lager« dennoch weiter angefüllt, das heißt, dass das Gute, was dir geliefert wird, keinem anderen etwas wegnimmt. Du hast es verdient, dass deine Wünsche erfüllt werden, so wie es alle Kinder Gottes verdienen – das ist der Grund, warum der Schöpfer dafür gesorgt hat, dass es einen unerschöpflichen Vorrat gibt und keiner jemals zu kurz kommen kann.

GEDANKE FÜR DEN HEUTIGEN TAG

Das Universum erfüllt meine Bedürfnisse großzügig und ununterbrochen. Alles, was ich mir wünsche, wird mir zur Verfügung gestellt, solange ich meine positiven Gedanken daran beibehalte. Wenn ich Gutes annehme, gibt es sogar noch mehr für jeden anderen, und ich verdiene diese Geschenke, genau wie alle anderen Menschen sie verdienen. Je mehr ich mir selbst erlaube zu empfangen, desto mehr kann ich dann anderen geben.

Empfange unsere Führung zu deiner Lebensaufgabe

Du bittest uns oft um Hilfe, um deine Lebensaufgabe zu erkennen und sie auszuüben. Du hast eine wichtige Aufgabe zu erfüllen, genau wie alle deine Brüder und Schwestern auf der Erde. Du kannst nicht ohne eine solche Aufgabe auf die Welt kommen … genau wie jedes Mitglied in einem Orchester dazu beiträgt, wunderbare Musik hervorzubringen, ist deine Rolle für den allumfassenden irdischen Zweck unentbehrlich.

Wenn du uns nach Lebenszielen fragst, ist damit gemeint, dass du dich nach einer sinnvollen Beschäftigung sehnst, die dich finanziell, emotional, geistig und intellektuell befriedigt. Du möchtest deine Zeit mit einer Tätigkeit verbringen, die dir wirklich am Herzen liegt, weil du die Welt positiv verändern willst.

Wenn *du* einem Zweck dienst, dient dir im Gegenzug das Leben – mit anderen Worten, richte deine Aufmerksamkeit darauf, durch deine angeborenen Talente und Neigungen der Welt zu dienen. Überlass es dem Universum, es dir mit Gutem zu vergelten.

Gib viel und gestatte dir, Gleiches zu empfangen. Gib von deiner Zeit, deiner Liebe, deiner Hilfe, deinem Lächeln und so weiter. Geschenke zu verteilen ist wie mit einem Licht gegen einen Spiegel zu leuchten: Es strahlt immer sofort zu dir zurück. Achte nur einfach darauf, dir das Empfangen zu gestatten.

GEBET FÜR DEN HEUTIGEN TAG

Lieber Gott und ihr Engel,
Danke, dass ihr mich zu meiner Lebensaufgabe führt
und mir helft zu erkennen,
wo und wie ich mein Bestes geben kann.
Bitte schickt mir Menschen und Situationen,
bei denen ich heute von Nutzen sein kann.

Danke, dass ihr mir helft,
meine wahren Vorlieben zu entdecken,
verbunden mit sinnvoller Tätigkeit, die mich erfüllt.
Danke, dass ihr mir helft, alles zu empfangen,
was ihr mir zu geben habt.

Unternimm Schritte zur Erfüllung
deiner Lebensaufgabe

Du möchtest es genau wissen: *Was sollte ich auf meinem Lebensweg als Nächstes tun?* Die Antwort lautet, deiner Intuition zu folgen, die dich anleitet, tatkräftige Schritte zu unternehmen, wie zum Beispiel eine gesündere Lebensweise anzunehmen, den Kontakt zu einer bestimmten Person wiederherzustellen, ein gewisses Buch zu lesen oder sich für einen speziellen Kurs anzumelden.

Die Führung zu deiner Lebensaufgabe kommt immer Schritt für Schritt. Während du einen Schritt vollzogen hast, wird dir der nächste offenbart. Welche Botschaft du auch immer empfängst, du wirst wissen, dass sie eine Antwort auf deine Gebete ist, wenn sie sich wiederholt aufbaut und von positiver Art ist.

GEDANKE FÜR DEN HEUTIGEN TAG

Ich höre jetzt auf meine innere Führung. Ich achte auf meine Gedanken, Gefühle, Visionen und Worte. Ich habe jetzt die Kraft und den Mut, meiner göttlichen Führung zu folgen und die mir gezeigten Schritte vorzunehmen.

Nimm positive Veränderungen in deinem Leben vor

Dein Wunsch, dein Leben zu verbessern, ist mit ein paar wichtigen Änderungen verbunden. Der innere Widerstand, den du dagegen verspürst, ist ein altes Muster bei allen Menschen; gleichzeitig ist da ein anderer Teil von dir, der begeistert ist, etwas Neues zu wagen. Sei dir im Klaren darüber, dass deine sich widerstreitenden Gefühle völlig normal sind.

Wir Engel sind während jeder Veränderung, die du vornimmst, bei dir und gehen mit dir durch jede neue Tür. Sprich währenddessen mit uns, denn wir können dir helfen, die Motivation, den Mut und die Kräfte zu mobilisieren, die du brauchst, um dein Leben umzuwandeln. Darüber hinaus können wir dir auch materielle Unterstützung zukommen lassen und dir helfen, die besten Entscheidungen zu treffen.

GEDANKE FÜR DEN HEUTIGEN TAG

Ich bin offen dafür, positive Veränderungen in meinem Leben vorzunehmen. Ich werde hervorragend für mich sorgen und meiner inneren Führung bei allen Lebensfragen folgen. Ich habe die volle Unterstützung der Engel, während ich mich auf ein ganzheitliches Leben ausrichte.

Bring das Beste in anderen zum Vorschein

Jeder Mensch trägt den göttlichen Funken von Genie und Heilkraft in sich. Du kannst anderen helfen, ihre spirituellen Begabungen zum Leben zu erwecken und sie dazu inspirieren, eine positivere Sichtweise anzunehmen.

Um diese Aufgabe erfüllen zu können, sieh das herrliche Licht und das Gute in jedem Menschen, der dir begegnet. Sorge dafür, dass deine Gespräche von klangvollen Melodien erfüllt sind, und erlaube dir nicht, ein Instrument in einem Orchester zu sein, das Missklänge hervorbringt. Benutze ausschließlich positive und liebevolle Worte.

Dein eigenes Glück ist dein bestes Werkzeug, um anderen zu helfen und sie zu lehren. Es ist eine starke Energie, die tiefgehende heilende Strahlen des Lichtes aussendet und eine belebende Wirkung auf andere Menschen hat. Es ist nicht nötig, dass du an der Heilung anderer arbeitest, da dein innerer Frieden dies automatisch erreicht. Halte an der Absicht fest, froh zu sein, und lass alles andere sich von selbst ergeben.

Wenn du glücklich bist, bringst du sowohl in dir selbst als auch in anderen das Beste zum Vorschein.

GEDANKE FÜR DEN HEUTIGEN TAG

Ich erlaube mir, voller Freude zu sein. Ich bin wirklich glücklich, da ich mich bewusst für diesen Zustand entscheide.

Achte auf Zeichen von oben

Wir Engel stehen in andauerndem Dialog mit dir. Normalerweise hörst du uns durch dein Bauchgefühl und deine Intuition, doch wir senden dir auch konkrete Zeichen, um dir zu helfen, unsere Botschaften zu verstehen und darauf zu vertrauen. Diese Zeichen helfen dir zu erkennen, dass das, was du erlebst, keine Einbildung oder purer Zufall sind, daher achte auf die vielen Zeichen, die wir dir heute schicken.

Wenn du dir dieser Zeichen immer mehr bewusst wirst, erkennst du, dass sie überall um dich herum sind. Manche sind von körperlicher Beschaffenheit, wie zum Beispiel Gegenstände, die du findest oder die du siehst; andere hörst du, zum Beispiel verbale Botschaften, die durch andere Menschen oder Musik zu dir dringen.

Achte vor allem auf die Kernaussage, die diese Zeichen beinhalten – dabei handelt es sich um komplette Botschaften und Geschichten. Bitte uns um Hilfe, wenn du Schwierigkeiten hast, sie zu interpretieren.

GEDANKE FÜR DEN HEUTIGEN TAG

Ich achte auf die Zeichen meiner Engel. Ich verstehe deutlich, was ich sehe, höre, fühle und tief in meinem Herzen weiß. Ich vertraue den Signalen und bin sicher, dass sie wirklich Botschaften des Himmels sind. Ich erinnere mich daran, meine Engel um Zeichen zu bitten und sie mir zu erklären, sollte mir ihre Bedeutung nicht klar werden.

Hebe deine Stimmung

Solltest du merken, dass deine Energie oder Stimmung heute niedergedrückt ist, erinnere dich daran, dass du dich jederzeit auf eine höhere Energieebene anheben kannst. Du hast die Kraft durch deinen Willen, dazu unsere Hilfe und Unterstützung.

Wenn du gestresst bist, zieht sich deine Aura zusammen und schrumpft, was die Trübheit deiner Gefühle und Lebenskraft noch verstärkt. Bitte uns Engel, deine Aura zu entspannen, damit sie sich wieder ausdehnen und deinen Gefühlen von Freude und Energie wieder Auftrieb geben kann.

Wann immer du dich in dieser Weise umwandeln willst, halte einfach inne und beschließe, in einer besseren Stimmung zu sein als jetzt oder mehr Energie zu haben – diese Entscheidung ist der Ausgangspunkt. Und während du tief einatmest, stell dir vor, dass du soviel positive universelle Energie einsaugst, wie du nur willst.

GEDANKE FÜR DEN HEUTIGEN TAG

Ich übernehme die Verantwortung für meine Stimmungen und Emotionen. Ich habe beschlossen, mich heute großartig zu fühlen. Danke, ihr Engel, dass ihr mir helft, meine Energie und Lebenskraft hochschwingend zu halten.

Nimm dir Freizeit

Geliebtes Wesen, du bist ein Engel auf Erden. Du gibst anderen selbstlos und mit Liebe, und als Belohnung erhältst du viel Freude und Befriedigung. Doch trotz all deiner Freimütigkeit wollen wir Engel dich dazu ermahnen, dir auch freie Zeit für dich selbst zu nehmen.

Jeder, der gibt, muss irgendwann seine Batterien wieder aufladen, indem er sich Pausen für einfache Vergnügungen und persönliche Vorlieben gestattet. Heute werden wir mit dir daran arbeiten, dir Zeit für dich selbst zu erkämpfen – dazu könnte gehören, dass du etwas ganz Spontanes tust oder einfach etwas zu deinem Vergnügen machst.

Was fällt dir als Erstes ein, wenn du diese Worte liest? Wenn es etwas ganz Bestimmtes ist, wonach du dich schon lange gesehnt hast, ist heute der Tag, es umzusetzen. Wir werden dich voll unterstützen, damit du die Zeit und Motivation hast, um deine Bedürfnisse zu befriedigen.

GEDANKE FÜR DEN HEUTIGEN TAG

Ich nehme mir Zeit für Aktivitäten, die ich als erfüllend und vergnüglich empfinde. Die Energie, die ich für mein eigenes Wohlergehen aufwende, ist eine weise Investition in mein Glück und meine Gesundheit. Für meine Freunde und Familie bin ich ein Paradebeispiel für den liebevollen Umgang mit sich selbst.

Betrachte dich selbst mit den Augen der Engel

Deine Meinung von dir selbst wird oft durch dein Ego oder das einer anderen Person gefiltert. Doch dieser Teil deiner Selbst fürchtet sich vor dem Licht, daher erkennt er nur die Schatten – und wenn du dich durch diese Brille anschaust, wirst du nur Dunkelheit sehen und fühlen. Es spielt wirklich keine Rolle, was andere von dir denken, da deine spirituelle Wahrhaftigkeit nicht von der Meinung anderer verwandelt werden kann.

Betrachte dich heute mit den Augen der Engel. Wir nehmen nur deine höchste Wahrhaftigkeit und Göttlichkeit wahr – du bist ebenso rein und heilig wie wir. Deine Seele ist frei von Schuld und in jeder Beziehung vollkommen, und du hast wertvolle Talente, die ein wahrer Segen für diesen Planeten sind.

Du bist vollkommen nett und liebenswert, und wir mögen dich sehr.

GEDANKE FÜR DEN HEUTIGEN TAG

Ich betrachte mich selbst mit den Augen meiner Schutzengel. Egal, was andere Menschen über mich sagen oder denken, meine spirituelle Wahrhaftigkeit ist unwandelbar und ewig. Ich bin ein vollkommenes und heiliges Kind Gottes, jetzt und immer.

Betrachte andere Menschen mit den Augen der Engel

Das menschliche Ego ist ein Störenfried – das ist seine wahre Natur. Es stört dich, weil es Schwierigkeiten erzeugt und so versucht, dich von der Liebe abzuhalten. Diese Kräuselung des Energiefeldes ist unangenehm.

Du wirst immer Probleme haben, wenn du dem Ego anderer Menschen Aufmerksamkeit schenkst, weil du dann nur daran Dunkelheit und Schatten wahrnimmst. Diese Sichtweise lässt dich befürchten, dass das Gute nur ein Mythos ist und du einsam und ungeliebt bist. Der einzige Ausweg aus diesem Dilemma besteht darin, dich und andere durch unsere himmlischen Augen zu sehen. Das, worauf du dich ausrichtest, ist das, was du sehen wirst und was dir begegnen wird.

Wenn du gern mehr Liebe erfahren und dich selbstsicherer fühlen möchtest, dann schaue hinter das Ego. Schaue an den störenden Eigenschaften vorbei, wo Liebe und Licht in jedem Menschen wohnen. Deinen Blick immer auf diesen Schatz in jedem Einzelnen zu richten, wird zu einem Gefühl inneren Friedens führen, den du lange vergessen hattest.

GEDANKE FÜR DEN HEUTIGEN TAG

Ich richte meinen Blickwinkel auf die Liebe und das Licht in anderen. Da das Ego nur störend ist, beschließe ich, die Menschen mit den Augen der Engel zu sehen. Je mehr ich die Liebe in anderen sehe, desto stärker fühle ich diese Liebe auch in mir selbst.

Entdecke deinen größten Schatz

Dein größter Schatz ist leicht zu finden und ans Licht zu bringen … es ist die Selbstliebe. Du hast oft die Redensart gehört, dass du nur bis zu dem Grad andere Menschen schätzen kannst, wie du dich selbst schätzt. Die Wahrheit, die dieser Aussage zugrunde liegt, zeigt, dass Selbstliebe die Voraussetzung für ein offenes Herz ist.

Wenn du jemanden bewunderst, dich selbst jedoch verachtest, wirst du die Zuneigung, die du der anderen Person schenkst, nicht wertschätzen. Wenn du jedoch erkennst, dass diese Zuneigung von Gott kommt, kannst du die Verbindung zwischen deiner eigenen Person, dem geliebten Menschen und dem Göttlichen fühlen. Das ist es, was Selbstliebe wirklich ausmacht: Sie bedeutet nicht zu glauben, dass du besser bist als jemand anderes, sondern dass alles, was du an deinem Gegenüber anziehend findest, ein Spiegel deiner eigenen Schönheit in deinem Inneren ist.

Konzentriere dich heute darauf, das Band der Liebe zu finden, das von dir zu anderen Menschen und zu Gott reicht. Indem du darauf achtest und dieses Band fühlst, enthüllst du deinen größten Schatz.

GEDANKE FÜR DEN HEUTIGEN TAG

Ich habe jetzt eine Schatztruhe voll göttlicher Liebe in meinem Inneren gefunden. Ich erlaube mir, mich selbst zu lieben und mich der Liebe zu öffnen, die sich von Gott bis in mein innerstes Herz erstreckt.

Triff kristallklare Entscheidungen

Der Weg zur Manifestation beginnt mit einer kristallklaren Entscheidung über das, was du willst. Deine Manifestationen werden unklar sein, solange du dich nicht klar für deine Wünsche entscheidest – keine Entscheidung zu treffen ist unmöglich, da sich für nichts zu entscheiden *auch* eine Wahl darstellt.

Vielleicht wirst du denken, *Nun, Gott weiß, was ich will und brauche.* Wenn der Himmel dir auch Hilfe gibt, ist es deine Sache, eine Entscheidung zu treffen. Du betest und erhältst Führung, der zu folgen du dich entscheiden kannst, doch ohne klare Richtung bist du wie ein Autofahrer, der nicht weiß, wohin er eigentlich fahren will. Deine Entscheidungen sind deine Straßenkarten.

Triff heute eine kristallklare Entscheidung über etwas, das du dir wünschst. Es könnten wichtige Verbesserungen in deinem Leben sein, dich für eine Sache einzusetzen, an die du glaubst, oder etwas anderes, wozu du dich angeleitet fühlst. Du musst nicht wissen, wie du dieses Ziel erreichen kannst oder welche Schritte du unternehmen musst … konzentriere dich einfach auf den übergeordneten Traum. Dann wirst du bald klar erkennen, welche Schritte erforderlich sind – und wir Engel sind hier, um dir bei jedem Schritt auf deinem Weg zu helfen.

GEDANKE FÜR DEN HEUTIGEN TAG

Ich kann mich ruhig dafür entscheiden, was ich möchte. Ich bitte um Gottes Einschreiten bei meinen Zielen und Wünschen. Ich folge dabei meinem Herzen und beschließe, auf meine intuitive Führung zu achten.

Entdecke und gehe deinen Neigungen nach

Es gibt Aktivitäten und Themen, die dein Herz mit einem Gefühl, sinnvoll zu sein, erfüllen und vor Freude tanzen lassen – dies sind deine Neigungen. Du kannst sie entdecken, indem du auf die Themen achtest, die dich interessieren oder über die du häufig nachdenkst, und durch das Ausprobieren der Aktivitäten, die deine Begeisterung wecken. Genau wie bei der Begegnung mit einem Seelengefährten wirst du deine persönlichen Vorlieben genau erkennen, wenn du ihnen begegnest.

Sobald du einmal entdeckt hast, was dich reizt, nimm dir Zeit, diese Dinge oder Aktivitäten zu genießen. Sie stellen die süße Belohnung des Lebens dar und helfen dir, den Himmel auf Erden zu finden. Sie sind eine lebenswichtige Investition, die einen hohen Gewinn in Form von höherer Energie, Motivation und Inspiration auswirft.

GEDANKE FÜR DEN HEUTIGEN TAG

Ich konzentriere mich auf meine Neigungen. Ich nehme mir Zeit und denke an all die Aktivitäten, von denen ich mich angezogen fühle, und schreibe mich für Kurse oder Seminare ein, die damit zu tun haben. Jede Woche verbringe ich regelmäßig etwas Zeit damit, um das zu tun, was ich liebe.

Die Balance finden

Ein wichtiger Teil deiner Lebensaufgabe besteht darin, dass du Entscheidungen darüber triffst, wie du deine Zeit verbringst. Bei so vielen Möglichkeiten, die sich dir bieten, wirst du dich vielleicht fragen, wie du in Balance kommen kannst: Du fühlst die Dringlichkeit, dich für andere aufzuopfern, doch gleichzeitig hörst du eine innere Mahnung, dich um dich selbst zu kümmern. Du hast Aufgaben und Pflichten zu erfüllen, doch was ist mit der Verpflichtung gegenüber deiner Seele und deinem spirituellen Weg?

Diese verschiedenen Anforderungen stehen nicht im Widerspruch zueinander, es sei denn, du glaubst es. In Wahrheit kreuzen und ergänzen sie sich einander vollkommen, wobei die eine in die andere übergeht, so wie der Sonnenaufgang zum Sonnenuntergang wird. Der erste Schritt, um deine Balance zu finden, besteht darin, eine positive Denkweise aufrecht zu erhalten, daher bitte uns Engel um Hilfe und benutze Affirmationen, um deine Gedanken mit heilender Liebe anzufüllen.

GEDANKE FÜR DEN HEUTIGEN TAG

Mein Leben befindet sich jetzt in perfektem Gleichgewicht. Ich habe viel Zeit für alles, was ich mir wünsche, und ich genieße die Vielzahl an Aktivitäten in meinem Leben. Ich erfülle alle meine Verpflichtungen – und habe trotzdem genug Freizeit für Spaß, Erholung und Sport.

Genieße Eigenverantwortung

Ein Grund, warum sich dein Leben für dich in der Vergangenheit unausgeglichen angefühlt hat, war dein Widerwillen dagegen, die alleinige Verantwortung für dein Glück zu übernehmen. Der Gedanke, hundertprozentig für das verantwortlich zu sein, was du erlebst, hat einen Druck und Ängste hervorgebracht, die du gerade vermeiden wolltest.

Jetzt erkennst du, dass Eigenverantwortung keine Prüfung ist, die du entweder bestehen oder nicht bestehen kannst. Vielmehr bedeutet Eigenverantwortung, auf dein Innerstes einzugehen – schließlich kann niemand sonst besser wissen als du, was dich wirklich glücklich macht.

Dir selbst gegenüber treu zu bleiben, macht ebenso glücklich und erfüllt dich, wie anderen Menschen zu helfen. Dein inneres Selbst sendet dir seine Liebe und Anerkennung für deine liebevolle Fürsorge.

GEDANKE FÜR DEN HEUTIGEN TAG

Ich akzeptiere voll und ganz, dass ich selbst für mein eigenes Glück verantwortlich bin. Ich behandle mich selbst mit Respekt und Sorgfalt.

Genieße wahres Glück

Du hast in deinem Inneren einen Quell tiefer und immerwährender Glückseligkeit. Dies ist die Energie Gottes, der Funke der Liebe, der dein Ursprung und deine wahre Identität ist. Du *bist* Freude.

Wenn du glücklich bist, bist du zentriert und wirklich du selbst. Zufriedenheit ist ein Anzeichen, dass du zur rechten Zeit auf dem rechten Weg bist (selbst wenn du dabei deine Richtung änderst). Echtes Glück beruht darauf, dir selbst treu zu bleiben – es bedeutet Ehrlichkeit dir selbst gegenüber, Echtheit und Aufrichtigkeit.

Richte deine Aufmerksamkeit darauf, echt zu sein, was bedeutet, dich zu deiner eigenen Wahrheit zu bekennen und sie zu leben. Frage dich während des Tages immer wieder: *Ist dies richtig für mich?* und: *Wie fühle ich mich wirklich dabei?*

Indem du dir deine Gefühle und Wünsche eingestehst, leuchtet dein innerer Frieden durch dich, der von deiner wahren Glücksseligkeit ausstrahlt.

GEDANKE FÜR DEN HEUTIGEN TAG

Ich bin jetzt wirklich glücklich, denn dies ist meine wahre Identität. Gott hat mich für alle Zeiten als froh erschaffen, und ich bin mir meiner tiefen und erfüllenden Zufriedenheit bewusst. Ich folge der Führung, die meine positiven Gefühle mir geben.

Sei dir gewiss, dass du nie allein bist

Wir Engel sind immer bei dir und sehen stets nur das Gute in dir, deine Bestimmung und dein Potenzial. Wir sind für alle Zeiten an deiner Seite. Erkenne, dass du in uns treue Verbündete hast, denn unsere Liebe und Anerkennung für dich sind unerschütterlich. Egal, was geschieht, du kannst auf uns zählen. Wir verstehen all deine Beweggründe und Entscheidungen, und wir lieben und akzeptieren dich, genauso wie du jetzt bist.

Du musst unsere Gunst in keiner Weise erringen. Wir sind völlig mit dir einverstanden, denn wir wissen, wer du in Wahrheit bist: Du bist Gottes Meisterwerk der Schöpfung, ein leuchtendes Musterbeispiel bestehend aus allen Farben der Liebe.

Du bist nie allein, geliebtes Wesen. Wir werden dir nie von der Seite weichen – wir können es gar nicht. Rufe uns jederzeit an, da es unsere heilige Ehre ist, bei dir zu sein und dir zu helfen, wann immer du Hilfe brauchst.

GEDANKE FÜR DEN HEUTIGEN TAG

Meine Engel sind immer bei mir und geben mir ständig Liebe und Anerkennung. Ich kann mich jederzeit auf ihre Fürsorge und Unterstützung verlassen. Ich bin Gottes Meisterwerk der Schöpfung, jetzt und immer.

Sei dir gewiss, dass du immer geliebt wirst

Wenn du dich vernachlässigt oder nicht liebenswert fühlst, bedeutet dies, dass du nur auf Äußerlichkeiten und Trugbilder achtest. Die Wahrheit ist, dass du stets und ohne Unterlass von den himmlischen Mächten und jedem Menschen geliebt wirst, ungeachtet irgendwelcher äußerer Anzeichen, die etwas anderes vermuten lassen.

Gott ist allliebend und allgegenwärtig. Das bedeutet, dass die göttliche Liebe überall ist – und alles, das gegenteilig zu sein scheint, ist ein böser Traum der Angst. Da dies die Wirklichkeit eines jeden Menschen ist, wirst du folglich von jedem einzelnen geliebt, und tief in deinem Inneren fühlst du dasselbe für sie.

Du musst dich nicht darum bemühen, geliebt zu werden oder liebenswert zu sein. Im Gegenteil, diese Art der Anstrengung ließe darauf schließen, dass Gottes Liebe verdient oder erzwungen werden muss, während sie in Wahrheit die natürlichste Sache der Welt ist. Anstatt dich so sehr anzustrengen, erlaube einfach deinem wahren Selbst, weiter nach außen zu strahlen – der Teil von dir, der glücklich und voller Frieden ist, ist die Liebe Gottes, die sich durch dich ausdrückt. Jeder reagiert positiv auf diese Schwingung, da alle Menschen den tiefen Wunsch haben, sich an die Umarmung des Himmels zu erinnern. Durch dein Glück finden andere die göttliche Liebe und Freude in sich.

GEDANKE FÜR DEN HEUTIGEN TAG

Ich werde immer geliebt, denn ich bin wirklich liebenswert, durch und durch. Andere Menschen lieben mich aufgrund dessen, was ich bin, und ich erwidere diese Gefühle. Gottes Zuneigung ist überall, in meinem Inneren und in den Herzen aller Menschen, denen ich begegne.

Erfülle dein Herz mit Glückseligkeit

Du hast das Recht, so glücklich zu sein, wie du es nur wählst. Es gibt in deinem Inneren und in der Welt einen unbegrenzten Vorrat an Freude.

Jeden Tag werden dir vielfältige Gelegenheiten geboten, die sich um deine Aufmerksamkeit bemühen. Die Entscheidung, worauf du deine Aufmerksamkeit richtest, ist ein Abbild dessen, was du in deinem Leben willst. Wenn du dich für Glück entscheidest, wirst du viele Beispiele sehen, die deine Wahl stützen. Du wirst beginnen zu erkennen, wie viel Güte, Liebe und Zuvorkommenheit es im Universum gibt.

Falls du heute merkst, wie deine Energie oder Stimmung abfällt, so ist dies ein deutlicher Hinweis darauf, dass du dich auf etwas ausgerichtet hast, das nicht gut für dich ist. Erinnere dich daran, dass du stets genau die Beweise für die Meinung über dich selbst, andere Menschen oder die Welt finden wirst, die das stützen, woran du festhältst. Welche Einstellung oder Sichtweise würde dir und anderen am meisten Glück bringen?

GEDANKE FÜR DEN HEUTIGEN TAG

Ich wähle bei allem, was ich tue, Freude, und lenke meine Aufmerksamkeit auf die vielen Beispiele von Liebe und Glück, die mir begegnen. Es gibt unendlich viel Güte in dieser Welt. Die Menschen sind freundlich und liebevoll, genau wie ich.

Genieße die Heilkraft der Natur

Deine herrliche Sensitivität hat dich ins Freie gezogen, um in der Natur aufzugehen, wo du die große Lebendigkeit fühlen kannst, die von jeder Pflanze, jedem Baum, jedem Vogel und Tier ausgeht. Deine Seele und dein Körper sind von den allumfassenden Strahlen der Liebe erhellt, die die Erde aussendet. Während du auf einem Stein, auf Gras, Sand oder dem Erdboden sitzt, kannst du fühlen, wie der Planet ununterbrochen stärkende Energie aussendet.

Trinke heute von der heilenden Kraft der Natur. Selbst wenige Augenblicke, die du in stiller Einkehr im Freien verbringst, werden dich auf unvergleichliche Weise neu beleben.

GEDANKE FÜR DEN HEUTIGEN TAG

Ich verabrede mich heute mit Mutter Natur zu einem Stelldichein und werde soviel Zeit wie möglich draußen verbringen. Ich atme tief die frische Luft ein und fühle, wie meine Energie zu neuem Leben erwacht. Ich lausche auf die schönen Geräusche der Natur und nehme die strahlende Aura der Liebe von der Erde in mich auf.

Bleibe positiv

Das Beste, was du bei Schwierigkeiten tun kannst, ist, an einer positiven Einstellung festzuhalten. In allen Situationen ist etwas Gutes enthalten, selbst wenn du es nicht auf Anhieb erkennen kannst. Indem du fest darauf vertraust, kannst du jeden um dich herum und sogar die Situation selbst in ihrer Schwingung anheben.

Eine positive Denkweise sorgt dafür, dass dein Körper entspannt bleibt, was wiederum dazu beiträgt, dass du während stressiger Situationen klar und schöpferisch denken kannst. Deine positive Sichtweise inspiriert andere und kann verhindern, dass die Energie in einer Abwärtsspirale abfällt.

Schwöre, heute optimistisch zu bleiben, egal was passiert. Sei immer ehrlich bei deinen Gedanken und Gefühlen, aber rufe uns Engel und dein höheres Selbst an, um bei jeder Situation die beste Sichtweise zu erhalten. So wirst du sehr schnell mit allen aufwühlenden Emotionen fertig und bist in der Lage, ein hohes Energieniveau und eine positive Einstellung zu bewahren.

GEDANKE FÜR DEN HEUTIGEN TAG

Ich will bei mir und in allen meinen Beziehungen positiv bleiben. Ich kann zugleich ehrlich und optimistisch sein. Ich kann ruhig glücklich sein, und diese Sichtweise sorgt dafür, dass ich stets voller Energie und gesund bin.

Mach weiter so!

Der heutige Tag ist für deine Prioritäten reserviert – den Projekten und Aktivitäten, die deine Wunschträume ausmachen. Bei jedem Schritt, den du in Richtung dieser Ziele vornimmst, wird dein inneres Selbst Beifall klatschen. Du wirst beglückt sein und dich neu belebt fühlen, indem du Zeit und Energie in dich selbst investierst. Selbst zehn Minuten reichen aus, um dein Glücksgefühl zu steigern.

Atme tief durch (mit offenen oder geschlossenen Augen) und achte auf deine Gefühle oder Gedanken zu deinen Prioritäten. Welche Aktivität fällt dir als Erstes ein? Dies ist dein Handlungsschritt für den heutigen Tag. Soweit erforderlich, trage ihn in deinem Kalender ein als feste Verabredung mit dir selbst.

Fühle die Dankbarkeit, die dein inneres Selbst als Reaktion auf deine Fürsorge dir gegenüber ausstrahlt.

GEDANKE FÜR DEN HEUTIGEN TAG

Heute widme ich meinen obersten Prioritäten Zeit. Jeder einzelne Schritt in Richtung meiner Träume ist hilfreich. Ich sorge ausgezeichnet für mich und werde stets dafür belohnt, auf meine innere Führung zu hören.

Sprich heilsame Worte

Wir Engel haben über die Energie, Macht und den Einfluss von Worten gesprochen. Heute konzentrieren wir uns auf ihre heilsame Wirkung. Wir haben dieser Botschaft eine Extra-Dosis an stärkender Energie hinzugefügt, die du gerade aufnimmst, während du diese Zeilen liest. Meditiere darüber und atme diese Kraft tief in dich ein und aus. Spüre, wie wir dir in jeder Hinsicht Liebe und Unterstützung senden. Lass uns zusammenarbeiten, damit du bei allem, was du sagst und schreibst, eine heilsame Sprache verwendest. Wenn du es gestattest, können wir dir die Worte eingeben, damit sie die höchste Heilenergie haben. Deine Rede sprüht Funken göttlicher Liebe, und andere werden eine Wirkung spüren. Als das Werkzeug für die heilsamen Worte wirst auch du selbst von der Begeisterung über das Geschenk, das du machst, angesteckt.

GEDANKE FÜR DEN HEUTIGEN TAG

Gott und ihr Engel, ich danke euch, dass ihr heute meine Worte lenkt. Ich bitte darum, dass mein Wortschatz von Liebe und positiver Energie erfüllt sein möge. Lasst alles, was ich spreche, für andere, die mir lauschen, eine Wohltat sein. Alle meine Worte sind heilsam und erhebend.

Ehre deine heilenden Hände

Deine liebevolle Energie fließt durch deinen ganzen Körper und kann nach deinem Willen gelenkt werden. Die Chakras in deinen Händen, deinem Herzen und deinem dritten Auge können diese universelle Kraft in sich hineinziehen und aussenden, je nachdem wofür du dich entscheidest.

Heute wollen wir Engel uns auf deine Hände konzentrieren, die Dutzende von sehr aktiven und sensitiven Chakras enthalten, die Energie fühlen, senden und empfangen. Wenn du deine Arme nach vorn ausstreckst, mit den Handflächen nach oben, werden wir deine Handchakras klären und sie mit zusätzlicher Energie aufladen. Atme tief ein und aus, während wir diese Behandlung vornehmen.

Achte auf die Empfindungen in deinen Händen. Halte sie ausgestreckt vor dir, um einen Eindruck von Räumen, Situationen, Menschen und Gegenständen zu erhalten – und vertraue den Botschaften, die du empfängst. Lege deine Hände auf irgendeinen Teil deines Körpers, um deinem physischen Körper heilende Energie zu senden. Achte darauf, wie sich das anfühlt; und wenn du dich entsprechend angeleitet fühlst, mach denselben Prozess bei einer anderen Person, einem Haustier oder einer Pflanze.

Je mehr du dir der Energie bewusst wirst, die von deinen Hände ausstrahlt und empfangen wird, desto intensiver wird der Heilstrom in beide Richtungen fließen.

GEDANKE FÜR DEN HEUTIGEN TAG

Ich habe heilende Hände. Wenn die universelle Energie in sie hinein- und aus ihnen herausfließt, bin ich mir der damit einhergehenden Empfindungen sehr deutlich bewusst. Ich liebe meine Hände.

Ehre dein heilendes Herz

Wie wir Engel bereits erwähnt haben, fließt die universelle Heilenergie durch die Hauptchakras – insbesondere dein Herz, deine Hände und dein drittes Auge – in deinen Körper hinein und wieder hinaus. Heute werden wir uns auf das Herzchakra konzentrieren.

Das angenehme Gefühl von Wärme in deiner Brust ist ein Signal, dass heilende Energie in dein Herzchakra fließt. Das ist, als wenn du Dankbarkeit empfindest, und du kannst diesen Zustand immer haben, solange du diese Energiewellen durch dein innerstes Wesen strömen lässt. Du tust dies, indem du ständig Liebe gibst und empfängst.

So wie nach jedem Einatmen ein Ausatmen folgt, können die Gezeiten der Heilung in unendlichem Fluss sein. Du kannst dich bewusst dafür entscheiden, einzuatmen und heilende Kraft auszuatmen. Darüber hinaus kannst du dir bildlich das Atmen deines Herzchakras vorstellen, wie es Energie gibt und empfängt.

Richte heute deine Aufmerksamkeit auf die Empfindungen in deinem Brustbereich. Erkenne die warmen und angenehmen Gefühle als ein Zeichen für Harmonie, das den Fluss liebevoller Energie signalisiert. Unabhängig davon, was um dich herum passiert, steht dir diese universelle Kraft immer zur Verfügung. Sorge dafür, dass dieses Strömen in Bewegung bleibt, indem du Nehmen und Geben ins Gleichgewicht bringst, und nimm die natürliche Hochschwingung wahr, die auf diese Weise entsteht.

GEDANKE FÜR DEN HEUTIGEN TAG

Ich lasse jetzt heilende Energie in mein Herzchakra strömen. Ich kann ruhig Liebe und Dankbarkeit fühlen. Während ich einatme, nehme ich liebevolle Energie in meinem Herzen auf und gebe sie anderen, wenn ich ausatme.

Ehre deinen heilenden Blick

Heute setzen wir Engel den Vortrag über den gesteigerten Fluss universeller Heilenergie fort. Wir haben uns auf die Hände und das Herz konzentriert, und heute wollen wir mit dem Dritten-Auge-Chakra arbeiten.

Dein drittes Auge empfängt und sendet intensives Licht aus. Die verschiedenen Chakras leben energetische Informationen unterschiedlich aus: Die Hände sind ausgerichtet auf physische Empfindungen, das Herz auf Emotionen und das dritte Auge auf Visionen.

Du kannst diese Energiezentren alle zusammen benutzen, um einen ganzheitlichen Eindruck über jede Situation zu gewinnen, über die du mehr erfahren willst. Außerdem kannst du von allen von ihnen aus Energie senden, um dein Spektrum an heilender Energie zu erweitern.

Das dritte Auge, genau wie die anderen Chakras, wird von deinem Willen und deinen Absichten gesteuert. Jede Angestrengtheit und Zögerlichkeit deinerseits kann diesen Vorgang stören, daher richte deine ganze Aufmerksamkeit auf deine jeweilige Absicht und lass zu, dass alles ganz natürlich geschieht.

Beginne, indem du zwei Absichten erklärst:

1. *Ich will, dass mein drittes Auge zunehmend sensitiver wird für alle Bilder, die mit Liebe zu tun haben.*
2. *Mein drittes Auge sendet jetzt jedem, den es sieht, heilende Energie.*

Wiederhole diese Aussagen so oft, wie du dich dazu angeleitet fühlst, und es wird sofort geschehen.

GEDANKE FÜR DEN HEUTIGEN TAG

Ich achte auf das Fließen der Energie durch mein drittes Auge. Indem ich an der Absicht festhalte, Bilder der Liebe zu sehen, durchströmen mich Wellen von heilender Energie. Es besteht keine Gefahr für mein drittes Auge, vollkommen, offen und bewusst zu sein.

Nimm deine heilenden Fähigkeiten an

Du hast dieselben Heilkräfte wie jeder andere Mensch, da alle Individuen ewig mit Gott verbunden sind. Der einzige Grund, warum manche Menschen bessere Heiler zu sein scheinen als andere, ist der, dass sie der göttlichen Energie vertrauen, die durch sie fließt. Heute wollen wir Engel uns darauf konzentrieren, deinen Glauben daran zu stärken.

Wenn du deine Fähigkeiten in Frage stellst, klemmst du sozusagen den Schlauch ab, durch den heilende Energie fließt. Das liegt daran, dass solch ein Zweifel dasselbe ist wie zu glauben, dass du losgelöst vom Himmel wärst, was ein Gedanke ist, der dich förmlich entmachtet. Es ist unmöglich, von Gott getrennt zu sein, da du durch die Liebe mit ihm verbunden bist, die dich hervorgebracht hat.

Anstatt deine Zeit damit zu vergeuden, dich zu fragen, ob du ausreichend qualifiziert oder bereit bist zu heilen, richte deine Aufmerksamkeit lieber darauf, deine Göttlichkeit freudig zu zelebrieren. Freue dich über deine therapeutischen Fähigkeiten und wende sie ohne Zögern zum Wohle der Menschen und deiner eigenen Person an.

GEDANKE FÜR DEN HEUTIGEN TAG

Ich akzeptiere die Tatsache, dass ich heilende Kräfte habe, die von Gott kommen und mich durchströmen. Ich bin auf ewig mit der Liebe und Energie Gottes verbunden. So wie jeder Mensch bin auch ich ein begnadeter und qualifizierter Heiler.

Nimm dich selbst an und genieße es

Sich selbst anzunehmen ist dasselbe, wie *Gott* anzunehmen. Wenn du dich selbst für das liebst, was du bist, preist du damit die Schöpfung Gottes.

Unabhängig von falschen Vorstellungen, die dir durch scheinbare Probleme suggeriert werden, bist du in Wirklichkeit großartig und wunderbar. Je mehr du dich auf deine gottgegebene Großartigkeit ausrichtest, desto mehr Beweise für diese Tatsache wirst du erhalten. Du wirst feststellen, dass du Wunder vollbringen kannst, einfach indem du dir deiner wahren geistigen Herkunft und Identität bewusst bist.

Lobe dich heute selbst als ein Mittel, um Gott zu loben. Vertraue darauf, dass der göttliche Plan für dich in jeder Hinsicht vollkommen ist.

GEDANKE FÜR DEN HEUTIGEN TAG

Ich lobe mich selbst. Auf diese Weise ehre ich gleichzeitig meinen Schöpfer, denn wir sind für alle Zeiten durch göttliche Liebe miteinander verbunden. Gottes Liebe für mich ist grenzenlos und unendlich.

Erfreue dich an liebevollen Gedanken

Die Menschen in deinem Leben sind Reflexionen deiner selbst und spiegeln dein Selbstwertgefühl wider. Wenn du in Einklang mit dir selbst bist, sind deine Beziehungen harmonischer und glücklicher. Wenn du dich nicht magst, werden die Reaktionen der anderen entsprechend sein. Deine Selbsteinschätzung wird oft an dem gemessen, was andere Menschen über dich denken oder sagen. Drehe dieses Verhalten um, denn nur wenn du dich selbst schätzt, tut es auch jeder andere.

Also ergreife heute in deinen Beziehungen selbst die Initiative. Bevor du irgendjemanden triffst, stärke dich selbst mit einer guten Dosis Liebe – das ist genauso, wie morgens ein paar Vitaminkapseln einzunehmen. Sage zu dir selbst: *Ich bin liebenswert, weil Gott mich so gemacht hat. Göttliche Liebe ist überall, auch in meinem Inneren und in jedem Menschen, dem ich heute begegne.* Weigere dich, in dir selbst und in anderen irgendetwas anderes als Liebe zu sehen. So wie jede neue Gewohnheit wird sie dir mit der Zeit immer leichter fallen und selbstverständlicher werden.

Deine Seele ist ein reiner Tropfen von der Energie des Schöpfers ... deine innerste Essenz ist Liebe. Verbinde dich heute durch diese Emotion mit anderen Menschen und erfreue dich daran, wie deine Beziehungen auf wundersame Weise heilen.

GEDANKE FÜR DEN HEUTIGEN TAG

Je mehr ich mich selbst schätze, desto mehr werden es auch andere tun. Ich nehme mir heute morgen die Zeit, um mich selbst mit freundlichen Gedanken „anzureichern«, bevor ich in die Welt hinausgehe. Ich sehe nur Liebe in meinem Inneren und in allen anderen Menschen. Ich messe meinen Selbstwert an Gottes Maßstab, der immer hundertprozentig Zustimmung findet.

Genieße romantische Liebe

Dein Liebesleben wird bestimmt von der Art, wie die Selbstgespräche, die du darüber führst. Wenn du positive und liebevolle Dinge sagst, stärkst du damit dein Selbstwertgefühl. Es gibt keinen anderen Liebestrank, als dich selbst zu lieben und dich so auf eine Liebesbeziehung vorzubereiten, nach der du dich sehnst und die du verdienst.

Es ist erforderlich, dass du dich in jeder Hinsicht liebst und schätzt, auch die Punkte, von denen du glaubst, dass sie verbessert werden müssen. Je mehr Zuneigung du für dich hast, desto höher wird dein Energieniveau sein – die Basis für Attraktivität. Achte darauf, dass du Menschen anziehst, die eine ähnliche energetische Schwingung wie du haben. Um einen Partner anzuziehen, der emotional ausgeglichen ist, errichte ein Fundament aus Wohlbefinden, indem du dich selbst annimmst und liebst, so wie du bist.

Wir Engel stehen in diesem Moment direkt neben dir und warten auf deine Bitte, dir dabei zu helfen. Ob du nun das Gefühl hast, eine Generalüberholung deiner Selbstachtung zu brauchen oder nur eine kleine Korrektur – wir sind bereit, dich dabei zu unterstützen.

Schließe heute mit uns ein Abkommen, in dem du dich verpflichtest, deine Sprache auf Liebe basieren zu lassen, vor allem wenn du dich selbst beschreibst. Sei dir gewiss, dass dir alle Möglichkeiten offen stehen … sprich nur die Worte.

GEDANKE FÜR DEN HEUTIGEN TAG

Ich habe die große Liebe verdient. Ich bin ein guter und lieber Mensch, und ich schätze mich so, wie ich in diesem Moment bin. Ich bin vollkommen geheilt.

Vergib Ex-Geliebten

Dein Liebesleben wird durch die Gefühle geformt, die du zu deinen früheren Beziehungen hast. Deine Emotionen aus der Vergangenheit haben Mauern errichtet, die die Liebe daran hindern, in dein Leben zu kommen. Wir müssen den Weg frei machen, damit eine neue Liebesbeziehung erst möglich wird.

Beinahe jeder Mensch, dem wir begegnet sind, hält an alten Gefühlen gegenüber früheren Geliebten fest, also schäme dich nicht, wenn auch du es tust. Stattdessen richte deine ganze Aufmerksamkeit darauf, über die Vergangenheit hinwegzukommen. Befreie dich von der schweren Bürde, die du so lange mit dir herumgetragen hast.

Beginne, indem du dich völlig unserer heilsamen Gegenwart öffnest. Lasse alle schmerzhaften Gefühle aus der Vergangenheit los … lass sie einfach ziehen. Die Liebe und Lektionen von jeder Beziehung wirst du nie verlieren. Heute wollen wir einfach nur die Nachwehen der schmerzhaften Erinnerungen beseitigen.

Öffne uns jetzt dein Herz und fühle, wie wir Spinnweben wegfegen, die dein Herz in eisiges Schweigen gehüllt haben. Lasse alten Zorn, Ablehnung, Anspannung, Sorgen, Schuldgefühle und Scham los. Lass alles los, was wehtut oder sich unangenehm anfühlt, indem du es jetzt ausatmest.

Fühle, wie wir dich von deiner Vergangenheit befreien. Wir werden unsere Arbeit tun, und du musst deine Arbeit tun, die darin besteht, zugänglich, offen und bereit zu sein. Gemeinsam werden wir den Weg frei machen, damit die Liebe ungehindert zu dir und durch dich hindurch strömen kann.

GEDANKE FÜR DEN HEUTIGEN TAG

Ich bin bereit,............................. zu vergeben. Ich lasse jetzt jeden alten Schmerz los im Gegenzug für eine neue Beziehung. Ich bin hundertprozentige Liebe, und Leiden ist

unmöglich für mich. Ich kann unbesorgt eine neue Liebesbeziehung eingehen, da ich von meinen Engeln geführt und
beschützt werde.

Bitte uns um Hilfe

Von Zeit zu Zeit werden wir Engel dich daran erinnern, dass wir immer zu deiner Verfügung stehen, um dir bei allem zu helfen – doch können wir dies nur tun, wenn du uns darum bittest. Wir respektieren deinen freien Willen, Entscheidungen zu treffen und mit Problemen allein fertig zu werden. Doch solltest du jemals das Gefühl haben, Hilfe zu brauchen, vergiss nicht, dass wir für dich da sind.

GEDANKE FÜR DEN HEUTIGEN TAG

Ich erinnere mich daran, meine Engel um Hilfe zu bitten. Sie möchten mir bei allem helfen, bei großen Dingen oder Kleinigkeiten. Ich muss nur einfach daran denken, und sie werden sich umgehend für mich an die Arbeit machen. Sie sind immer bei mir und dazu bereit, mich zu unterstützen.

Heile Wut und Zorn

Wenn Gefühlsaufwallungen den heiligen Frieden deiner Beziehungen bedrohen, denke daran, dass Liebe immer in eurer Mitte ist. Zorn kann ein Werkzeug sein, um entweder Angst oder Liebe zu steigern, je nachdem, wie du dich entscheidest. Wenn du eine andere Person anklagst, errichtest du dadurch eine Mauer, um dich vor Gefühlen zu schützen. Eine liebevolle Herangehensweise hingegen beseitigt alle Hindernisse und ermöglicht dir, der jeweiligen Person mit Ehrlichkeit gegenüberzutreten.

Deine Rolle besteht nicht darin, jemand anderen zu verändern oder dich zu rechtfertigen. Diese Mechanismen erzeugen nur Angst, da sie dich in den Glauben versetzen, dass du von anderen Menschen und Gott getrennt wärest. Indem du liebevoll an den Zorn herangehst, erinnerst du dich immer an die Göttlichkeit in jedem Menschen und in jeder Beziehung.

Lass alle Erwartungen, wie sich die Situation weiterentwickeln soll, los. Richte deine volle Aufmerksamkeit auf die Tatsache, dass alles bereits aufs Beste gelöst worden ist. Diese Gewissheit entspannt jede Abwehrhaltung, die du vielleicht aufgebaut hast, so dass du deinen Tag trotz der jeweiligen Umstände genießen kannst.

Lass alle deine Gefühle zu der Beziehung voll zu – verdränge sie nicht. Befreie dich lediglich von der Illusion, dass die andere Person von dir getrennt ist oder dass du von der Liebe isoliert bist. Auf diese Weise heilt deine Seele und du kannst zur Liebe zurückfinden.

GEDANKE FÜR DEN HEUTIGEN TAG

Egal, was geschieht, ich bin immer mit der Liebe verbunden. Ich verarbeite meine Wut auf heilsame, liebevolle Weise. Ich erlaube mir selbst, diese Emotion zu fühlen, doch erinnere ich mich stets daran, dass ihr Ursprung eine Illusion ist – in Wahrheit ist schon alles jetzt geheilt.

Schicke deine Energie voraus

Um den inneren Frieden, den du in diesem Moment fühlst, aus-
zuweiten, sende diese Energie voraus in den vor dir liegenden
Tag. Visualisiere, wie du jede deiner zukünftigen Minuten und
Stunden mit einer Decke aus harmonischer Energie umhüllst.
Diese Seelenruhe wird auf dich warten und dich freudig be-
grüßen, wenn du eintriffst.

Mache dir selbst das Geschenk eines friedvollen Tages. Fühle
die Gelassenheit, die immer in dir ist. Atme tief ein, um diese
Energie zu steigern, und atme sie dann in deinen Tag aus, indem du mit dem Chakra arbeitest, von dem du dich in dem
Moment angezogen fühlst. Umhülle jede Situation und jeden
Menschen – bekannt oder fremd – mit diesem Geschenk friedvoller Liebe.

Achte darauf, wie wesentlich erfreulicher dein Tag verläuft.
Andere Menschen werden unbewusst deine Energie spüren,
und ihre Dankbarkeit wird offensichtlich sein. Freue dich über
die Auswirkungen dieses Geschenkes.

GEDANKE FÜR DEN HEUTIGEN TAG

Ich fühle jetzt die tiefe Ruhe in mir. In Wahrheit lebe ich immer
in Frieden, da Gottes Gelassenheit in mir ist. Ich sende diese
harmonische Energie voraus in den Tag und umhülle damit
jede Person und jede Situation, die mir begegnet. Diese Kraft
wird ständig erneuert, denn je mehr Frieden ich bringe, desto
mehr Frieden erfahre ich.

Genieße wahre Ruhe

Du hast hart gearbeitet und verspürst vielleicht das Bedürfnis nach ein wenig wohlverdienter Ruhe, daher erweise deinem physischen und emotionalen Selbst diese Ehre. Wenn du von allem erschöpft oder dich erdrückt fühlst, schaffe dir den nötigen Freiraum, um dich zu entspannen.

Die tiefe Ruhe entsteht von ganz allein, wenn Herz, Körper und Verstand erst einmal ihren Frieden gefunden haben. Schreib heute alle deine Sorgen auf, die dich belasten, damit du keinen geistigen »Lärm« erzeugst, der deine innere Ruhe stören könnte. Lege die Liste an einen bestimmten Ort, wo nur du sie sehen kannst. Wenn du einen „Postkasten" für Gott hast (beispielsweise einen besonderen Behälter, in welchem du deine Gebete aufbewahrst), lege das Blatt Papier dort hinein. Soll dein Geheimnis auf jeden Fall gewahrt werden, verbrenne es lieber! Entscheidend ist, die belastenden Gedanken zu Papier zu bringen.

Entgifte deinen Körper von allen chemischen Substanzen, die zu einer Verspannung der Muskulatur führen könnten. Trinke viel Wasser, um Genussmittel und andere Giftstoffe auszuleiten.

Der nächste Schritt zur Vorbereitung auf wahre Ruhe besteht darin, dir selbst die Erlaubnis zu geben, eine Pause einzulegen. Übergib uns alle Schuldgefühle oder Sorgen wegen deines Terminkalenders. Wenn du möchtest, können wir uns vor dein Fenster und die Tür stellen, um dich abzuschirmen, damit du ungestört ausruhen kannst. Wir werden sogar deine Anrufe oder Emails abfangen, damit du ein bisschen ruhige Zeit für dich hast. Frag uns einfach, und schon ist es erledigt.

Ruhe dich gut aus, geliebtes Wesen, damit du wieder zu Kräften kommst. Diese Investition zum Wohle deines eigenen Selbst verspricht einen wunderbaren Gewinn für dich.

GEDANKE FÜR DEN HEUTIGEN TAG

Ich entspanne mich, lasse los und gönne mir eine Pause. Ich gebe meinem Geist eine Auszeit von allen Sorgen oder Entscheidungen und erlaube meinem Körper, sich wohlzufühlen. Dies ist mein freier Tag, eine Zeit völliger Entspannung ohne Anstrengungen und Kampf.

Erkenne die Schönheit im Einfachen

Alles, was du dir wünschst, ist bereits dein. Es besteht niemals die Notwendigkeit, sich für irgendetwas anzustrengen oder darum zu kämpfen. Sobald du um etwas bittest, wird es dir gegeben. Wenn du ausatmest und loslässt, wirst du feststellen, dass dich alles erwartet.

Nur das Ego versucht, deine Selbsterkenntnis und dein Leben zu verkomplizieren, indem es dich in ein unübersichtliches Durcheinander verschiedener Umstände verstrickt. Gib nichts auf die Machenschaften des Egos!

Das Leben ist einfach, und die Liebe genauso.

Der Grundgedanke ist, dass Gott Liebe ist und das Göttliche allgegenwärtig ... daher ist Liebe überall. Das ist die einfache Wahrheit.

GEDANKE FÜR DEN HEUTIGEN TAG

Ich gebe allen Kampf auf und erlaube mir, das Leben zu genießen. Ich benutze meine gottgegebene Macht, um meine irdischen Bedürfnisse zu erfüllen. Ich bin entzückt von der Einfachheit und dem Gefühl der Liebe.

Vereinfache dein Leben

Um dich von deiner Last zu befreien, ist es nötig, deine Gabe der Urteilsfähigkeit einzusetzen und zu entscheiden, welche Richtung du für dich einschlagen willst. Druck entsteht, wenn du dir Sorgen machst über die Urteile oder die Ablehnung seitens anderer Menschen, was auf einer Angst vor dem Verlassenwerden beruht. Und die Basis dieser Angst ist die wahre Wurzel des Problems: der entsetzliche Gedanke, dass Gott dich verlassen hat.

Geliebtes Wesen, der Himmel würde dich *nie* verlassen. Er könnte es gar nicht - du bist für immer mit dem Schöpfer verbunden, dem Einen lebenden Geist, der alle fühlenden Wesen kollektiv beflügelt. Gottes Wille für dich ist nichts als Freude, und an der Freude ist nichts Kompliziertes, da sie deine wahre Natur ausmacht. Du musst nicht daran arbeiten, diese Emotion zu fühlen.

Sag heute »Ja« zum Glück und »Nein« zu angstbasierten Entscheidungen, die deinen Terminplan überlasten und dir keine Zeit mehr lassen, wirklich zu dir zu kommen. Öffne dich heute der Einfachheit.

Vor jeder Entscheidung gönne dir ein wenig Zeit in meditativer und betender Stille. Stimme nur jenen Aktivitäten zu, die du von ganzem Herzen akzeptieren kannst. Wir werden dir die Kraft geben, allen anderen Anforderungen an deine Zeit mit einem »Nein« zu begegnen.

Du kannst beruhigt dein Leben vereinfachen; es wird dir nichts passieren.

GEDANKE FÜR DEN HEUTIGEN TAG

Ich vereinfache meine Lebenstage, indem ich ganz bewusst lebe und meine Zeit auf sinnvolle Weise verbringe. Meine Engel beschützen, motivieren und führen mich, damit ich alle überflüssigen Lasten von meinen Schultern nehme und mir selbst mehr Raum zum Atmen gebe.

Sieh die Schönheit in deinem Inneren

Deine innere und äußere Schönheit ist atemberaubend und ehrfurchtgebietend. Du bist ein vollkommenes Ebenbild von Gottes Herrlichkeit, und alles an dir strahlt. Wenn du dich selbst mit den Augen der Engel sehen könntest, würdest auch du voller Entzücken sein, das wir in deiner Gegenwart empfinden.

Dein ganzes Wesen ist eine herrliche Kreation des göttlichen Schöpfers, wie könntest du also anders als großartig sein? Du wurdest von dem Einen gemacht, der die herrlichen Blumen, Sonnenuntergänge, Berge, Vögel und Seen erschaffen hat. Dein Urbild ist genauso vollkommen wie alles andere im Reich Gottes.

Indem du dich im Wissen über deine göttliche Vollkommenheit entspannst, verblasst zusehends jegliche Erinnerung an empfundene Schwächen. Dein Selbstbild ist geheilt, während du die Liebe zu dir selbst wiederentdeckst und dich genauso liebst, wie Gott es tut.

Du bist ein großartiges Wesen, und dasselbe gilt für alle Lebewesen auf dem Planeten. Erkenne dies heute für dich: Öffne dein Herz, deine Augen und deinen Verstand, um die tief greifende Kraft der Schönheit zu erleben, die überall existiert.

GEDANKE FÜR DEN HEUTIGEN TAG

Ich bin wahrhaft schön, innerlich wie äußerlich. Alles, was Gott geschaffen hat, ist vollkommen und ich ebenso. Ich wurde von demselben Schöpfer hervorgebracht, der all die feinen Bestandteile der Natur gemacht hat. Ich liebe mich so, wie ich jetzt bin.

Wisse, dass du ein Geschenk der Freude bist

Babys werden oft als »Freudenbündel« bezeichnet. Nun, auch du bist ein wahres Geschenk für andere – auch du bist Freude, festlich verpackt in einen wunderschönen menschlichen Körper. Wo immer du hingehst, strahlst du gute Energie aus, selbst wenn du dir dessen nicht bewusst bist. Du kannst gar nicht anders als Freude zu verbreiten, da dies deine wahre Natur und Essenz ist.

Natürlich kannst du die Menge der Freude, die du ausstrahlst, vergrößern oder verringern, daher solltest du deine Aufmerksamkeit darauf richten, Unmengen von Glückseligkeit zu verströmen. Das kannst du tun, ohne ein einziges Wort zu sagen – sogar ohne dass man dich bemerkt. Triff einfach die Entscheidung, den ganzen Tag über Glücksgefühle zu verbreiten, und schon ist es getan. An dem Lächeln und Lachen, das du auslöst, wirst du erkennen, dass du dein Ziel erreicht hast, denn sie sind das Spiegelbild deines Geschenkes.

GEDANKE FÜR DEN HEUTIGEN TAG

Ich verbreite Freude, wo immer ich bin. Ich beschließe, heute mehr als sonst von diesem Gefühl zu geben. Wo immer ich hingehe, bitte ich darum, dass die Herzen der Menschen, denen ich begegne, von Freude erfüllt sind. Ich bin geradezu die Verkörperung der Freude.

Habe Vertrauen und Geduld

Die göttliches Zeitplanung bedeutet, dass alle günstigen Umstände auf einmal zusammentreffen. Bitte habe Geduld, während alles daran arbeitet, optimale Bedingungen für die Manifestation deiner Wünsche zu schaffen. In der Zwischenzeit sei versichert, dass deine Gebete und Affirmationen gehört und beantwortet werden. Ihre Verwirklichung steht unmittelbar bevor.

Wenn ein Seemann sich nach einer monatelangen Seereise festem Land nähert, hält er nach Zeichen Ausschau wie zum Beispiel Vögeln, die mit einem Zweig im Schnabel vorbeifliegen. Er steuert sein Schiff in ihre Richtung, voller Vertrauen, dass die Küste bereits nah ist. Auf die gleiche Weise senden wir Engel dir viele Zeichen für die fortschreitende Verwirklichung deiner Gebete. Wir bitten dich, dasselbe Vertrauen zu haben wie der Seemann und zu wissen, dass die Anhaltspunkte, die du gesehen und gefühlt hast, sichere Anzeichen für die großen Dinge sind, die schon am Horizont auf dich warten.

Ruhe in deinem Vertrauen und deiner Geduld in der Gewissheit, dass hinter den Kulissen alles für dich getan wird. Dein Schiff läuft schon mit vollen Segeln in den Hafen ein.

GEDANKE FÜR DEN HEUTIGEN TAG

Ich habe Vertrauen in die göttliche Zeitplanung, und ich weiß, dass meine Gebete immer im genau richtigen Moment beantwortet werden. Ich lasse meine eigenen Vorstellungen und Erwartungen los und vertraue auf das höhere Gesamtbild. Alles geht genau nach Plan, und bald werde ich die Abfolge der Ereignisse verstehen. Mein Leben ist in jeder Beziehung vollkommen – und ist es immer gewesen.

Koste jeden Augenblick aus

Wenn es auch ganz schön aufregend ist, in die Zukunft zu schauen, so entsteht gleichbleibende und andauernde Freude nur, wenn du den gegenwärtigen Moment zu schätzen weißt. Jeder Augenblick des Lebens bietet dir die ganze Fülle der Liebe, Humor, Geschichten, Botschaften, Heilungen und Wohltaten.

Richte heute deine Absicht darauf, jede einzelne Sekunde zu genießen und zu schätzen. Achte auf die Feinheiten einer jeden Situation und auf die Schönheit jeder zwischenmenschlichen Beziehung. Erlaube dir, die Emotionen zu fühlen, die jeder Moment hervorruft. Nimm bewusst die Gegenwart wahr.

GEDANKE FÜR DEN HEUTIGEN TAG

Ich schenke dem Jetzt Beachtung und lenke meine Aufmerksamkeit auf die Einzelheiten von allem, was ich in jedem Augenblick wahrnehme. Ich erkenne den Humor und die Schönheit in allen Situationen, und ich schätze diesen Augenblick, jetzt und hier.

Genieße wahre Liebe

Die Liebe, die wir Engel für dich empfinden, ist wahr, weil sie treu und bedingungslos ist. Wir respektieren und verstehen dein ganzes Verhalten und Handeln, und wir schätzen alles, was du tust. Wir führen dich oft in eine neue Richtung, doch tun wir es immer mit *deinem* Weg der Wahrheit vor Augen. Wir handeln in Übereinstimmung mit deinen Gebeten, nach dem göttlichen Willen.

Wahre Liebe ist in jeder Situation unerschütterlich – egal, was geschieht. Wir sehen immer die Güte in dir und dein inneres Leuchten. Wenn du dich in der Gewissheit unserer Zuneigung ausruhst, entspannst du dich, und dein Licht strahlt noch heller.

Sei dir gewiss, dass du geliebt wirst, jetzt und immer. Bitte uns, dir zu helfen, diese Liebe zu spüren, und achte darauf, in welcher Form sie während des Tages zu dir kommt.

GEDANKE FÜR DEN HEUTIGEN TAG

Ich erinnere mich daran, dass meine Engel mich lieben, und ich erlaube mir, ihre Liebe zu fühlen. Mein Herz ist von der Liebe des Himmels erfüllt.

Segne jeden, dem du begegnest

Angst ist die Ursache aller Beziehungsprobleme. Sie hat ihren Ursprung in der Sorge über die Macht des anderen Menschen über dich und um den Verlust deines eigenen Willens. Doch wie könnte dies jemals sein, da du doch die verlängerte Form von Gottes eigener Macht bist? Niemand kann dir wegnehmen, was du vom Schöpfer bekommen hast.

Das Mittel gegen diese Angst ist, die Energie umzudrehen. Anstatt sich darüber zu sorgen, was ein anderer dir wegnehmen könnte, richte deine ganze Aufmerksamkeit darauf, Wohltaten zu tun. Dies kannst du, indem du für die Betreffenden betest, liebevolle Energie sendest, sein oder ihr Glück affirmierst oder um zusätzliche Engel bittest, die an seiner oder ihrer Seite stehen sollen.

Segne heute jeden, dem du begegnest, egal, ob es ein Fremder ist, der an dir vorbeigeht, oder jemand, den du schon länger kennst. Achte auf jegliche Veränderungen bei deinen Beziehungen. Wenn die Absicht hinter deinem Segen die andere Person auch nicht verändert, so wirst du dich trotzdem über die geheilte Energie freuen können, da die Schwingung des Teilens und Gebens eure Verbindung auf eine höhere Ebene hebt.

GEDANKE FÜR DEN HEUTIGEN TAG

Bitte, Engel, helft mir, mich daran zu erinnern, jedem Menschen Segnungen und Gebete zukommen zu lassen, dem ich heute begegne. Bitte sendet durch mich zusätzliche Heilenergie in alle meine Beziehungen. Ich bitte darum, dass jede meiner Begegnungen allen Beteiligten Vorteile bringt.

Werde ein Bergarbeiter für Gott

Gott ist in jedem Menschen, dem du in deinem Leben begegnest, auch wenn es einen anderen Anschein hat. Genau wie ein Bergarbeiter edles Gold findet, kannst auch du das Göttliche in jeder Beziehung entdecken. Dein Bergarbeiter-Helm ist mit dem Licht deiner Absicht ausgestattet, in allen Menschen mindestens eine gute Eigenschaft zu sehen.

Jeder Mensch hat mindestens eine davon, die für diejenigen sichtbar ist, deren Geist und Herz offen sind. Häufig sind Personen, die am wenigsten liebenswert erscheinen, genau die, die einen Bergarbeiter Gottes, so wie du es bist, am Nötigsten brauchen.

Wir versichern dir, dass du bei jedem Menschen, dem du heute begegnest, Gold finden wirst. Mit deiner Heilmission öffnest du viele Herzen und bereitest ihnen Freude, vor allem deinem eigenen.

GEDANKE FÜR DEN HEUTIGEN TAG

Ich sehe mindestens eine gute Eigenschaft in jedem Menschen, dem ich heute begegne. In jeder Beziehung wirke ich als Bergarbeiter Gottes. Indem ich das Positive in jedem Menschen sehe, spiegeln meine Beziehungen dieses Geschenk wider. Je mehr ich Gott und das Gute in anderen sehe, desto mehr sehe ich es in mir selbst.

Erkenne, dass wir alle miteinander verbunden sind

Wir Engel sind mit Gott verbunden, mit dir und mit allen fühlenden Wesen. Derselbe Geist der Liebe verbindet uns alle, vollständig und für immer. Je mehr du dir dieser universellen Tatsache bewusst bist, desto leichter wird es dir fallen, unsere Botschaften zu vernehmen. Der einzige Grund, warum es zuweilen den Anschein hat, dass du uns nicht hören kannst, ist deine Überzeugung, dass wir getrennt von dir sind.

Rufe dir während des Tages immer wieder in Erinnerung, dass du für alle Zeiten mit Gott und uns verbunden bist. Zudem bist du mit allen Menschen verbunden, denen du begegnest, und auch sie sind eins mit dem Himmel. Machtvolle Liebe zieht sich durch dieses Netz der Verbundenheit. Je mehr du dir bewusst bist, dass alle miteinander vereint sind, desto mehr fühlst und erfährst du diesen Strom der Liebe in deinem eigenen Leben.

GEDANKE FÜR DEN HEUTIGEN TAG

Ich bin für immer mit dem Himmel und allem verbunden, was ist. Indem ich mich auf mein Einssein mit den Engeln ausrichte, kann ich ihre liebevollen Botschaften besser hören. Ich bin eins mit der Liebe Gottes.

Gib uns deine Ängste

Um den Ausspruch eines eurer großen Erdenführers wieder-zugeben: *Es gibt nichts zu fürchten außer die Angst selbst.* Die Last deiner Probleme verschließt dein Herz vor der Freude, und deine ständig gehetzten Blicke auf das Morgen berauben dich deiner Fähigkeit, den gegenwärtigen Moment zu genießen. Angst untergräbt das Glück in deinen Beziehungen und hat zur Folge, dass du vorzeitig alt aussiehst und dich auch so fühlst.

Es ist üblich bei Menschen, sich zu sorgen und zu ängstigen, daher ist die Tatsache, dass du diese Empfindungen hast, nicht das Thema, über das wir Engel mit dir sprechen wollen. Vielmehr möchten wir uns heute auf das ausrichten, was du *mit deinen Sorgen tust.*

Du weißt bereits, dass Ängstlichkeit ungesund und wenig hilfreich ist. Du weißt auch, dass die Konzentration auf deine Ängste diese aufgrund des Gesetzes der Anziehung wahr werden lässt. Die Lösung besteht darin, mit uns spirituell zusammenzuarbeiten und uns deine Sorgen zu übergeben, damit wir sie von dir nehmen können.

Immer wenn du merkst, dass dich Angstgefühle überkommen, denke sofort an uns – dein Gedanke ruft uns zur Tat. Dann kannst du uns die Energie der Angst geben oder was auch immer sie ausgelöst hat – das Ergebnis ist dasselbe.

Wenn du uns deine Sorgen übergibst, wird deine Last von dir genommen. Und dies öffnet nicht nur dein Herz wieder für die Freude, sondern lässt zudem Licht und frische Luft in die Situation, damit sie auf die bestmögliche Weise gelöst werden kann.

GEDANKE FÜR DEN HEUTIGEN TAG

Ich übergebe jegliche Ängste den Engeln und rufe sie an, wann immer ich mir über irgendetwas Sorgen mache, egal, wie wichtig oder unwichtig es zu sein scheint. Es gibt nichts, über das ich mir Sorgen machen müsste; ich brauche mich nur daran zu erinnern, die Engel um Hilfe zu bitten. Wenn ich eng mit den Himmelsmächten zusammenarbeite, bin ich stärker. Ich kann in jeder Situation Hilfe bekommen – ich brauche nur darum zu bitten.

Sei liebevoll zu dir selbst

Wenn du deinen spirituellen Weg gehst, ist deine Sensitivität erhöht und hilft dir, die Energie anderer Menschen, Situationen und die der Engel zu erkennen. Du spürst sofort, mit wem und was du dich wohlfühlst.

Während deine Sensitivität immer feiner wird, wirst du vielleicht vermehrt spirituelle Lichtblicke erfahren, aber auch die Befremdung bei Situationen und Beziehungen, die du einst genossen hast. Du weißt, dass du im Wachstum begriffen bist, und wahrscheinlich haben auch die Menschen in deiner Umgebung deine Veränderungen bemerkt.

Du wirst auf deinen Weg geistiger Entwicklung vorwärts gestoßen, was unter Umständen dazu führt, dass du dich von einigen Menschen in deinem Leben distanzierst, die dir vorher nahe standen. Erkenne, dass du nie allein bist, geliebtes Wesen. Nicht nur wir begleiten dich auf jedem Schritt des Weges, sondern auch viele andere Individuen, die den gleichen Weg gehen wie du. Du bist niemals und in keinster Weise allein.

Dies ist eine Zeit, in der du sehr liebevoll mit dir selbst umgehen solltest. Lasse nicht zu, dass du dich in Gedanken oder mit Worten selbst beschimpfst. Sei dir gewiss, dass du das Beste tust, zu dem du fähig bist. Umgib dich mit liebevollen Situationen, Menschen und schöner Musik.

Freundlichkeit zu dir selbst ermöglicht dir, weiter zu der vollen Blüte deiner Selbstverwirklichung aufzugehen.

GEDANKE FÜR DEN HEUTIGEN TAG

Ich gehe besonders liebevoll mit mir um und ziehe wohlwollende Menschen und positive Situationen an. Ich spreche, denke und schreibe nur freundliche Worte. Meine Sensitivität ist ein Geschenk an mich selbst und die Welt.

Lass deine Vergangenheit los

Jede schreckliche Situation oder Beziehung, an der du beteiligt bist, erzeugt Verbindungen auf der ätherischen Ebene, die wir Engel »Kabel« nennen. Während manche Menschen diese Bande sogar sehen können, werden sie immerhin von allen gefühlt, und sie können zu Erschöpfung und physischem Schmerz führen. Wir werden mit dir daran arbeiten, diese Schnüre der Angst loszulassen.

Du, wie die meisten Menschen, hast Situationen erlebt, die Beunruhigung oder Schmerz in deiner Seele ausgelöst haben. Die Art, wie du mit deiner Vergangenheit umgehst, bestimmt, was du in Zukunft anziehen wirst, daher ist es wichtig, alles loszulassen, was du in der kommenden Zeit vermeiden willst.

Der erste Schritt bei diesem Prozess besteht darin, deine Wortwahl zu ändern. Es ist wichtig, Worte zu unterlassen, die den Eindruck erwecken, als wärest du der »Besitzer« einer schmerzlichen Erfahrung, wie beispielsweise »*mein* Unglück« oder »*unser* Verlust«. Beschreibe das Ereignis stattdessen in einer unpersönlichen Weise, um dafür zu sorgen, dass sich deine Aura davon löst.

Wenn du über eine schmerzliche Situation nachdenkst, darüber sprichst oder schreibst, achte darauf, es in der 3. Person zu tun – zum Beispiel indem du sagst »*das* Unglück« oder »*der* Verlust«. Dies vermindert die Macht des Ereignisses über dich, und es hilft dir dabei, keine ähnlichen Situationen mehr anzuziehen.

GEDANKE FÜR DEN HEUTIGEN TAG

Wenn ich von meiner Vergangenheit spreche, tue ich es auf eine unpersönliche Weise. Damit gebe ich alles Schmerzhafte aus meiner persönlichen Geschichte ab. Ich behalte nur die gelernten Lektionen und die Liebe und lasse alles andere los. Alle meine Erinnerungen sind jetzt geheilt und mit hilfreichen Gedanken und Gefühlen erfüllt.

Kläre deine Vergangenheit

Nachdem du dich jetzt von belastenden vergangenen Situationen befreit hast, indem du sie nicht mehr »besitzt«, werden wir Engel dir helfen, dein Energiefeld zu klären. Deine frühere Bindung an schmerzhafte Erinnerungen hat Schnüre erzeugt, die wir nun für dich durchtrennen werden.

Erlaube dir jetzt, aufnahmebereit dafür zu sein. Atme während dieses Vorgangs regelmäßig tief ein und aus. Am besten ist es, wenn du deine Augen schließt, um Ablenkung durch optische Reize zu vermeiden.

Mit deiner Erlaubnis werden wir die Verbindungsschnüre an alles Schmerzvolle in deiner Vergangenheit lösen. Vielleicht wirst du während dieses Prozesses ein Erschauern oder Kribbeln spüren und eine Veränderung im Luftdruck wahrnehmen. Du wirst wissen, dass der Prozess abgeschlossen ist, wenn dein Körper sich ruhig und entspannt anfühlt.

Beobachte, wie viel leichter und freier du dich fühlst, sobald wir die schwere Schicht entfernt haben, die dich niedergedrückt hat. Dein Ego hat dir weisgemacht, dass es sicherer für dich ist, wenn du dich deiner vergangenen Schmerzen erinnerst, doch in Wahrheit zieht jedes Leiden, an dem du gedanklich oder emotional festhältst, wie ein Magnet mehr davon an. Eigentlich möchtest du nur Liebe und Harmonie in dein Leben rufen, daher stellen wir jetzt dein Bewusstsein so ein, dass es nur an diesen Energien festhält.

Bitte uns heute immer wieder um Hilfe, während du dir alles in Erinnerung rufst, von dem du dich befreien möchtest. Wir sind glücklich, weiterhin mit dir zusammen an diesem Reinigungsprozess arbeiten zu können, da es unsere heilige Aufgabe ist, dir zu innerem Frieden zu verhelfen.

AFFIRMATION FÜR DEN HEUTIGEN TAG

Liebe Engel, danke, dass ihr alle Schnüre durchtrennt, die mich an schmerzhafte Erinnerungen gefesselt haben. Ich bin bereit, im Austausch für inneren Frieden restlos jegliche Verhaftungen an Angst loszulassen. Ich bin klar und gelassen … jetzt und in Zukunft!

Erkenne den Segen und das Geschenk in Allem

Heute wollen wir uns darauf konzentrieren, wie du die Neubildung der Verbindungen von Angst vermeiden kannst. In allen Situationen, die Schmerz hervorzurufen scheinen, kannst du dich für den Weg des Friedens entscheiden, indem du dir selbst die Frage stellst: *Worin besteht der Segen oder das Geschenk in dieser Situation?* Dein höheres Selbst wird dir immer eine Antwort darauf geben. Jedes Ereignis und jede Beziehung bieten die Gelegenheit, zu wachsen, zu lernen und zu heilen:

* Du wächst, indem du Dinge tust, die dir ein gutes Gefühl geben, zum Beispiel wenn du die Wahrheit sagst, feste Grenzen ziehst oder alles mit liebevollen Augen betrachtest.
* Du lernst, indem du das sich wiederholende Muster in den Ereignissen deines Lebens erkennst. Dabei kannst du lernen, wie du in einer Situation geduldig sein, voller Mitgefühl oder stark bleiben kannst.
* Du heilst durch deine Bereitschaft, dir selbst, anderen und der Situation zu vergeben, wodurch du die zerstörerische Energie der Wut nicht mehr mit dir herumtragen musst.

Sei heute offen dafür, den Segen oder das Geschenk in Allem zu sehen. Dies ist so, als würdest du Blumen pflücken und zu einem wunderschönen Strauss zusammenbinden.

GEDANKE FÜR DEN HEUTIGEN TAG

Ich finde das in jeder Beziehung enthaltene Geschenk und erkenne den Segen in jeder Situation. Anstatt mich selbst oder andere zu verurteilen, betrachte ich jeden mit Mitgefühl. Indem ich aus den Lektionen lerne, die in sich wiederholenden Ereignissen verborgen sind, löse ich schädliche Muster auf.

Erkenne, dass du von Liebe umhüllt bist

In diesem Moment umfangen dich unsere Flügel in einer liebevollen Umarmung. Fühle es in deinem Herzen und sättige dich daran. Es ist wichtig für dich, deine Energie regelmäßig aufzuladen und dich mit göttlicher Liebe zu versorgen. Heute senden wir dir zusätzliche Wellen der Liebe und helfender Energie. Es ist nicht nötig, dass du diesen Vorgang bewusst erlebst, doch wirst du die Gefühle genießen, die dich durchströmen, sobald du innehältst und dich auf uns einstimmst.

GEDANKE FÜR DEN HEUTIGEN TAG

Ich fühle mich wiederbelebt von der zärtlichen Umarmung meiner Engel. Ich werde in der Liebe des Himmels gebadet, und ich erlaube mir, dies bewusst zu erfahren. Ich werde jetzt vollkommen geschätzt.

Sieh überall Wohlbefinden

Einer der Gründe, warum wir Engel in der Lage sind, Heilungen zu bewirken, ist der, dass es eigentlich *nichts zu heilen gibt*. In Wahrheit bist du (und jeder andere) ein dauerndes Abbild von Gottes strahlender Liebe, und so wie das Göttliche niemals Heilung braucht, brauchst auch du keine.

Die Illusion von Krankheit, Schmerz oder Verletzung ist eben nur das: eine Illusion. Würden wir an diesen Irrtum glauben, würde dies nur dazu führen, dass wir noch mehr davon erleben. Stattdessen richten wir unsere ganze Aufmerksamkeit auf Gott, der immer in deinem Inneren wohnt. Wir bitten die göttliche Kraft, sich dir deutlich zu zeigen und zu bewirken, dass du dir dieser Energie des Himmels bewusst wirst. Wenn du Wohlbefinden siehst, siehst du Gott.

Weigere dich heute, etwas anderes als Gesundheit in deinem Inneren und in allen anderen Menschen zu sehen. Richte deine ganze Aufmerksamkeit ausschließlich darauf, das Wohlbefinden zu lieben, dass für immer in euch ist. Bitte darum, dass es hervortritt und sich ausbreitet. Auf diese Weise heilst du, wie die Engel es tun.

GEDANKE FÜR DEN HEUTIGEN TAG

Ich sehe nur Wohlbefinden, denn das habe ich als meine Wahrheit erkannt. Ich bin vollkommen und in jeglicher Hinsicht geheilt. So wie ich andere sehe, sehe ich auch mich selbst: In jeder Beziehung gesund.

Erkenne deine Vollkommenheit

Du bist schon immer vollkommen gewesen, bereits von dem Augenblick an, wo Gott zum ersten Mal an dich gedacht hat. Dann wurdest du erschaffen, in jeder Hinsicht makellos. Du bist himmlischen Ursprungs, und du wurdest geradezu meisterhaft auf deine Lebensaufgabe vorbereitet. Alles an dir ist in jeder Beziehung gut durchdacht.

Erfreue dich heute an deiner Vollkommenheit. Sie ist kein unerreichbarer Fantasiezustand, sondern göttliche Vollkommenheit. Es bedeutet, dass du Gottes wunderbares Kind bist, und alles an dir ist vollends in Ordnung – dein Leben ist vollkommen, auch wenn es manchmal anders erscheint.

Je mehr du dir deiner Vollkommenheit bewusst wirst, sie affirmierst und liebst, desto mehr spürst und erfährst du den göttlichen Plan hinter allem.

GEDANKE FÜR DEN HEUTIGEN TAG

Ich entspanne mich, indem ich weiß, dass ich göttlich vollkommen bin und alles in meinem Leben in Ordnung ist. Je mehr ich mich auf diese Vollkommenheit ausrichte, desto mehr erfahre ich ihre heilende Energie.

Erfreue dich an deiner Kreativität

Du bist ein Kind des Schöpfers, und du hast gottgelenkte kreative Fähigkeiten erhalten. Du hast Talente, über die du dir vielleicht noch gar nicht bewusst bist. Deine Seele sehnt sich danach, sich durch Farben, Bewegung, Singen und Worte auszudrücken – dein inneres Selbst möchte seinen kreativen Fluss in die richtigen Bahnen lenken.

Drücke dich heute auf jede Art aus, zu der du dich angeleitet fühlst. Sowohl der Vorgang als auch das Ergebnis deiner Kreation sollen nur für dein Vergnügen sein, mache dir keine Sorgen wegen der Meinung anderer oder der Verwertbarkeit dessen, was du kreierst.

Bei diesem Prozess geht es vielmehr darum, deine künstlerische Seite nach außen zu bringen. Wenn du dich bei deinen Kunstwerken mit der Energie von Farbe und Klang verbindest und die reine Poesie in deinem Inneren fließen lässt, ist dies von großem therapeutischem Nutzen.

GEDANKE FÜR DEN HEUTIGEN TAG

Ich drücke mich auf kreative Weise aus, denn ich bin ein sehr bildhafter Mensch. Ich bin künstlerisch begabt und bringe meine verborgenen Talente ans Tageslicht.

Lass dein Licht erstrahlen

Dein wahres Selbst strahlt hell in dem Licht göttlicher Liebe. Du hast liebevolle Eigenschaften, die dir selbst und anderen viel Freude bringen. Wir Engel arbeiten heute zusammen mit dir daran, dein Licht zu enthüllen, damit die ganze Welt es sehen kann.

Dein inneres Strahlen wird von Freude, Lachen und Begeisterung entzündet. Erlaube dir heute, Spaß zu haben, indem du dein Wesen frei zum Ausdruck bringst. Da du deinem wahren Selbst vertrauen kannst, dass du dich nur liebevoll und respektvoll anderen gegenüber verhältst und zu ihnen sprichst, besteht kein Grund zur Zurückhaltung. Lass los und erlaube deinem Licht, heute besonders hell zu strahlen!

GEDANKE FÜR DEN HEUTIGEN TAG

Ich bin liebenswert, so wie ich jetzt bin. Ich erlaube mir, zu lachen und Spaß zu haben, und mein Licht erstrahlt hell. Wenn ich meinem wahren Selbst Ausdruck verleihe, inspiriere ich damit auch andere, authentisch zu sein.

Genieße göttliche Fülle

Deine Gebete um mehr Geld sind gehört und beantwortet worden. Wir Engel leiten dich an, ganz offen für alles zu sein, um Reichtum auf unerwartete Weise zu erlangen. Je positiver du bleibst und darauf vertraust, dass deine materiellen Bedürfnisse erfüllt werden, desto schneller werden deine Träume umgesetzt.

Das einzige Hindernis, das Geld von dir fernhält, ist die Angst, nicht genug zu haben. Diese Angst umgibt dich mit einem abweisenden Energiefeld, das wie eine Windmaschine funktioniert und das Geld wegbläst. Angst baut ein neonrotes „Stop»-Schild auf, das die Energie des Geldes abblockt.

Erlaube uns heute, dir bei der Entfaltung der Liebe zu helfen, die in deinem Herzen lebt. Genau wie das Anzünden einer Lampe die Dunkelheit verschwinden lässt, beseitigt diese strahlende Energie den Schatten der Angst. Gehe während des Tages immer wieder in dich. Schließe deine Augen und atme tief durch, mit der Absicht, dein inneres Licht ganz zu enthüllen. Bitte uns, dir bei diesem Vorhaben zu helfen, und wir werden unsere Kraft zu deiner eigenen hinzugeben.

Liebe ist die einzig wahre Kraft im Universum, und Gottes Wille für dich ist Fülle in jeder Beziehung. Da sowohl die Liebe als auch Gott allgegenwärtig sind, ist diese Fülle überall. Öffne dein Herz dem Himmel und deine Arme für die göttliche Fülle.

GEDANKE FÜR DEN HEUTIGEN TAG

Ich werfe jegliche Geldsorgen in die Flamme des Lichtes und der Liebe. Göttliche Fülle ist Gottes Wille für jeden, auch für mich, daher kann ich ruhig diese Fülle empfangen. Ich erlaube den Engeln, alle alten finanziellen Sorgen zu heilen und sie gegen die liebevolle Gewissheit einzutauschen, dass Gott meine Bedürfnisse immer erfüllt hat und erfüllen wird.

Sei unbeschwert

Deine Schönheit, Kraft und dein Licht sind am größten, wenn du von Lachen und Freude erfüllt bist. Fröhlichkeit ist ein irdischer Zustand, der dem Himmel am nächsten kommt. Du denkst oft darüber nach, wie du mehr Spaß haben kannst, weil du dich nach dem göttlichen Gefühl der Freude sehnst.

Dein Herz ist von Natur aus erfüllt mit dieser Emotion, da dies dein wahrer gottgegebener Seinszustand ist. Nur wenn dein Bewusstsein sich vor Ernst ganz verfinstert, schieben sich Wolken vor deine Freude. Wir Engel sehen, wie du dich immer mehr zurückhältst in dem Glauben, dass angestrengtes Bemühen belohnt wird. Doch das wahre Glück, dass du suchst, stellt sich schneller ein, wenn du unbeschwert bist.

Heute werden wir mit dir daran arbeiten, dein Herz, deinen Geist und deine Sichtweise aufzuhellen. Wir werden die Last der Angst von deinen Schultern nehmen und sie durch Glücklichsein ersetzen … indem deine Energie auf eine höhere Ebene gebracht wird, vergrößert sich deine Fähigkeit, alles zu manifestieren, was du dir nur wünschst.

AFFIRMATIVES GEBET FÜR DEN HEUTIGEN TAG

Liebe Engel,
danke, dass ihr mir helft, fröhlicher zu werden und die vielen Geschenke zu sehen, die vor mir liegen.
Bitte helft mir, alle Sorgen loszulassen,
und erfüllt mein Herz mit Vertrauen, dass alles genau nach einem wundervollen göttlichen Plan verläuft.
Ich muss nicht alle Details kennen, die sich hinter den Kulissen abspielen. Ich muss einfach nur mein Herz geöffnet und freudig lassen und bereit sein,
all das Gute zu empfangen, das ihr mir jeden Tag bringt.

Bemerke die vielen Geschenke des Lebens

Jeden Tag schickt dir das Leben viele Geschenke. Dazu gehören Erlebnisse, die dein Herz öffnen, hilfreiche Menschen, synchronistische Begebenheiten und die Schönheit der Natur. Je mehr du auf diese Wohltaten achtest, desto mehr davon wird dir das Universum schicken.

Achte heute auf so viele Geschenke wie möglich. Sie können winzig sein – vielleicht ein Sonnenstrahl, der durch die grauen Wolken bricht und dich wärmt; oder ein freundlicher Autofahrer, der dir an der überfüllten Kreuzung die Vorfahrt lässt – doch jedes Einzelne zählt.

Indem du dir zur Gewohnheit machst, diese schönen Momente anzuerkennen, wirst du sie weiterhin in stetem Fluss erhalten – das Universum ist nun einmal großzügig.

GEDANKE FÜR DEN HEUTIGEN TAG

Ich achte ganz besonders auf die Geschenke, die das Leben mir bietet. Ich ziehe nur freundliche und freigiebige Menschen an. Das Universum ist sehr großzügig zu mir. Ich bin ein Glückspilz!

Zeige den Menschen, die du liebst, deine Zuneigung

Eines der größten Geschenke des Lebens sind die Beziehungen, in denen du mit anderen durch die vielen Formen der Liebe verbunden bist, sei es in der Familie, durch Freundschaft, Liebe zu einem Partner oder einer Seelenverwandtschaft. Wir wissen, dass du die Menschen in deinem Leben achtest und sie innig liebst. Und selbst wenn sie wissen, dass du sie liebst, freuen sie sich doch immer wieder, es aus deinem Mund zu hören.

Zeige heute den Menschen, die du liebst, wie wertvoll sie dir sind. Es ist nicht so wichtig, auf welche Weise du dies tust: Ein Anruf, eine Umarmung, eine Postkarte, ein Brief oder ein Geschenk … jedes Mittel ist dafür gut.

Dein Geschenk an deine Lieben ist gleichzeitig ein Geschenk an dich selbst. Achte darauf, wie gut es sich anfühlt, wenn du deiner Zuneigung Ausdruck verleihst.

GEDANKE FÜR DEN HEUTIGEN TAG

Ich drücke meine Zuneigung den Menschen gegenüber aus, die mir am Herzen liegen. Ich sage: »Ich liebe dich« auf verschiedene Weise, und es bereitet mir Freude, anderen meine Gefühle mitzuteilen. Je mehr ich dies tue, desto mehr Liebe fühle ich.

Gehe einen »Nicht-Beschwerde-Pakt« mit dir selbst ein

Wir Engel haben bereits über die Macht deiner Worte gesprochen, und heute wollen wir uns darauf konzentrieren, deine Wortwahl von zehrenden Vorstellungen und Redensarten zu entgiften. Insbesondere werden wir den ganzen Tag mit der Absicht verbringen, Worte des Beschwerens zu vermeiden.

Wann immer du Unzufriedenheit zum Ausdruck bringst, sagst du damit eigentlich, dass jemand oder etwas die Kontrolle über dich hat. Sich beschweren ist eine Bejahung deiner Opferrolle, ein passiver Schrei nach Hilfe.

Als Wesen großen Lichtes und tiefer Liebe kannst du niemals ein Opfer sein, und die Kraft, die jetzt in diesem Moment in dir pulsiert, könnte nie größer sein. Du kannst von nichts und niemandem kontrolliert werden, solange du dir bewusst bist, dass Gott in deinem Inneren ist.

Halte dich heute an die Absicht: *Nicht beklagen.* Es gibt immer positive Formulierungen, die deine Gefühle deutlich machen können, ohne dass du dich beklagst. Achte darauf, wie stark du dich fühlst, wenn du stattdessen aus deiner inneren Mitte heraus sprichst, und bemerke die positiven Reaktionen der anderen, wenn du dich einfach mit der Bitte um Hilfe an sie wendest. Indem du deiner inneren Führung erlaubst, alles auf einfache und direkte Weise zu regeln, wirst du sehr schnell feststellen, dass es absolut nichts gibt, worüber du dich beschweren müsstest.

GEDANKE FÜR DEN HEUTIGEN TAG

Alles, was ich sage, kommt aus meiner inneren Mitte. Ich bin einen »Nicht-Beschwerde-Pakt« mit mir selbst eingegangen, und ich benutze Worte, die mir und anderen Kraft geben. Ich bin stark und fähig, jetzt und immer.

Mache eine Meditation im Gehen

Dein regelmäßiges Meditieren hat deine Fähigkeit gesteigert, unsere Präsenz zu spüren und unsere Botschaften zu empfangen. Wir applaudieren und gratulieren dir zu deiner Hingabe an deine spirituellen Gewohnheiten, und heute möchten wir dir gern eine andere Art der Meditation vorschlagen.

Gehe heute hinaus und verbringe ein wenig Zeit damit, langsam mit geöffneten Augen zu *gehen*. Richte deine Aufmerksamkeit nach innen, während du dich in einem langsamen, rhythmischen Tempo bewegst. Achte darauf, wie und wohin deine Gedanken wandern. Wenn du Gedanken erkennst, die auf dem Ego basieren, kannst du dich wieder zentrieren, indem du laut oder im Stillen zum Beispiel das Mantra: »Gott ist Liebe; ich bin Liebe; Gott ist Liebe« singst und dich zum Rhythmus dieser Melodie bewegst.

Diese Meditation ist besonders wirksam, wenn sie in freier Natur durchgeführt wird.

GEDANKE FÜR DEN HEUTIGEN TAG

Ich gönne mir eine Meditation im Gehen und erlaube meinen Gedanken, meiner Seele und meinem Körper, sich auf einen schönen Rhythmus einzustimmen. Ich bin in Harmonie mit allem Leben, denn ich bin eins mit der Liebe, die in mir und überall um mich herum existiert.

Mache eine Meditation im Stehen

Heute schlagen wir dir eine andere Art der Meditation vor, bei der du deine Schuhe, Strümpfe oder Socken ausziehst und barfuß auf dem Boden stehst – das kann Erde, Sand oder Gras sein.

Finde einen Fleck, wo du ein paar Momente ungestört und bequem stehen kannst. Bewege deine Zehen hin und her und fühle die Energie der Erde unter dir. Atme tief ein, um diese Kraft nach oben in deinen Körper zu ziehen.

Schließe dann deine Augen und fühle dich in den Rhythmus deines Atems und Herzschlages hinein. Lausche auf die Geräusche in der Natur und achte auf deine Gedanken und Gefühle.

Erlaube dem friedlichen Geist der Natur, dich zu beruhigen und neu zu beleben.

GEDANKE FÜR DEN HEUTIGEN TAG

Ich stehe barfuß draußen in der Natur. Ich schließe meine Augen, atme tief und sauge die Energie der Natur in mich ein. Ich bin völlig und in jeder Beziehung mit meiner Umgebung verbunden. Ich nehme mir heute Zeit für mich selbst.

Erkenne, dass du ein wunderbares Wesen bist

Du bist in vielerlei Hinsicht bemerkenswert. Da du Gottes Schöpfung bist, spiegelst du die göttlichen Eigenschaften der Kreativität, Weisheit und Liebe wider. Als deine Schutzengel fühlen wir uns geehrt, in deiner Gesellschaft zu sein. Unser Anliegen ist es, deinem Zweck des Friedens und der Liebe zu dienen.

Erinnere dich heute daran, wie wunderbar du bist. Deine innerste Essenz ist ein Wunder, da du ein Abkömmling Gottes in physischer Form bist. Mach dir bewusst, wie bemerkenswert das ist!

Rufe dir heute alle deine positiven Eigenschaften in Erinnerung. Ein Grund, warum wir so hell strahlen, liegt darin, dass wir das Gute in dir und allen Menschen sehen … und du kannst das Gleiche tun.

GEDANKE FÜR DEN HEUTIGEN TAG

Ich bin ein erstaunliches, wunderbares Wesen des Lichtes und der Liebe. Ich bin ein vollkommenes Abbild jeder guten Eigenschaft, und ich habe bemerkenswerte Fähigkeiten. Ich sehe heute das Gute in mir selbst und jedem anderen.

Segne im Stillen jeden Menschen, der dir begegnet

Sende den Menschen, an denen du heute vorübergehst, deinen Segen. Diese stillen Gebete erfordern nicht, dass du irgendetwas sagst; ihre Effektivität beruht auf deiner Entscheidung, jeder Person, die dir heute begegnet, Wohlwollen entgegenzubringen.

Dieser Segen kann von deinem Herzen, deinem Geist oder deinen Händen ausgehen. Für welche Möglichkeit du dich auch immer entscheidest, sie wird ihre Wirkung erzielen. Achte darauf, wie gut du dich dabei fühlst … zusammen mit der Freude des Gebens wirst du vielleicht eine Art Verbundenheit mit jedem empfinden, den du auf diese Weise segnest.

Heute wirst *du* derjenige sein, der die meisten Segenswünsche empfängt, denn jedes Mal, wenn du einen anderen Menschen ehrst, kehrt dieses Geschenk tausendfach zu dir zurück.

GEDANKE FÜR DEN HEUTIGEN TAG

Wo immer ich hingehe, segne ich im Stillen jeden Menschen, mit dem ich in Verbindung komme, und empfange gleichzeitig selbst diese Geschenke. Meine Segenswünsche entspringen dem Einen Geist, der jeden und alles miteinander verbindet.

Bitte um eine göttliche Aufgabe

Wenn du gern eine größere Bedeutung und einen erfüllenden Zweck möchtest, beginne heute damit, um eine göttliche Aufgabe zu beten. Bitte den Schöpfer, dir eine Aufgabe zu übertragen, die mit deinen persönlichen Interessen und Talenten übereinstimmt, und übergib dann dieses Gebet völlig ans Universum, im vollen Vertrauen darauf, dass es gehört und beantwortet wird.

Die Antwort kommt auf kunstvolle Weise, daher solltest du versuchen, die unterschiedlichen Gelegenheiten zu erkennen, die dir geboten werden; das starke Bedürfnis, etwas Bestimmtes zu tun; oder Themen, die andere Personen dir gegenüber immer wieder erwähnen. All dies sind Beispiele für die Zeichen, die dir den Weg zu deiner Lebensaufgabe zeigen, um die du gebeten hast.

Alle im Himmel danken dir für deine Bereitschaft zu dienen in dem Wunsch, der Welt mehr Ruhe und Frieden zu bringen. Letzten Endes bist du der größte Nutznießer deiner göttlichen Aufgabe, da dein Geben auch dir eine große Belohnung verspricht.

AFFIRMATIVES GEBET FÜR DEN HEUTIGEN TAG

Lieber Gott und liebe Engel,
ich bitte euch, mir eine göttliche Aufgabe zu geben,
bei der ich meine persönlichen Interessen und Talente
einbringen kann. Ich habe den Wunsch, zu dienen, und
meine Zeit in wirklich sinnvoller Weise zu nutzen.
Bitte gebt mir klare Führung, damit ich sehen kann,
wo und wie ich helfen kann.
Danke.

Tausche Angst gegen Vertrauen ein

Wenn du dich an die Zeiten erinnerst, als du noch voller Angst warst, wirst du erkennen, dass sich diese Ängste nie bewahrheitet haben. Tatsächlich gab es nie etwas – und wird es nie etwas geben – um das zu ängstigen es sich lohnt, da die Zeit, Energie und Emotionen, die mit Angst vergeudet werden, bei Weitem jedes wirkliche Problem übersteigen, das auftreten könnte.

Investiere heute deine Zeit in Vertrauen, was eine wesentlich bessere Möglichkeit darstellt, deine Energie zu nutzen. Sie ist die Ebene für Freiheit und Glück, die dir erlaubt, Spaß zu haben. Positive Glaubenssätze gehen mit verbesserter physischer und emotionaler Gesundheit einher, und du bist in jeder Hinsicht am anziehendsten, wenn du entspannt und unbeschwert bist.

Wir Engel wissen, dass du gelegentlich Angst hast und dir Sorgen machst, und wir empfehlen dir keineswegs, diese Gefühle zu ignorieren. Was wir dir als Alternative anbieten ist unsere Hilfe. Da wir ständig direkt neben dir stehen, musst du nichts weiter tun, als uns deine Sorgen zu übergeben. Dann verwandeln wir diese Energie, damit der Keim der Liebe, der sich hinter jeder menschlichen Emotion verbirgt, enthüllt wird.

Die Liebe in ihrem ganzen Umfang zu fühlen hat in der Vergangenheit Angst in dir hervorgerufen. Wir werden dir helfen, einen neuen Weg für deine Liebe hervorzubringen, einen, der zu Vertrauen und Zuversicht führt.

GEDANKE FÜR DEN HEUTIGEN TAG

Ich übergebe alle Ängste an Gott und die Engel. Ich selbst und die Menschen, die ich liebe, sind vollkommen in Sicherheit. Alle meine Bedürfnisse werden heute und in Zukunft erfüllt, und ich bin voller Vertrauen.

Ehre deine innere Weisheit

Du hast eine Weisheit in dir, die unmittelbar der Quelle von Gottes unendlichem Wissen entspringt. Deine Ideen kommen alle genau aus demselben Urgrund wie die der weisesten aller Menschen, die jemals auf diesem Planeten gelebt haben. Du, wie jeder andere auch, hast den Zugang zu derselben Quelle.

Wir Engel bitten dich, heute dein inneres Wissen zu ehren und ihm zu vertrauen. Du allein kannst immer den besten Weg für dich erkennen, selbst wenn die Menschen in deiner Umgebung kein Verständnis dafür haben sollten. Deine Einsicht ist ganz genau auf deine eigene Situation abgestimmt und besser als die Meinungen anderer Leute.

Falls du dir bei deinen Ideen unsicher sein solltest, kannst du jederzeit uns Engel um Zeichen bitten, die bestätigen, dass du auf dem richtigen Weg bist. Je mehr du deiner eigenen Weisheit folgst, desto mehr Gelegenheiten werden sich dir bieten, Vertrauen zu Gott in deinem Inneren zu entwickeln, was die Basis für wahres Glück ist.

GEDANKE FÜR DEN HEUTIGEN TAG

Ich vertraue auf mein inneres Wissen, das eins ist mit der göttlichen universellen Weisheit. Ich weiß, was für mich am besten ist. Ich höre mir die Meinungen anderer Menschen an, ehre und folge jedoch stets meiner eigener innerer Führung, denn ich bin sehr weise.

Erwarte immer das Beste

Deine Erwartungen bestimmen, was du siehst und erlebst. Wenn du mit Problemen rechnest, ist es das, worauf du dich ausrichtest und was du sehen wirst. Wenn du hingegen davon ausgehst, Erfolg zu haben, wird dich diese Einstellung dazu führen, Erfolg zu sehen und zu erfahren.

Deine Erwartungen sind das Steuer, das die Richtung bestimmt, die du einschlägst. Hoffe auf das Beste und achte darauf, wie positiv deine Erlebnisse als Ergebnis davon sein werden.

Gehe an den heutigen Tag mit dem Gedanken heran: *Jeder verdient nur das Beste. Alle Menschen haben Größe in ihrem Inneren. Ich sehe und erwarte wunderbare Dinge, und genau das erlebe ich.*

GEDANKE FÜR DEN HEUTIGEN TAG

Ich erwarte das Beste, und ich verdiene es – jeder verdient es. Ich kann ohne Sorge hohe Erwartungen für mich selbst haben. Wenn ich gewinne und erfolgreich bin, gilt das Gleiche auch für jeden anderen.

Heile Gefühle des Bedauerns und der Reue

Jegliche Gefühle der Reue, die du über dich selbst oder deine Vergangenheit hast, können geheilt werden, um deine Energie, deine Stimmung und deine Sichtweise aufzuhellen. Heute wollen wir dir helfen, die schwere Last von Schuld, Scham und Reue zu beseitigen.

Als Erstes musst du wissen, dass es dir unmöglich ist, Gottes Vollkommenheit zu beeinträchtigen. Die Liebe, die überall existiert, ist beständig und unantastbar. Niemand kann die ewige Liebe Gottes behindern, die alle Menschen und alle Dinge beseelt.

Das Einzige, was Heilung braucht, ist die Illusion, dass du diesem Planeten irgendetwas anderes als Liebe bringen könntest – denn Liebe ist das, was du in Wahrheit bist. Solange du schmerzhafte Gefühle der Reue in deiner Seele oder deinem Herzen mit dir herumträgst, erzeugst du dadurch ein falsches Verständnis von Schmerz für dich selbst und die Menschen in deiner Umgebung.

Schalte heute diesen dunklen Eindruck von Schuld und Scham aus und kehre zu dem Licht der Erkenntnis deiner spirituellen Wahrheit und deinem göttlichen Ursprung zurück. Dies ist wahre Vergebung: Zuerst dir selbst gegenüber und dann gegenüber allen anderen.

GEDANKE FÜR DEN HEUTIGEN TAG

Ich lasse alle Illusionen von Schmerz oder Leiden los. Ich bin für alle Zeiten Gottes unschuldiges Kind, und ich vergebe mir jetzt für alles, was ich glaube, getan oder nicht getan zu haben. Mein Herz und meine Seele sind von Frieden erfüllt.

Feiere deine Einzigartigkeit

Deine Seele ist eins mit Gott und jedem anderen, doch in der physischen Welt hast du einzigartige Eigenschaften und Talente, die deine individuelle Lebensaufgabe unterstützen.

Manchmal fühlst du dich als Außenseiter – und sogar von anderen missverstanden und abgetrennt. Dies sind die Momente, in denen du beginnst, deinen Selbstwert in Frage zu stellen. Wir Engel sind hier, um dir zu versichern, dass deine Differenzen nicht bedeuten, dass irgendetwas mit dir nicht stimmt ... sie sind lediglich Teil deiner natürlichen Verschiedenheit.

Feiere heute deine Einzigartigkeit. Je mehr du deine besonderen Eigenschaften bejahst, desto freier wirst du im Umgang mit dir selbst und anderen sein. Die Eigenschaft, die andere Menschen am Anziehendsten finden, ist die Wahrnehmung, dass du dich in deiner Haut wohlfühlst.

Du musst dich nicht verändern, um so wie die anderen zu sein oder dazuzugehören. Feiere, dass du so bist, wie du bist!

GEDANKE FÜR DEN HEUTIGEN TAG

Ich bin liebenswert, so wie ich bin. Ich habe wunderbare Freunde, die mich schätzen und respektieren, und ich werde sehr geliebt. Ich feiere meine einzigartigen Eigenschaften.

Bitte um das, was du willst

Es gehört zu deiner spirituellen Entwicklung, Träume zu haben, und du musst dich nicht dafür schämen, wenn du dir etwas wünschst. Durch den Vorgang der Manifestation kannst du deine gottgegebenen schöpferischen Fähigkeiten anwenden.

Alles, was du in deinem Leben erhältst und erfährst, ist ein Ergebnis deiner eigenen Wünsche, ebenso die scheinbar unerwünschten Umstände. Wir weisen dich darauf hin, nicht um dir die Schuld zu geben, sondern um deine unglaubliche Macht zu würdigen, alles in dein Leben zu bringen, was du dir vorstellen kannst.

Bitte heute um das, was du *wirklich* willst. Erlaube dir, unverschämte Forderungen zu stellen und zu erwarten, dass deine wahren Wünsche erfüllt werden. Wende dich an Gott, an uns Engel und andere Menschen wegen der Dinge, die du dir wünschst.

Du wirst angenehm überrascht sein, wie oft das Universum »Ja« zu dir sagt – und alles, was du tun musstest, war zu fragen!

GEDANKE FÜR DEN HEUTIGEN TAG

Ich bitte darum, dass meine Wünsche erfüllt werden. Ich gestehe mir selbst und anderen gegenüber meine tiefsten Wünsche ein. Ich kann jederzeit um das bitten, was ich mir wünsche, und es bekommen.

Fließe mit den Veränderungen in deinem Leben

Die Manifestation deiner Wünsche bringt häufig wichtige Veränderungen in deinem Leben mit sich. Manchmal muss das Alte weichen, um dem Neuen Platz zu machen. Dein spiritueller Weg hat ein Polster um dich herum entstehen lassen, was dafür sorgt, dass die von dir vorgenommenen Veränderungen zu deinem Besten sind.

Heiße alles Neue willkommen! Es ist dieselbe Energie wie ein schöner Sonnenaufgang an einem klaren Frühlingsmorgen. Die Veränderungen, mit denen du dich konfrontiert siehst, sind beantwortete Gebete, auch wenn du vielleicht noch nicht in der Lage bist, sie auf diese Weise zu sehen. Wir Engel sind während dieser Übergangszeit immer an deiner Seite und halten bei jedem Schritt deine Hand. Du kannst uns immer und jederzeit um Führung und Ermutigung bitten, damit wir dir die richtige Richtung weisen.

GEDANKE FÜR DEN HEUTIGEN TAG

Die Veränderungen in meinem Leben lassen mich positive neue Wege einschlagen. Die Engel sind bei jedem Schritt auf diesem Weg bei mir, und ich bin offen dafür, ihre Hilfe, ihre Führung und ihren Schutz anzunehmen. Ich bin begeistert von den neuen Möglichkeiten auf meinem Weg.

Mach einen Schritt nach dem anderen

Jedes Ziel und jede Veränderung kommt nur zustande, indem du einen Schritt nach dem anderen vornimmst. Wir sehen deine wunderbaren Sehnsüchte und Wünsche, und wir applaudieren dir, dass du dir so hohe Ziele gesetzt hast! Erinnere dich einfach daran, dass jeder Weg und jede Reise durch einen Schritt nach dem anderen zurückgelegt wird.

Halte deine Aufmerksamkeit auf den Schritt gerichtet, den du gerade machst. Mach dir keine Sorgen über die Schritte, die du nächste Woche machen wirst, nächsten Monat oder nächstes Jahr. Sie werden sich von ganz allein ergeben, wenn der richtige Zeitpunkt gekommen ist.

Richte deine ganze Absicht darauf, den gegenwärtigen Moment so wunderbar wie möglich zu gestalten. Es spielt keine Rolle, ob der jetzige Schritt vielleicht unbedeutend aussieht – erinnere dich einfach daran, dass selbst die kleinste Handlung dich auf deinem Weg voranbringt.

GEDANKE FÜR DEN HEUTIGEN TAG

Ich segne und ehre den Schritt, den ich jetzt zur Umsetzung meiner großen Träume vornehme. Ich investiere meine ganze Aufmerksamkeit und Willenskraft in jede Vorwärtsbewegung. Ich konzentriere mich auf das Jetzt und genieße jeden Schritt, den ich auf dem Weg zur Realisierung meiner Wünsche mache.

Sei dir gewiss, dass alles immer gut wird

Du hast in der Vergangenheit Situationen erlebt, wo du dir Sorgen über das Ergebnis gemacht hast, und letztendlich doch noch alles gut geworden ist. Auch deine aktuelle Lage wird sich wunderbar lösen, also entspanne deinen Körper und Geist in der Gewissheit, dass es nichts zu fürchten gibt.

Gott hat dich in der Vergangenheit nie im Stich gelassen und wird dies auch in Zukunft nicht tun. Obwohl das Universum deinen freien Willen nicht übergehen kann, falls du dich für einen steinigen Weg entschieden hast, bist du und jeder andere immer von Liebe umgeben. Sie federt jedes Erlebnis ab und hilft dir stets, die göttliche Ordnung in allem zu erkennen.

Jede Phase deines Lebens hat dir geholfen, stärker, weiser, geduldiger zu werden und dich weiterzuentwickeln. Auch deine gegenwärtige Situation ist eine Gelegenheit, mehr Licht in deine Welt zu bringen … alles wird gut. In der Zwischenzeit atme tief ein, und beim Ausatmen übergib alle deine Ängste an Gott.

GEDANKE FÜR DEN HEUTIGEN TAG

Ich vertraue darauf, dass meine aktuelle Lage sich genauso wunderbar lösen wird, wie es in der Vergangenheit immer der Fall war. In Wahrheit ist alles schon jetzt auf das Beste gelöst. Ich überlasse jegliche Sorgen oder Ängste Gott und den Engeln, denn nur die Liebe ist wirklich.

Fang irgendwo in der Mitte an

Zuweilen zögerst du vielleicht die Arbeit an einem sinnvollen Projekt hinaus, weil du nicht weißt, wo du beginnen sollst ... Perfektionismus hat dich so gelähmt, dass du gar nichts tust. Wir Engel schlagen vor, dass du einfach »ins kalte Wasser« springst. Fang irgendwo in der Mitte an oder am Ende – wo auch immer. Wichtig ist nur, dass du einen Anfang machst.

Jeder Schritt, den du in Richtung deines Ziels vornimmst, wird dem Vorhaben Leben einhauchen. Dann wird dein Projekt an eigener Triebkraft gewinnen und dich zur nächsten Handlung führen. Doch zunächst musst du die ersten paar Schritte vornehmen.

Sorge dich heute nicht, ob du bei deinem Projekt an der »richtigen« Stelle anfängst. Nimm einfach irgendeine Handlung vor, die damit zu tun hat, egal, wie klein oder unbedeutend sie scheinbar ist. Dein Herz wird froh sein, dass du deine Zeit auf sinnvolle Weise nutzt.

GEDANKE FÜR DEN HEUTIGEN TAG

Ich nehme mindestens eine Handlung vor, die mit einem für mich sinnvollen Projekt zu tun hat, und gebe mir die Erlaubnis, irgendwo in der Mitte anzufangen. Ich entspanne mich und genieße es, auf mein Ziel hinzuarbeiten. Indem ich mir vorstelle, dass ich mein Projekt erfolgreich zu Ende gebracht habe, ist es schon geschehen.

Genieße das Gefühl vollkommener Ausrichtung

Du besitzt einen machtvollen Geist, der eins ist mit dem göttlichen Verstand der universellen Weisheit. Du bist problemlos in der Lage, dich auf alles auszurichten und zu konzentrieren, was du dir wünschst und jegliche Information zu erhalten und zu speichern, die für dich von Wert sind.

Würdige heute die erstaunliche Macht deines gottgegebenen Verstandes. Spreche und denke nur positiv über deine Fähigkeit, dich auf etwas auszurichten, dich zu konzentrieren und zu lernen.

Dein Verstand verhält sich genauso, wie du denkst, dass er sich verhält, daher erwarte das Beste von ihm und achte darauf, wie er dir genau das übermittelt, was du erwartest. Beobachte, wie selbstverständlich und gut es sich anfühlt, wenn du deinem Kopf erlaubst, genau das zu tun, was er am Besten kann: Denken, Lernen und genaues Ausrichten.

GEDANKE FÜR DEN HEUTIGEN TAG

Indem ich mich einfach auf alles ausrichte, was ich mir wünsche, lerne ich schnell und gründlich. Mein Verstand ist beweglich und machtvoll. Ich bin brillant, denn ich bin eins mit dem großartigen Verstand Gottes.

Würdige deinen heiligen Selbstwert

Du hast von allem das Beste verdient, denn du bist von heiliger göttlicher Abstammung. Alles im Himmel ist herrlich, fruchtbar und gesegnet. Daher teilst du diese Eigenschaften mit allen deinen Brüdern und Schwestern auf der Erde.

Sei dir heute gewiss, dass du das Beste verdienst, genau wie jeder andere. Wenn du dir erlaubst, ein schönes Leben zu führen, bist du ein Ebenbild des Himmels auf Erden und inspirierst andere mit deiner Freude und deinem Erfolg. Erlaube deinem Licht, heute hell zu strahlen als dein Geschenk an die Welt.

GEDANKE FÜR DEN HEUTIGEN TAG

Ich bin wertvoll, verdiene Gutes im Leben und kann es ruhig annehmen. Andere Menschen fühlen sich von meinem Erfolg inspiriert.

Genieße eine Zeit der Stille

Heute möchten wir Engel dir vorschlagen, dir ein wenig Stille zu gönnen, damit sich dein Geist und Körper völlig entspannen können. Selbst fünf Minuten der Stille werden deine Seele und deinen Geist erfrischen und neu beleben.

Schalte während dieser Zeit der Stille Telefon, Radio, Fernseher und ähnliches aus. Versenke dich in die Stille, ohne zu versuchen, deinen Körper oder deine Gedanken und Gefühle zu kontrollieren – mit anderen Worte, *sei* einfach da!

Die Momente, die du allein in Stille verbringst, sind ein kostbares Geschenk, das du dir selbst machst. Dein inneres Selbst dankt dir für deine liebevolle Fürsorge.

GEDANKE FÜR DEN HEUTIGEN TAG

Ich investiere in mein eigenes Wohlbefinden, indem ich mir Momente tiefer Stille gönne. Ich liebe es, meinen Geist zu beruhigen und genieße den zärtlichen Klang der Stille. Mein Geist, mein Körper und meine Gefühle sind von Frieden erfüllt, während ich mich in den heiligen Raum der Stille zurückziehe.

Bemerke die Schönheit

Überall um dich herum und in deinem Inneren existiert Schönheit. Je mehr du darauf achtest, desto mehr nimmt dein Leben eine erhöhte, magische Beschaffenheit an. Du beginnst, dein eigenes Strahlen als ein Widerspiegeln all dessen zu sehen, was dich umgibt.

Nimm dir vor, heute soviel Schönheit wahrzunehmen wie du nur kannst. Erkenne sie in der physischen Welt sowohl durch Natureindrücke als auch in den Menschen und dem, was sie geschaffen haben. Erfreue dich an der Schönheit auf der Ebene der Gefühle, indem du Zuneigung von anderen fühlst und liebevolle Szenen siehst, die sich deinem Auge darbieten, und auf der geistigen Ebene, indem du unsere himmlische Präsenz ununterbrochen an deiner Seite fühlst.

Affirmiere heute wiederholt, dass das Leben schön ist. Halte inne und trinke diese Tatsache in dich ein, wobei du jeden Augenblick von Herzen genießt.

GEDANKE FÜR DEN HEUTIGEN TAG

Mein Leben ist schön! Ich sehe heute die Wunder überall um mich herum. Je mehr ich die Schönheit in anderen sehe, desto mehr sehe ich sie auch in mir selbst. Meine Gedanken, Worte und Gefühle sind alle schön.

Erkenne, dass du in einem Universum der Fülle lebst

Das Universum pulsiert mit lebensspendender Energie, während es sich immer weiter ausdehnt. Es sendet unendliche Liebe aus, die die Essenz jeder wünschenswerten Erfahrung ist. Alles, was du dir wünschst, wird von dieser Kraft angetrieben.

Angst und Sorgen trennen dich davon ab, die Liebe und Fülle des Universums zu erfahren, genau wie der Knoten in einem Schlauch den Fluss des Wassers hemmt. Öffne dich heute der beglückenden Erfahrung, im ewigen Strom göttlicher Liebe und Fülle zu baden und dich in der Gewissheit zu entspannen, dass alle deine Bedürfnisse erfüllt werden.

Rufe dir ins Gedächtnis, dass du in einem Universum der Fülle lebst. Achte auf die vielen Beispiele für diese Tatsache und sei offen, die Geschenke zu empfangen, die zu dir gebracht werden. Je mehr du in der sicheren Gewissheit darüber bleibst, desto gleichmäßiger wird der Fluss der Fülle durch dein Leben strömen.

GEDANKE FÜR DEN HEUTIGEN TAG

Ich lebe in einem überreichen Universum, in dem alle meine Bedürfnisse erfüllt werden. Ich nehme alles Gute dankbar an und bin bereit, an der Fülle des Universums teilzuhaben.

Tagträumen

Tagträume sind häufig der Katalysator für die Imagination, wobei dein Geist sich jenseits der Grenzen von Logik begibt und neue Möglichkeiten entdeckt. Wir Engel fragen uns oft, warum die Menschen sich gegenseitig von dieser Tätigkeit abraten, da sie so entscheidend ist für die Entwicklung neuer Ideen und Erfindungen. Wir ermutigen dich, dir heute stille Momente der Entspannung zu gönnen und deine Gedanken frei fließen zu lassen, während du dich ruhig ein paar Tagträumen hingibst.

Erforsche deine wildesten Fantasien und die zahllosen Möglichkeiten, die dir zur Verfügung stehen. Male dir »Was-wäre-wenn?«-Träume aus und stelle dir vor, wie deine Wünsche wahr werden.

Danach möchtest du vielleicht irgendwelche Ideen aufschreiben, die dir in den Sinn gekommen sind. Es macht nichts, wenn sie unmöglich oder weit hergeholt erscheinen. Erinnere dich, dass du soeben in die Ebene des Göttlichen eingetaucht bist und dass jeder einzelne Traum – Tag wie Nacht – etwas Wertvolles und Wichtiges in sich verbirgt.

GEDANKE FÜR DEN HEUTIGEN TAG

Ich erlaube mir, mich heute Tagträumen hinzugeben. Meine Imagination freut sich am freien Fluss der Gedanken und der Bilder zahlloser Möglichkeiten. Ich öffne mich dafür, neue Ideen zu finden. Mein Geist ist eins mit dem kollektiven Gedächtnis des Universums, das ich jederzeit anzapfen kann, wenn ich es will.

Ziehe gesunde Grenzen

Du bist ein sensibler, liebevoller und respektvoller Mensch, der niemals die Gefühle eines anderen verletzen würde. Du bist ein Engel auf Erden – und wir Himmelsbewohner bitten dich, dir gegenüber dieselbe Fürsorge und den Respekt angedeihen zu lassen, die du anderen entgegenbringst.

Heute wollen wir mit dir daran arbeiten, gesunde Grenzen zu setzen. Das bedeutet nicht, andere Menschen abzuweisen oder ihnen aus dem Weg zu gehen; du wirst einfach nur ein klares Verständnis dafür entwickeln, was für dich in jeder einzelnen Beziehung annehmbar ist und was nicht.

Dies ist besonders dann wichtig, wenn du dich von anderen benutzt gefühlt hast oder ungerecht behandelt wurdest. Wenn es auch sein kann, dass andere Menschen dich absichtlich ausnutzen, ist es wahrscheinlicher, dass ihnen nicht klar ist, wie du dich dabei fühlst.

Gesunde Grenzen zu setzen bedeutet also, ehrlich zu dir selbst und den Personen in deiner Umgebung zu sein, was man bei einer Beziehung erwarten und als normal ansehen sollte. Du kannst deine wahren Gefühlen mit der gleichen Sensibilität und Liebe ausdrücken, die du anderen in diesem Moment zugestehen würdest. Sie werden deine Ehrlichkeit respektieren, und du wirst so ein Vorbild für den guten Umgang mit sich selbst sein.

Wenn du ehrlich mit anderen Menschen bist, fühlst du dich in ihrer Gesellschaft wohler. Die gesteigerte Freude ist ein wahres Geschenk an dich selbst und ein Segen für die Welt!

GEDANKE FÜR DEN HEUTIGEN TAG

Ich kann ruhig eine Bitte abzulehnen, die sich nicht richtig für mich anfühlt. Wenn ich mich selbst achte, respektieren mich auch andere Menschen. Ich habe ein Recht auf meine Gefühle, egal, ob andere damit einverstanden sind oder nicht. Ich bin ehrlich zu mir selbst und anderen.

Achte dein mitfühlendes Herz

Alle Menschen wollen ihr Beste geben, genau wie du. Dich an diese Tatsache zu erinnern, kann zuweilen großes Mitgefühl erfordern, doch versuche an diesem Gedanken während des Tages festzuhalten.

Wenn du feststellst, dass du über jemanden urteilst (auch dich selbst), erkenne, dass alle Menschen versuchen, ihr Bestes zu geben. Erlaube dir selbst und anderen, gelegentlich auf ihrem Weg ins Stolpern zu geraten. Anstatt sie innerlich zu verurteilen, sende ihnen Gebete und liebevolle Gefühle.

Du hast ein mitfühlendes Herz, und deine wahre Natur ist Liebe. Du fühlst dich besser, wenn du in Übereinstimmung mit deinem wahren Selbst handelst, das liebevoll, verständnisvoll und sanft ist. Fühle die Freude darüber, so zu sein, wie du bist, indem du jeden Menschen mit den Augen deines mitfühlenden Herzens betrachtest.

GEDANKE FÜR DEN HEUTIGEN TAG

Ich habe von Natur aus ein mitfühlendes Herz. Meine Gebete für andere Menschen sind machtvoll und heilend. Ich tue das Beste, was ich kann, und urteile nicht über mich. Ich praktiziere Urteilslosigkeit mir selbst und anderen gegenüber.

Hab Geduld mit dir

Wenn du Geduld mit dir selbst aufbringst, drückst du damit Mitgefühl für deine eigene Person aus. Niemand erwartet von einem Baby, dass es sofort nach der Geburt zu laufen anfängt: Der Fortschritt ist allmählich, aber beständig, und mit deinem eigenen Wachstum verhält es sich genauso. Wir erinnern dich daran, den Weg zu genießen, auf dem du heute bist, selbst wenn er länger zu sein scheint, als dir angenehm ist.

Mit Geduld kommt Fortschritt. Geduld verbunden mit Vertrauen sorgt für eine entspannte und offene Haltung, die immer belohnt wird. Übergib uns Engeln jegliche Sorgen oder Ängste, die du wegen der Dauer deines Fortschritts hast. Konzentriere dich ganz auf deine heutigen Aktivitäten und mach dir keine Gedanken über morgen.

Geduld ist daher in Wahrheit ein anderes Wort für das Loslassen von Angst und Sorgen. Vergiss nicht, wir sind immer an deiner Seite, um dir zu helfen, jegliche Spannung oder Stress loszulassen – du musst uns nur darum bitten.

GEDANKE FÜR DEN HEUTIGEN TAG

Ich habe Geduld mit mir selbst und meinem Fortschritt. Ich freue mich darüber, wie weit ich schon gekommen bin und wie viel ich gelernt habe. Ich übergebe alle Sorgen oder Ängste Gott und den Engeln und entspanne mich in dem festen Vertrauen darauf, dass sich alles nach dem göttlichen Plan entwickelt.

Ehre deinen Körper

Dein physischer Körper ist eines der wichtigsten Werkzeuge zur Erfüllung deiner göttlichen Lebensaufgabe – er ist der Tempel deiner Seele während deiner Zeit auf der Erde. Und genauso, wie du dich um dein Zuhause kümmerst, freut sich dein Körper über die Aufmerksamkeit und liebevolle Anerkennung, die du ihm schenkst.

Dein physisches Selbst hat seine eigene Lebenskraft und Intelligenz. Sie hat ihren Ursprung in deiner DNA, der Verbindungsstation zwischen den geistigen und physischen Ebenen, die wie eine Leitung zwischen deinem höheren Selbst (die mit der übergeordneten geistigen Welt verbunden ist) und deinem niederen Selbst (das Wesen, das in deinem Körper wohnt) agiert. Das elektrische Gleichgewicht dieser Rezeptoren und Leitungen funktioniert besser, wenn dein Körper gut versorgt ist und es ihm an nichts fehlt.

Der Tempel deiner Seele erblüht – genau wie jedes andere Lebewesen – bei Lob, Anerkennung und andere Formen der Fürsorge. Je öfter du ihm freundliche Dinge sagst oder liebevoll über ihn sprichst, desto positiver reagiert er.

Liebe und ehre heute deinen Körper. Im Gegenzug wird er dich mit größerer Energie und Vitalität belohnen, mit der er seine Dankbarkeit für deine liebevolle Aufmerksamkeit zum Ausdruck bringt.

GEDANKE FÜR DEN HEUTIGEN TAG

Ich sorge ausgezeichnet für meinen Körper. Ich schätze ihn sehr, denn er ist gesund, stark und vital. Ich bitte jetzt die Engel, meinem physischen Selbst eine Extradosis heilender Liebe zu schicken.

Freue dich über Komplimente

Genauso wie dein Körper bei Lob und Anerkennung aufblüht, freut sich auch deine Seele darüber. Wenn du mit lieben Worten über dich sprichst, strahlt dieser Teil deiner Selbst besonders hell. Wenn du auf diese Weise zu anderen Menschen über dich selbst sprichst, strahlt deine Seele Wärme und Liebe aus – und diese Energie nährt jeden.

Deine Wertschätzung erkennt an, dass jeder Mensch gleich liebenswert ist. Anders als beim Angeben geht es bei der Liebe oder Wertschätzung nicht darum, sich über andere zu erheben, was oft verwechselt wird.

Wenn dir jemand ein Kompliment macht, sehnt sich deine Seele danach, dieses Geschenk anzunehmen, genauso wie dein Körper es genießt, wenn er Nahrung durch Essen oder Trinken erhält. Liebe und Anerkennung sind die Nahrungsmittel, die den Hunger deiner Seele stillen.

Wenn andere dich heute loben oder dir anerkennende Worte sagen, nimm dieses Geschenk mit Dankbarkeit an. Lass freundliche Worte nicht an dir abprallen – nimm sie an. Genieße die Seelennahrung, die Anerkennung dir bringt.

GEDANKE FÜR DEN HEUTIGEN TAG

Ich nehme Komplimente dankbar und wohlwollend an. Ich bin bereit, die Wertschätzung anderer Menschen anzuerkennen, und ich lasse zu, dass ich geliebt werde. Es kann ruhig gelobt werden.

Folge deiner göttlichen Führung

Wir Engel kommunizieren ständig mit dir, beantworten deine Fragen und geben dir Führung. Du nimmst uns als Gefühl im Bauch wahr, durch Kribbeln, Gänsehaut, Träumen, Eingebung und Visionen. Darüber hinaus fallen dir wiederholt Zeichen in der physischen Welt auf, und wir möchten dich wissen lassen, dass du wirklich auf diese unterschiedlichen Arten mit uns kommunizierst; alle dies sind echte Botschaften.

Ein Großteil unserer Führung ist eine Antwort auf deine Gebete und Fragen, um dein Leben zu verbessern. Häufig werden wir dich ermutigen, Schritte zu unternehmen, die deinen Wunsch nach innerem Frieden und Glück unterstützen. Das bedeutet oft, dass sich Dinge verändern werden – was letztendlich das ist, worum du gebeten hast.

Jede Form von Veränderung ist ungefährlich, wenn du deiner göttlichen Führung folgst. Du wirst feststellen, dass diese Veränderungen immer systematisch sind und einen Schritt nach dem anderen vonstatten gehen. Wie bei einem rhythmischen Tanz vollführst du eine Drehung, bevor wir dich zur nächsten führen. Wenn du versuchst, schneller zu tanzen als die universelle Musik es vorgibt, kann es passieren, dass du stolperst und hinfällst: Dies ist nicht die Schuld der Melodie, sondern liegt daran, dass du aus dem Rhythmus gekommen bist.

Verbringe heute ein wenig Zeit in Stille und Besinnung und erinnere dich an alle sich wiederholenden Gedanken, Ideen oder Gefühle, die du in letzter Zeit hattest. Falls diese Botschaften die Aufforderung an dich beinhaltet haben, gewisse positive Veränderungen vorzunehmen, handelt es sich dabei um die göttliche Führung, die wir meinen. Bitte uns, dir dabei zu helfen, diese Führung in die Tat umzusetzen. Wir können dir Mut, Motivation und Unterstützung in anderer Form geben … du musst uns nur darum bitten.

GEDANKE FÜR DEN HEUTIGEN TAG

Ich achte auf die sich wiederholenden Zeichen, die ich zur Verbesserung meines Lebens erhalte, und ich erlaube mir, die Führung meiner Engel zu hören. Ich bitte sie, mir klar zu zeigen, welchen Schritt ich heute machen soll, um meine Lebensaufgabe besser erfüllen zu können. Ich verstehe meine göttlichen Botschaften und setze sie entsprechend dieser himmlischen Führung in die Tat um.

Vertraue deinen Entscheidungen

Du bist eine weise Seele, und dein Herz führt dich in die richtige Richtung. Du hörst den Ruf nach einer wichtigen Veränderung in deinem Leben, doch ein Teil von dir fragt sich, ob du deiner Intuition wirklich trauen kannst.

Wir Engel sind heute hier, um dir zu raten, Vertrauen in deine zuverlässige Entscheidungsfähigkeit zu haben. Dein Herz weiß, was in diesem Fall am besten ist, denn es ist ein präzises Instrument zur Messung deines allgemeinen Wohlergehens. Vertraue und folge seiner Führung.

Vertraue heute deinen Entscheidungen. Überlasse uns alle Zweifel, damit wir die Spreu vom Weizen trennen können. Wir werden dir helfen, bloße Erfolgsängste von echten warnenden Vorgefühlen zu unterscheiden, die du beherzigen solltest.

Wenn du auf dein Leben zurückblickst, kannst du das komplizierte Muster der Entscheidungen erkennen, die du getroffen hast. Oftmals haben anscheinend unsinnige Entscheidungen dir letzten Endes die größte Zufriedenheit gebracht, und in diesem Moment befindest du dich an einem ähnlichen Punkt. Folge dem Ruf deines Herzens ... und vertraue.

GEDANKE FÜR DEN HEUTIGEN TAG

Ich habe Vertrauen in meine Entscheidungsfähigkeit und achte auf meine starken Vorahnungen und Führung. Ich habe das Recht, glücklich zu sein, und ich kann ruhig der Führung meines Herzens folgen.

Bleibe im Fluss mit der Energie

Du hast eine erstaunliche Begabung, zur rechten Zeit am rechten Ort zu sein. Wir Engel arbeiten heute mit dir daran, diese Fähigkeit noch weiter auszubauen und zu verfeinern.

Dies beginnt mit einem Verständnis des Energieflusses, der genau wie ein Wasser- oder Luftstrom funktioniert. Du hast gelernt, dass ein physikalisches Objekt wie zum Beispiel ein Felsbrocken einen Flusslauf umlenken, ihn jedoch letztendlich nicht aufhalten kann.

Genauso bedeutet göttliche Zeitplanung, all den Umständen zu vertrauen, die zur Beantwortung deines Gebetes gehören. Wenn du davon ausgehst, dass es ein Problem geben wird, errichtest du damit eine Energiemauer, die sich genauso verhält wie ein Fels unter Wasser: Der Fluss fließt nicht durch den Stein – er fließt dagegen und bahnt sich einen Weg daran vorbei.

Fasse heute den Vorsatz, dass dich das Universum auf deinem Weg vorwärts bringt. Widersetze dich nicht dem »Druck«, der dich dazu ermutigt, dich auszudehnen und zu wachsen, sondern genieße die Reise, die der stetige Fluss dir bietet.

GEDANKE FÜR DEN HEUTIGEN TAG

Ich bin zur rechten Zeit am rechten Ort, denn die göttliche Zeitplanung arbeitet zu meinen Gunsten. Ich gebe jeden Widerstand gegen Fülle auf. Ich bin jetzt vollkommen offen, um die Hilfe und Geschenke des Universums zu empfangen.

Erkenne, dass du mächtig bist

Deine Kraftquelle ist Gott in dir, der allmächtig ist. Du bist auf ewig mit dieser Kraft verbunden – du bist mächtig!

Der einzige Grund, warum du dich zuweilen macht*los* fühlst, ist der, dass du dir dieser Quelle nicht mehr bewusst bist. Da du ständig an göttliche Energie angeschlossen bist und Gott immer mächtig ist, folgt daraus, dass *deine* Macht niemals nachlässt oder dich verlässt. Ebenso kannst du sie nie missbrauchen, da sie vollkommen nach den Prinzipien der Liebe geregelt wird.

Rufe dir heute mehrfach ins Gedächtnis, dass du Gottes volle Unterstützung hast. Das bedeutet, dass du jeden deiner Gedanken anziehen und manifestieren kannst, daher denke nur Dinge, die wünschenswert für dich sind und dein Herz erfreuen … Du hast die Macht dazu.

GEDANKE FÜR DEN HEUTIGEN TAG

Ich bin mächtig, denn Gott ist in mir und unterstützt mich in jeder Hinsicht. Ich bin ein großer Heiler, und ich kann ruhig mächtig sein.

Genieße deinen jungen Geist und Körper

Der Funke des göttlichen Feuers in deiner Seele ist dein Geist, der niemals altert. Dein Körper kann diese immerwährende Jugend widerspiegeln, wenn du dir die Freiheit nimmst, es auszuleben.

Was würde also ein junger Geist tun, um sich auszudrücken? Er würde nach Herzenslust singen, tanzen, alles Mögliche erschaffen und die Welt entdecken. Er würde den Überfluss der verschiedenen Gefühle und Erfahrungen genießen; sich ausruhen, wenn er das Bedürfnis dazu verspürt, und spielen, wann immer es ihm gefällt. Es kennt keine Zurückhaltung.

Erlaube dieser Seite von dir, heute hervorzutreten. Achte auf die positiven Auswirkungen, die eine solche Energie auf deinen Körper hat (verbunden mit einem frischeren Aussehen). Jugendlichkeit strahlt Lebendigkeit aus, die zu Gesundheit auf jeder Ebene deines Seins führt.

GEDANKE FÜR DEN HEUTIGEN TAG

Ich habe einen ewig jungen Geist. Der Funke des göttlichen Feuers leuchtet jetzt in meiner Seele, was ich heute voller Freude zum Ausdruck bringe. Ich kann spielen und Spaß haben und gleichzeitig meinen Verpflichtungen nachkommen – denn Spielen ist tatsächlich verantwortliches Handeln gegenüber mir selbst.

Folge dem Ruf in dir

Deine göttliche Lebensaufgabe ruft und bittet dich, ihr Leben einzuhauchen. Als vollkommenes Kind des Schöpfers hast du diese Fähigkeit, eine Möglichkeit mit Lebenskraft zu erfüllen.

Dein *Ruf* ist die Tätigkeit oder Karriere, der du häufig in deinen Tagträumen nachhängst. Du fragst dich, wie dein Leben wohl aussehen würde, wenn du dieser Tätigkeit nachgehen würdest. Dies wird die »potenzielle Phase« genannt, und sie kann mit einem unaufgeblasenen Ballon verglichen werden, den du in der Hand hältst.

Wenn du dich mit deinem künftigen Lebensweg befasst, indem du darüber liest, Kurse zu diesem Thema besuchst oder mit anderen Menschen sprichst, die in diesem Bereich tätig sind, bläst du den Ballon bereits ein wenig mit deiner Lebenskraft auf. Das ist der Moment, wo der Ruf deutlicher wird – je mehr Energie du hinein investierst, desto machtvoller wird er. Bald kommt der Augenblick, wo du diesen Ruf nicht länger überhören kannst.

Folge heute dem Ruf in dir und erlaube dir, deinen Wunsch klar zu erkennen, dich auf eine Reise zu begeben oder eine neue Laufbahn einzuschlagen, ein neues Projekt zu beginnen oder eine unbezahlte Tätigkeit in einem Bereich, der dir am Herzen liegt. Je mehr Energie du in diesen Wunsch investierst, desto lebendiger wird er ... bis aus dem Traum schließlich Wirklichkeit geworden ist.

GEDANKE FÜR DEN HEUTIGEN TAG

Ich bin ehrlich zu mir und weiß von meinen größten Sehnsüchten nach einer Karriere, einem Projekt oder einer Volontärtätigkeit, die mir Freude macht. Ich folge meinem inneren Ruf und erforsche, wie ich meine Träume in die Tat umsetzen kann, indem ich über das Thema nachlese, das mir am Herzen liegt, mich für Kurse anmelde oder mit jemandem spreche, der sich damit auskennt. Ich verdiene es, ein erfülltes Leben zu führen.

Genieße harmonische Beziehungen

Du erlebst nur dann Schwierigkeiten in Beziehungen, wenn du dich gegen die Richtung sträubst, in die sie sich bewegen. Jeder Partner segelt nach einem anderen Kurs, wie Schiffe auf hoher See.

Letztendlich geht es nicht darum, wo du am Ende deiner Reise anlegst; vielmehr geht es um den Austausch zwischen den Personen, die an der Reise teilnehmen. Die vorteilhaftesten Reisen sind die, bei der die Teilnehmer aus dem Herzen heraus agieren und ehrlich zueinander sind.

Harmonische Beziehungen gründen auf gegenseitiger Ehrlichkeit, in einer Umgebung, wo beide Partner sicher sein können, einander ihre wahren Gefühle zu zeigen. Wenn ihr euch wirklich dem anderen gegenüber öffnet, wisst ihr, dass ihr so geliebt werdet, wie ihr wirklich seid.

Auseinandersetzungen und Streit entstehen, wenn einer oder beide Partner Angst bekommen, unsicher werden und sich wehren, entweder durch Worte oder Taten. Wir Engel können helfen, eine sichere Atmosphäre zu schaffen, indem wir eure Herzen mit der Energie der Liebe erfüllen, um euch zu helfen, Worte zu wählen, die freundlich und respektvoll sind. Liebe ist das machtvollste und sicherste Mittel, wenn ihr einander eure wahren Gefühle eingestehen wollt … und damit das Band der Liebe immer stärker werden lasst.

GEDANKE FÜR DEN HEUTIGEN TAG

Meine Beziehungen sind harmonisch und liebevoll. Ich kann ruhig ehrlich zu mir selbst und anderen sein. Alle meine zwischenmenschlichen Beziehungen sind von Liebe getragen, und ich fühle mich den Menschen am verbundensten, wenn ich sie wissen lasse, wer ich wirklich bin.

Sei dir gewiss, dass du liebenswert bist,
so wie du gerade bist

Du musst dich nicht verändern, um Gottes Liebe zu verdrängen – du bist seit jeher geliebt und verehrt worden als das, was du bist.

Natürlich wird dein mitfühlendes und freundliches Verhalten geschätzt, doch mach dir bitte bewusst, dass du geliebt wirst, unabhängig von dem, was du tust. Je mehr du diese Wahrheit für dich selbst annimmst, desto mehr wirst du dich entspannen und deine Erfahrungen genießen können.

Im Leben geht es nicht darum, die Anerkennung anderer Egos zu gewinnen … vielmehr geht es darum, die Wohltaten anzunehmen, die die egofreie Geistessenz ständig für dich bereit hält. Das Erstere ist ein Ziel, das nie erreicht werden kann, wohingegen das Letztere *bereits erreicht* ist.

Entspanne dich heute in der Gewissheit, dass wir Engel dich genauso lieben, wie du jetzt in diesem Moment bist. Lass alle Anspannung wegen dir los und genieße die Geschenke des heutigen Tages.

GEDANKE FÜR DEN HEUTIGEN TAG

Ich werde als der Mensch geliebt, der ich jetzt in diesem Moment bin, denn Gott und die Engel lieben mich bedingungslos. Ich lege meine Schutzmechanismen ab und erlaube mir, in Frieden zu sein, da ich weiß, dass ich liebenswert bin, so wie ich bin.

Verbinde dich mit dem Geist der Natur

Es gibt einen Grund, warum es dich erfrischt, Zeit in der Natur zu verbringen, unabhängig vom Wetter. Es ist mehr als die Luft, die Bäume und der Sonnenschein; es ist der freie Geist, der die Natur durchzieht und der dich neu belebt, eine Kraft, die der wahre Atem der Natur ist.

Diese Energie hat eine reinigende Wirkung. Ein einfacher Spaziergang draußen wird alle Überreste von Stress, Streit, Sorgen und anderen Gefühlsgiften beseitigen. Der Geist von Mutter Natur tauscht auf liebevolle Weise niedrige Energie gegen ihre höhere Schwingung aus – man kann es mit einem Laserstrahl vergleichen, der unerwünschte Elemente einfach wegbrennt. Überall ist Natur, auch in den Straßen einer Großstadt, daher gibt es keinen Grund, diese göttliche Aufgabe hinauszögern, bis du Zeit hast, aufs Land zu fahren. Die Vorzüge der Natur sind allgegenwärtig, wo es eine direkte Verbindung zur Luft gibt.

Gehe heute nach draußen, atme tief durch und verbinde dich mit dem Geist der Natur.

GEDANKE FÜR DEN HEUTIGEN TAG

Ich verbringe Zeit in der Natur. Wenn ich nach draußen gehe, verbinde ich mich mit dem machtvollen, heilenden Geist der Natur und erlaube ihm, meine Energie zu reinigen und auf eine höhere Stufe zu heben. So meine Zeit zu verbringen ist ein Geschenk, das ich mir regelmäßig selbst mache.

Erkenne, dass du alles richtig machst

Wie anders wäre dein Leben, wenn du wüsstest, dass alles, was du tust, idiotensicher ist und du nie einen Fehler machen kannst? Würdest du deinen Verstand weniger anstrengen und deine Träume mit größerer Begeisterung verfolgen? Würdest du dich glücklicher und sicherer fühlen?

Wir Engel sind hier, um dir eine geistige Wahrheit anzuvertrauen: Du kannst keinen Irrtum begehen – alles, was du tust, ist richtig.

Im universellen Sinn ist alles, was Gott geschaffen hat – und dazu gehörst auch du – vollkommen. Da du eine Schöpfung des unfehlbaren Schöpfers bist, ist auch alles, was du tust, unfehlbar. Nach dem Urteil der Menschen können sowohl göttliche als auch sterbliche Schöpfungen fehlerhaft sein, doch verändert dies nicht die geistige Tatsache ihrer Vollkommenheit. Oft ist es dem menschlichen Verstand nicht möglich, das übergeordnete Bild zu sehen, das alles auf eine logische Weise miteinander in Bezug bringt.

Was immer du tust, ist auf Gott zurückzuführen, da das Göttliche alles ist, was existiert. Wie könnte es einen Irrtum in dieser Schöpfung geben?

Entspanne dich heute in der Gewissheit, dass jede deiner Entscheidungen und Handlungen von Gottes Gewähr für Vollkommenheit freigezeichnet ist. Alle Erfahrungen führen am Ende zu Wachstum, Liebe, Frieden und Heilung, was bedeutet, dass du nie einen Fehler machen kannst.

GEDANKE FÜR DEN HEUTIGEN TAG

Ich mache alles richtig. Ich überlasse alle Sorgen und Ängste über meine Entscheidungen und Handlungen Gott und den Engeln. Ich habe ein gutes Gefühl bei mir und allem, was ich tue, denn ich akzeptiere mich so, wie ich bin.

Breite deine Flügel aus und steige auf

Du hast so viele Talente, um sie mit der Welt zu teilen, angefangen bei deiner Gegenwart auf dem Planeten. Als Verkörperung von Gottes Liebe bewirkst du Wohltaten einfach dadurch, dass du lebst … doch gleichzeitig brennst du darauf, deine Flügel auszubreiten und noch höher aufzusteigen. Du möchtest das strahlende Leuchten der Freude und Erfüllung häufiger erleben. Du sehnst dich danach, dich frei zu fühlen, ungehindert von dem Gewicht der Sorgen um Geld und andere materielle Dinge. Du möchtest deine Zeit am liebsten ausschließlich damit verbringen, Dinge zu tun, die dein Herz zum Singen bringen.

Die Wahrheit ist, dass dich immer dann, wenn du dabei bist, freudige Ziele zu verfolgen, die aufgewendete Energie wie einen Vogel in die Luft hebt, der einen Aufwind nutzt, um höher hinauf in die Weite des Himmels zu steigen. Dabei spielt es keine Rolle, ob sich diese Tätigkeit finanziell direkt auszahlt oder nicht.

Die übriggebliebenen Wohltaten dieser Glückserfahrung sind wie ein roter Teppich ausgerollt für neue Gelegenheiten, Freundschaften, Geschäftsverbindungen und Fülle. Von Menschen, die zufrieden sind, wird gesagt, dass sie »Glück haben«, doch ist Freude der Magnet, der noch mehr Freude in dein Leben bringt.

Steigere dein Glücksgefühl heute, indem du deinen Lieblingsbeschäftigungen Zeit widmest. Erinnere dich daran, dass diese Aktivitäten vorteilhaft sind, weil sie dir dabei helfen, deine Flügel auszubreiten und zu ungeahnten Höhen aufzusteigen.

GEDANKE FÜR DEN HEUTIGEN TAG

Ich gestatte mir selbst, Zeit mit angenehmen Aktivitäten zu verbringen. Wenn mein Herz von Glück erfüllt ist, bekommt mein Leben magische neue Eigenschaften. Freude steht mir zu – und wenn ich glücklich bin, profitiert jeder in meiner Umgebung davon.

Sei farbenfroh

Es ist weder sicherer noch von Vorteil, sich seiner Umgebung anzupassen. Deine bunte Seite ist viel lustiger und energetisierender für dich und die Menschen um dich herum, daher verleihe heute diesem Teil von dir Ausdruck: Kleide dich in leuchtende Farben; iss buntes Obst und Gemüse, und kehre deine lebensfrohe Seite nach außen, indem du Witze erzählst, spielst, Spaß hast und einfach du selbst bist.

Dein Strahlen inspiriert andere, locker und sie selbst zu sein. Gott hat in der Natur eine Vielfalt von Farben hervorgebracht, von der jede eine eigene lebendige Schwingung hat. Wenn du dich authentisch gibst, strahlst du einen höchst attraktiven Regenbogen an Energie aus.

GEDANKE FÜR DEN HEUTIGEN TAG

Ich erlaube mir, farbenfroh zu sein. Ich genieße mein wahres Selbst, und meine strahlende Natur inspiriert andere. Meine schönen Farben leuchten in voller Pracht.

Vertraue darauf, dass wir in diesem Augenblick bei dir sind

Es gibt niemals eine Zeit, wo du allein bist, da wir Engel ständig an deiner Seite sind und jeden Augenblick über dich wachen. Wir sind auch dann bei dir, wenn du schläfst, und wenn du Auto fährst, arbeitest, isst, einkaufst, liebst, dich streitest, Geschäfte machst, schöpferisch tätig bist, dich ausruhst, was auch immer du tust. Du kannst dir jederzeit unsere Hilfe holen. Darüber hinaus sind wir glücklich, dich immer wieder an unsere Gegenwart zu erinnern, damit du daran denkst, uns um Hilfe zu bitten – ein kleines Wort genügt.

Auch während du jetzt diese Zeilen liest, stehen wir direkt neben dir. Wenn du willst, halte einen Moment inne und stimme dich bewusst auf unsere Gegenwart ein. Du wirst durch das warme Gefühl, das du in deinem Herzen spürst, wissen, dass wir hier sind – dieses Gefühl ist die Liebe, die wir dir für alle Zeiten senden.

Du wirst immer von göttlicher Liebe und Fürsorge getragen, selbst wenn du dir darüber nicht bewusst bist. Du bist wie ein neugeborenes Baby, das sich über die Nahrungsquelle nicht bewusst ist, mit der es durch die Nabelschnur verbunden wird, doch deine Verbindung zu Gott, der dich stets nährt, kann nie unterbrochen werden.

Gib heute dein Bestes, dich an unsere ständige Gegenwart an deiner Seite zu erinnern. Je mehr du uns um unsere Hilfe bittest, desto mehr werden wir in der Lage sein, sie dir mit Freuden zu geben.

GEDANKE FÜR DEN HEUTIGEN TAG

Ich bin für alle Zeiten mit dem Himmel verbunden. Meine Engel sind immer an meiner Seite und bereit, mir bei allem zu helfen, worum ich sie bitte. Ich nehme ihre Hilfe jetzt an in der Gewissheit, dass ich ihre Unterstützung verdiene, genauso wie jeder andere Mensch. Ich bade ununterbrochen im wohlig warmen Meer göttlicher Liebe.

Sei dir gewiss, dass du niemals zu viel verlangen kannst

Wir Engel merken, dass du dir manchmal Sorgen darüber machst, uns zu oft um Hilfe zu bitten. Du fragst dich, ob es selbstsüchtig oder falsch ist, Hilfe bei materiellem Wohlstand, Heilungen oder bei den alltäglichen kleinen Dingen im Leben zu erbitten. Heute möchten wir alle Ängste zur Sprache bringen, die dich zögern lassen, um unsere Hilfe zu bitten und sie anzunehmen.

Wir leben in einem Universum vollkommener Fülle, das diverse Möglichkeiten und das Potenzial für jede Art von Erfahrung bietet. Es gibt keinen Mangel irgendwelcher Art, daher ist es unmöglich, dass du durch die Annahme unserer Hilfe anderen Menschen etwas wegnimmst oder sie daran hinderst, diese Fülle ebenso zu genießen.

Wir sind grenzenlose Wesen, genau wie du. Wir haben alle Zeit der Welt, dir zu helfen – daher sorge dich nie, dass du uns mit deinen Anliegen oder Gebeten belästigst. Es ist unsere heilige Aufgabe, dir jederzeit zu helfen, wenn du uns darum bittest.

GEDANKE FÜR DEN HEUTIGEN TAG

Ich kann um so viel Hilfe bitten, wie ich möchte. Meine Engel sind glücklich, mir immer beizustehen, da dies ein grenzenloses Universum ist mit einem unendlichen Vorrat an allem für mich und jeden anderen Menschen. Ich bin bereit, die Geschenke und Unterstützung anzunehmen, die der Himmel mir anbietet.

Verurteile dich nicht länger

Letzten Endes ist der einzige Mensch, dem du vergeben musst, du selbst. Jeder Zorn, jeder Groll oder jede Ablehnung, die du anderen gegenüber empfindest, ist immer auf Gefühle zurückzuführen, die du dir selbst gegenüber hast. Das ist der Grund, warum einige deiner Versuche, anderen Menschen zu vergeben, erfolglos zu sein schienen. Bevor du dir nicht selbst vergibst, werden deine Beziehungen mit den Menschen in deiner Umgebung von deiner Selbstablehnung vergiftet.

Selbstvergebung ist etwas anderes, als sich zu einer Schuld zu bekennen. Vielmehr bedeutet sie, dich deinen Schuldgefühlen oder deiner Wut zu stellen. Dir selbst diese Emotionen einzugestehen löst die Macht auf, die diese Gefühle über dich haben, als sie noch im Verborgenen gärten. Deine Offenheit und Ehrlichkeit dir selbst gegenüber wird dich zu der Erkenntnis führen, dass du nichts Schlechtes getan hast, da in Gottes vollkommenem Universum alles seine Richtigkeit hat.

Vergib dir heute selbst für etwas, von dem du glaubst, es getan oder nicht getan zu haben. Lass die Illusion der Schuld und Selbstverachtung los. Da du zu hundert Prozent aus Liebe bestehst, genau wie dein Schöpfer, kannst du in Wahrheit nicht anders, als dich selbst zu lieben.

GEDANKE FÜR DEN HEUTIGEN TAG

Indem ich mich mit liebevollen Augen betrachte, lasse ich alle Urteile über mich los. Ich empfinde Mitgefühl für mich selbst und weiß, dass ich immer das Beste tue, was ich kann. Gottes Universum ist vollkommen, jetzt und immer.

Sei dir gewiss, dass du Gottes wertvolles Kind bist

Du bist für ewig Gottes wertvolles Kind. Du wurdest als ein Geschenk großer Liebe hervorgebracht – dein Wesen und deine Essenz ist die Liebe selbst. Auch in Zeiten, wo du dich allein oder unerwünscht gefühlt hast, wurdest du von deinem Schöpfer bedingungslos geliebt.

Während du diese Worte liest, halte einen Moment inne und fühle die Tiefe der Liebe, die dich in diesem Augenblick umfängt. Vielleicht erlebst du sie noch intensiver, wenn du tief durchatmest und die Energie dieser Liebe ins Bewusstsein holst.

Fühle, wie sehr du geachtet und verehrt wirst. Jedes einzelne der wertvollen Himmelskinder erhält diese Liebe und diesen Respekt, denn Gott schaut durch die Oberfläche hindurch und sieht stets eine vollkommene Schöpfung. Wir Engel bitten dich heute zu versuchen, dasselbe zu tun.

GEDANKE FÜR DEN HEUTIGEN TAG

Ich sehe jetzt meine wahre göttliche Vollkommenheit. Ich erlaube mir, geliebt zu werden, denn ich bin für alle Zeiten Gottes wertvolles Kind. Ich werde immer geachtet und geliebt.

Zapfe die Quelle aller Antworten an

Du hast Zugriff auf die erstaunlichste Datenbank, die Rat, Führung und Weisung bietet – sie befindet sich in deinem Inneren, jetzt und immer. Die Quelle aller Antworten ist jederzeit bereit, dir auf deine Fragen eine Antwort zu geben, und es gibt kein Problem, das sie nicht lösen könnte.

Manchmal wird diese Quelle direkt mit Worten, Gedanken oder Visionen antworten; bei anderen Gelegenheiten wird sie als Erwiderung auf deine Fragen synchronistische Begebenheiten schicken. Jede Frage wird stets genauestens beantwortet, vorausgesetzt du bist offen und dir der Antworten gewahr, wenn sie kommen.

Dieser Urquell aller Informationen ist nicht irgendeine übernatürliche Macht. Es ist die zugänglichste und natürlichste Kraft im Universum: die unendliche Weisheit der Gottesseele, die auf ewig mit deiner eigenen verbunden ist.

GEDANKE FÜR DEN HEUTIGEN TAG

Ich habe die Quelle für alle Antworten jetzt und immer in mir. Ich kann jede Frage stellen, die mir auf dem Herzen liegt, und erhalte umgehend die richtige Antwort. Ich bin mir der Botschaften gewahr, die als Antwort auf meine Fragen und Gebete kommen. Mein Geist ist auf ewig mit der unendlichen Weisheit Gottes verbunden.

Schaffe ein Gleichgewicht zwischen Arbeit und Vergnügen

Du hast den bewundernswerten Drang, deinem eigenen Leben und dem der Menschen in deiner Umgebung Sinn zu verleihen. Du kümmerst dich außerordentlich verantwortungsvoll um andere und achtest auch sehr gut auf dich.

Heute möchten wir uns auf die Frage des »Gleichgewichts« konzentrieren. Anstatt dieses Thema als einen weiteren Punkt auf deiner Liste der zu erledigenden Aufgaben zu betrachten, sieh es als eine Gleichung an mit dem Ziel, mehr Freude, Produktivität und Energie aus jedem Moment herauszuholen.

Wenn dein Tag ausschließlich der Arbeit gewidmet ist, verausgabst du deine Energien einseitig, was dazu führt, dass du dich bald ausgelaugt fühlst und essen oder trinken willst, um deinen Geist neu zu beleben. Elektrische Leitungen funktionieren in einem Stromkreis aus Output und Input – Geben und Empfangen – und dein eigener Körper funktioniert im Wesentlichen genauso.

Verspieltheit vervollständigt deinen physischen Stromkreis und verleiht dir neue Energie, damit du den erforderlichen Brennstoff hast, um geben und schöpferisch tätig sein zu können. Wenn du Spaß hast, wird deine Energie auf natürliche Weise gesteigert, was der Grund ist, warum Spielen genauso produktiv und notwendig ist wie Arbeiten.

Zusammen sind diese beiden Aktivitäten der Minus- und Pluspol, die machtvolle Strömungen in Bewegung halten. Nimm dir heute Zeit sowohl zum Spielen als auch zum Arbeiten und genieße die Vorteile, die aus diesem Gleichgewicht der Kräfte entstehen.

GEDANKE FÜR DEN HEUTIGEN TAG

Ich nehme mir jeden Tag Zeit zum Spielen, denn das ist genauso wichtig wie Arbeiten. Ich entscheide mich jetzt für ein
Leben im Gleichgewicht und erlaube mir, in gleicher Weise zu
empfangen wie zu geben.

Betrachte deine Welt mit neuen Augen

Manchmal kann die tägliche Routine deine Fähigkeit beeinträchtigen, die kleinen Einzelheiten in deiner Umwelt zu bemerken, doch gerade die kleinen Dinge sind es, die das Leben lustig und bedeutsam machen. Eine Möglichkeit, deine Sensibilität dafür wieder zu erwecken, besteht darin, dir vorzustellen, dass du alles mit den Augen eines anderen siehst.

Stell dir heute vor, dass jemand, der dich eben erst kennengelernt hat und nichts über dein Leben weiß, neben dir geht. Dieser Mensch ist ganz und gar liebevoll, du musst also keine Angst haben, beurteilt zu werden – doch ist es interessant sich vorzustellen, wie er oder sie deinen Tag betrachten würde. Diese neue Perspektive kann Licht auf einige unbewusste Gewohnheiten werfen, die nicht länger ihren Zweck erfüllen. Vielleicht entscheidest du dich, einige Verbesserungen vorzunehmen, nachdem du dein Leben auf diese neue Weise betrachtest.

Darüber hinaus wirst du wahrscheinlich Dankbarkeit dafür empfinden, wie gesegnet du bist, solch wunderbare Freunde und Familie zu haben. Du wirst all die Geschenke in deinem Leben mehr zu schätzen wissen, nachdem du sie mit neuen Augen gesehen hast.

GEDANKE FÜR DEN HEUTIGEN TAG

Ich betrachte meine Welt mit anderen Augen und sehe Dinge aus einer neuen Perspektive. Ich liebe es, Verbesserungen in meinem Leben vorzunehmen und auf diese Weise meine Energie auf eine höhere Stufe anzuheben.

Schreibe für deinen eigenen Film ein Happy End

Manchmal machst du dir Sorgen über deine Zukunft und ob alles gut ausgehen wird. Dies ist mit dem Gefühl vergleichbar, das du vielleicht während eines spannenden Films hast. Die Handlung ist so kompliziert, dass du dir nicht vorstellen kannst, wie die Probleme gelöst werden könnten, doch am Ende haben die Hauptdarsteller ihren Frieden gefunden, weil sie an den Situationen, die sie durchgemacht haben, gewachsen sind. Alles ist gut und hat ein glückliches Ende.

Deine eigenen schwierigen Situationen sind auf der geistigen Ebene bereits gelöst. Wir Engel haben uns im Schnellvorlauf den Schluss deines »Films« angesehen und erfahren, dass er glücklich ausgeht. Jedes scheinbare Problem löst sich wie von selbst – in der Regel auf kreative Weise.

Wir wollen dir den Spaß nicht verderben, indem wir dir verraten, was wir bei dieser Vorschau erfahren haben. Zudem bleibt ein großer Teil deines Lebens ungeschrieben und wartet auf deine persönliche Regieanweisung. *Was* wir dir jedoch sagen können ist, dass deine Geschichte auf jeden Fall sehr glücklich ausgeht, mit vielen herzerwärmenden und beglückenden Szenen auf dem Weg dorthin.

GEDANKE FÜR DEN HEUTIGEN TAG

Ich übergebe alle Ängste Gott und den Engeln in der Gewissheit, dass in Wahrheit alles bereits gelöst ist. Ich richte mein Augenmerk darauf, glückliche Momente zu erleben, und genau so wird es sich ergeben. Ich entscheide mich, mein Leben als ein Meisterwerk der Schöpfung Gottes zu gestalten.

Nimm dir Zeit für dich selbst

Du hast hart gearbeitet und anderen viel gegeben. Daher sind wir Engel hier, um dich behutsam daran zu erinnern, dir ein wenig Zeit für deine eigenen Bedürfnisse zu nehmen. Der Moment ist gekommen, etwas für *dich selbst* zu tun.

Genauso wie du anderen gibst, verdienst du es, zu empfangen. Gehe mit dir selbst genauso gut um wie mit den Menschen, die dir am Herzen liegen. Sie haben liebevolle Aufmerksamkeit verdient, und dasselbe gilt für dich.

Wenn du anderen erlaubst, dir zu helfen, bringt es ihnen Vorteile: Du ermöglichst ihnen, das befriedigende Gefühl des Gebens zu erfahren. Wenn du dankbar die Hilfsangebote anderer Menschen annimmst, freuen sie sich über ihre Fähigkeiten.

Sei heute sowohl der Gebende als auch der Nehmende. Geben und Nehmen sind die zwei Seiten einer Münze, und beide sind gleich wichtig.

GEDANKE FÜR DEN HEUTIGEN TAG

Ich nehme mir Zeit für mich selbst. Ich führe ein ausgeglichenes Leben und nehme dankbar die Hilfsangebote anderer Menschen an. Ich kann ruhig um Hilfe bitten, wenn ich welche brauche.

Vertraue darauf, dass du auf dem richtigen Weg bist

Wir Engel applaudieren dir für den Weg, auf den du dich gemacht hast, und wir ermutigen dich, ihn fortzusetzen. Deine letzten Entscheidungen, positive Veränderungen in deinem Leben vorzunehmen, sind das Ergebnis unserer Zusammenarbeit. Du hast um unsere Hilfe gebeten, wir haben dich geführt, du hast darauf gehört, und die entsprechenden Veränderungen wurden ausgeführt. Herzlichen Glückwunsch!

Wir lieben dich bedingungslos, egal, wie dein Leben verläuft oder welche Handlungen du vornimmst. Auch unsere Freude über dich kennt keine Grenzen, und wir sonnen uns im hellen Licht deiner Zufriedenheit.

Da das Gefühl des Glücklichseins die Energie ist, die auf der Erde Gott am nächsten kommt, ist diese Emotion unser höchster Zustand – und deiner. Sie ist eine Form reiner Liebe – wenn du dich also freust, befinden wir uns *alle* auf derselben Wellenlänge mit Gott. Dein Glück ist ein Schlüssel, der viele wunderbare Türen in deinem Leben öffnet.

Du bist auf dem richtigen Weg zum Glück, also geh weiter.

GEDANKE FÜR DEN HEUTIGEN TAG

Ich vertraue dem Weg, den ich gewählt habe, und meine Engel sind bei jedem Schritt, den ich mache, bei mir. Alle Türen ungeahnter Möglichkeiten öffnen sich jetzt für mich. Ich kann ganz einfach mein Leben verbessern.

Lerne neue Freunde kennen

Wir Engel können dir bei deinen Freundschaften behilflich sein, sowohl bei den alten als auch bei den neuen, wenn du uns darum bittest. Wir können dir bei Missverständnissen klärend zur Seite stehen und dir Ideen anbieten, wie du die Liebe zwischen dir und den Menschen, die dir am Herzen liegen, feiern kannst.

Außerdem sind wir froh, dir neue Freunde zu schicken. Aufgrund deines geistigen Wachstums haben sich vielleicht einige deiner Beziehungen verändert. Manche Personen, die dir einst nahe standen, entfernen sich langsam aus deinem Leben, und du scheinst mittlerweile andere Interessen als einige deiner Lieben zu haben. Doch fürchte dich nicht ... diese Übergangssituation und Veränderung wird sich bald ausgleichen.

Bitte uns, dir bei deinen Freundschaften zu helfen. Erkenne, dass einige der neuen Menschen, denen du begegnet bist – und bald begegnen wirst – Antworten auf deine Gebete sind. Halte die Erwartung aufrecht, bald wundervolle, harmonische Verbindungen zu anderen zu haben, und es wird sich unvermeidlich so ergeben.

GEDANKE FÜR DEN HEUTIGEN TAG

Ich habe wundervolle neue Bekannte in meinem Leben, denen ich ein guter Verbündeter und Freund bin. Ich bitte meine Engel, mich in jedem Bereich meiner Beziehungen zu unterstützen, und ich vertraue dem Prozess, der zu einer engen Verbindung mit meinen alten und neuen Freunden führt.

Nähre dein Herz

Vielleicht fragst du dich, wie du dein Vorhaben nach mehr Erfüllung und einem tieferem Sinn in deinem Leben befriedigen kannst. Manchmal werden diese geistigen und emotionalen Sehnsüchte mit dem physischem Verlangen nach Nahrung oder anderen Stoffen verwechselt. Die Wurzeln dieser beiden Sehnsüchte sind ähnlich, da es sich immer um ein Signal handelt, dass dein Herz Liebe braucht.

Gib heute deinem innersten Wesen die Seelennahrung, nach der es verlangt. Sprich sanft zu deinem Herzen, beruhige es und bitte es, sich für die Liebe zu öffnen, die dich ständig umfängt. Bitte dein Herz, dir zu vertrauen, dass du es mit unserer Hilfe beschützen wirst.

Nähre dich mit einer Extraportion Liebe und Mitgefühl und habe Verständnis, warum sich dein Herz vielleicht aus einem gutgemeinten Wunsch nach Schutz verschlossen hat. Nähre dich heute an Spaß, Freundschaften, Sonnenuntergängen und dem Duft von Blumen.

Indem du dich um dein Herz kümmerst, kannst du das Vergnügen vom Geben und Nehmen der Liebe fühlen.

GEDANKE FÜR DEN HEUTIGEN TAG

Ich nähre mein Herz und bin mir selbst gegenüber mitfühlend. Ich beruhige es zärtlich und verspreche ihm, meine intuitive Führung in jeder Beziehung zu ehren und ihr zu folgen. Meine Engel beschützen mich jetzt und immer bei allem, was ich tue.

Glaube an deine Ideen

Viele deiner Ideen sind Antworten auf deine Gebete. Wenn du um göttliche Hilfe bittest, antworten wir Engel dir oft, indem wir dir Vorschläge ins Ohr flüstern, die du als Gedanken, Gefühle, Visionen oder auch Worte wahrnimmst. Wenn du zum Beispiel um Hilfe in Geldangelegenheiten bittest, lassen wir dir vielleicht eine Einsicht zukommen, die deine Einnahmen erhöhen könnten.

Genau wie bei anderen Geschenken, die du erhältst, müssen unsere Botschaften geöffnet, benutzt und genossen werden. Zweifle nie an deiner Fähigkeit, einer Idee Leben einzuhauchen. Du bist Gottes weises Kind und mit denselben Fähigkeiten ausgestattet wie jeder andere Mensch.

Heute bitten wir dich, an deine Ideen zu glauben. Mach den Anfang, indem du sie aufschreibst; dann berate dich regelmäßig mit uns, und wir werden dir helfen, einen Aktionsplan zu entwickeln. Die Energie, die du jetzt in diesen Prozess investierst, wird dir in der Zukunft großen Nutzen bringen. Nähre deine Idee, und sie wird dich versorgen, sobald sie verwirklicht ist.

GEDANKE FÜR DEN HEUTIGEN TAG

Ich glaube an mich und bin mir gewiss, dass ich alles habe, was ich brauche, um meine Ideen in die Tat umzusetzen. Das Universum steht voll hinter mir und hilft mir bei allem, was ich tue, und meine Pläne sind erfolgreich.

Feiere dich selbst

Anstatt auf einen Feiertag, einen Jahrestag oder Geburtstag zu warten, feiere doch einfach heute! Es gibt vieles an dir und deinem Leben, das deine Anerkennung wert ist. Falls du den Wunsch hast, Verbesserungen vorzunehmen, gibt es schon jetzt so viele Gründe, dich zu freuen.

Eine Feier sendet die machtvolle Energie deiner Dankbarkeit ins Universum hinaus, wo sie widerhallt und wächst und dir umso mehr Wohltaten bringt, wenn sie zu dir zurückkehrt.

Ob du nun einfach mit uns Engeln feiern willst oder im Kreise deiner Lieben (die dabei auch ihr eigenes Glück feiern können), in jedem Fall verbringe ein wenig Zeit damit, alles hochleben zu lassen, für das du dankbar bist.

GEDANKE FÜR DEN HEUTIGEN TAG

Ich bin für .... dankbar *(führe alles auf, was dir in den Sinn kommt)*. Mein Herz ist von Dankbarkeit für alle Wohltaten in meinem Leben erfüllt, und ich feiere, was ich bin. Es gibt vieles, für das ich dankbar bin.

Genieße das Maß deiner Liebe

Manchmal messen die Menschen ihren Fortschritt im Leben an ihrem Einkommen oder ihrer Kleidergröße, doch wirklich wichtig ist nur, wie sehr du während deiner Zeit auf der Erde geliebt hast. Das ist alles, was zählt.

Wenn du dein Herz öffnest, um zu fühlen, zu empfangen und Liebe zu senden, bist du wahrhaft heldenhaft. Die Reise zu den äußersten Grenzen der Liebe ist die wichtigste Reise von allen. Du hast alles, was du brauchst, um dir bedenkenlos gestatten zu können, dein Herz weiter zu öffnen, damit du noch mehr Zuneigung geben und empfangen kannst. Der Schlüssel liegt darin, jegliche Blockaden loszulassen, die dich von der Liebe fernhalten, in erster Linie jede Art von Urteilen.

Wenn du über dich selbst oder einen anderen urteilst, affirmierst du damit eine Trennung von Gott und deinen Mitmenschen. Diese Kluft kann nie wirklich bestehen, doch daran zu glauben erzeugt die Illusion, dass sie real ist und lässt so ein Gefühl der Entfremdung von der Liebe Gottes entstehen.

Erlaube dir heute, mehr zu lieben. Schaue hinter die oberflächlichen Merkmale bei anderen Menschen und wisse, dass du eins mit ihnen bist … vereint durch die Liebe.

GEDANKE FÜR DEN HEUTIGEN TAG

Ich lasse alle Urteile über mich selbst und andere los, damit ich die wahre Einheit allen Seins erfahren kann. Ich erlaube mir, mehr zu lieben, und ich bin geheilt.

Lächle der Welt zu

Wir Engel haben uns damit befasst, die Liebe auszudehnen, die du fühlst, gibst und empfängst. Heute werden wir daran arbeiten, Zuneigung und Liebe durch Lächeln zu zeigen.

Du weißt bereits, dass dieser Gesichtsausdruck im wahrsten Sinne des Wortes ansteckend ist. Dein Lächeln ruft Freude und Glück bei anderen hervor.

Achte heute darauf, wie oft du mit deinem eigenen Lächeln dieses Strahlen auf die Gesichter deiner Mitmenschen zaubern kannst. So als ob du andere Kerzen mit dem Licht deiner eigenen Flamme anzündest, wirst du vielen Menschen (und dir selbst) den Tag erhellen, indem du dein Lächeln weitergibst.

GEDANKE FÜR DEN HEUTIGEN TAG

Ich schicke meinen Segen und ein freundliches Lächeln jedem Menschen, dem ich heute begegne und entzünde damit die Flamme göttlicher Freude in mir selbst und anderen. Ich lächle die Menschen an und genieße den Gedanken, dass meine eigene Freude eine positive Kettenreaktion auslöst.

Richte dich auf das Beste aus, was passieren kann

Manchmal erlaubst du deiner Fantasie, sich das schlimmstmögliche Szenarium vorzustellen, und ermöglichst damit dieser Angst, dich davon abzuhalten, positive Veränderungen in deinem Leben vorzunehmen. Wir Engel möchten dir gerne eine andere Perspektive anbieten: Anstatt dir über das Schlimmste, das passieren könnte, den Kopf zu zerbrechen, richte deine Aufmerksamkeit auf die Frage: *Was ist das Beste, das passieren könnte?*

Lass deiner Fantasie freien Lauf, während du über die wundervollen Möglichkeiten nachdenkst. Achte darauf, dass deine Gedanken sich fest auf positive Ergebnisse richten und spüre deine Begeisterung, während du all diese Optionen betrachtest. Mach dir bewusst, dass das tatsächliche Ergebnis alles übertreffen könnte, was du dir erträumst.

Mit jedem Schritt, den du in Richtung der Verwirklichung deines Wunsches vornimmst, erwarte nur das Beste. Deine positiven Erwartungen werfen ein strahlendes Licht auf deinen nächsten Schritt. Dein erleuchteter Weg nimmt dann eine magische Eigenschaft an, die dir hilft, die allerbesten Möglichkeiten anzuziehen und zu manifestieren.

GEDANKE FÜR DEN HEUTIGEN TAG

Ich halte meine Gedanken fest auf die bestmögliche Abfolge von Ereignissen gerichtet. Ich bin optimistisch und positiv, und mein Vertrauen bringt wundervolle neue Gelegenheiten in mein Leben. Ich bin wahrhaft gesegnet.

Sorge für einen guten Anfang

Wenn du mit der Arbeit auf ein neues Ziel hin beginnst, kann es so aussehen, als ob das Ende in sehr weiter Ferne läge. Wir Engel wollen dich daran erinnern, dass jede wichtige Reise mit dem ersten Schritt beginnt, der in vieler Hinsicht die Weichen für die gesamte Reise stellt – also sorge für einen guten Anfang.

Nimm diesen ersten Schritt mit Enthusiasmus und einem hohen Maß an Selbstachtung vor. Richte deine ungeteilte Aufmerksamkeit und deine ganze Energie auf den vor dir liegenden Weg. Bleibe positiv hinsichtlich des Ergebnisses, ohne dein Bild von der Zukunft durch irgendwelche Ängste trüben zu lassen.

Schon bald wirst du die Schritte auf deinem Weg genießen, so als wären sie ein lustiges Spiel, das du mit dir selbst spielst. Dein Fortschritt ist verblüffend, wenn du dafür sorgst, dass jeder Teil des Prozesses von Bedeutung ist.

GEDANKE FÜR DEN HEUTIGEN TAG

Ich konzentriere mich völlig auf einen Schritt zur Zeit auf dem Weg zur Verwirklichung meiner Träume. Ich übergebe alle Sorgen, Bedenken oder Ängste Gott und den Engeln. Es macht mir Freude, meine Wünsche in die Tat umzusetzen, und ich mache meine Sache gut.

Probiere deine Zukunft an

Wenn du an eine Weggabelung kommst und dich nicht entscheiden kannst, welchen Weg du nehmen sollst, kannst du immer deine jeweilige Zukunft »anprobieren«, so wie du ein Kleidungsstück anprobierst, das du kaufen möchtest. Auf diese Weise kannst du spüren, welcher Weg sich für dich am besten anfühlt.

Als erstes schließe deine Augen und denke an die vor dir liegenden Alternativen – und auch die Möglichkeit, keine neue Entscheidung zu treffen, sondern alles so zu lassen, wie es ist. Dann stelle dir die Auswirkungen jeder Möglichkeit vor, so als hättest du bereits die Entscheidung dafür getroffen, und spüre, wie dein Körper darauf reagiert. Fallen dir irgendwelche Ereignisse ein, bei denen sich dein Solarplexus an- oder entspannt? Welche Entscheidung fühlt sich für dich am natürlichsten an? Was ziehst du von deinem Herzen aus vor? Falls alle Ausreden wegfallen würden (wie zum Beispiel der Glaube, dass du mehr Geld, Zeit, Talent und so weiter dazu bräuchtest), welchen Weg würdest du wählen?

Alle diese Überlegungen werden dir helfen, eine klare Entscheidung zu treffen, die wesentlich bei der vollen Hingabe an den von dir gewählten Weg ist. Deine Identifikation mit einem bestimmten Weg erlaubt dir, mehr Energie in deine Entscheidung zu stecken, anstatt nur eine vorläufige Auswahl zu treffen. Je mehr du dich um die Realisierung eines Projektes bemühst, desto machtvoller ist das Ergebnis, da die Energie des Gebens und Empfangens sich immer ausgleicht.

GEDANKE FÜR DEN HEUTIGEN TAG

Ich werde heute über meine Möglichkeiten meditieren. Ich bin ehrlich zu mir selbst hinsichtlich der Gefühle, die ich bei meiner Entscheidung habe, und ich folge dem Weg, den mein Herz und meine Seele mir vorgeben. Ich kann in aller Ruhe meine Wahl treffen.

Genieße das Gefühl, dazuzugehören

Falls du jemals im Umgang mit Menschen das Gefühl hattest, nicht dazuzugehören, erinnere dich daran, dass du immer in Harmonie mit uns Engeln bist. Ein Gefühl des Dazugehörens ist das Ergebnis gemeinsamer Interessen und Gewohnheiten, was manchmal bedeutet, dass du in dem Versuch, neue Freunde zu gewinnen, einem Verein beitrittst oder einen Kurs besuchst, der mit deinem Lieblingssport oder deinen Hobbys zu tun hat.

Du gehörst auf diese Erde, weil du eine Lebensaufgabe zu erfüllen hast, die die Welt braucht. Du bist einzigartig, genau wie alle anderen Lebewesen, doch gleichzeitig hast du viel mit anderen gemeinsam (auch mit uns Engeln), was wir uns heute näher anschauen wollen.

Um deine Ähnlichkeit mit anderen zu entdecken, wirst du einen Gedanken festhalten müssen, der besagt: *Achte auf die Wesenszüge, die du mit anderen Menschen gemeinsam hast.* Sobald du diese Absichten ausgesprochen hast, wirst du beginnen, Gemeinsamkeiten zu entdecken, die du übersehen hättest, wenn du deine Denkweise darauf ausgerichtet hättest, Unterschiede zwischen dir und anderen zu sehen.

Erinnere dich heute daran, dass wir immer bei dir sind. Wir sind deine treuen Gefährten und Freunde – und ebenso, wie wir es lieben, in deiner Gesellschaft zu sein, so gibt es Menschen auf der Erde, die von deiner Freundschaft profitieren werden.

GEDANKE FÜR DEN HEUTIGEN TAG

Ich passe zu anderen Menschen, denn ich fühle mich dazugehörig. Ich öffne mich, um neue Freunde zu gewinnen, indem ich einem Verein beitrete oder Kurse zu Themen belege, die mich interessieren. Ich suche nach Gemeinsamkeiten mit anderen. Ich bin liebenswürdig und umgänglich, und andere Menschen mögen mich.

Nimm unsere Liebe an

Obgleich es Momente gibt, in denen du an deiner Liebenswürdigkeit zweifelst, lieben wir Engel dich ohne Unterlass. Weder urteilen wir über dich, noch halten wir unsere Liebe zurück, denn als Abbilder Gottes sind wir nur fähig zu lieben.

Ja, natürlich, wir sehen dein menschliches Verhalten und wissen, dass du dich manchmal wegen einiger deiner Verhaltensmuster schlecht fühlst – doch erfüllen diese Muster eine wichtige Aufgabe für dich, sonst würdest du sie nicht ständig wiederholen. Hilfreicher ist es, Mitgefühl für dich selbst aufzubringen, anstatt dich für bestimmte Handlungen zu tadeln, die du bereust.

Rufe dir dazu Beispiele aus deinem Leben in Erinnerung. Aus welcher Erfahrung hast du mehr gelernt: Wenn jemand dich für etwas, was du getan hast, kritisiert oder bestraft hat; oder wenn sich jemand deine Ausführungen ruhig angehört und dir dann freundlich eine andere Verhaltensweise vor Augen geführt hat?

Denke darüber nach, ob das auf deine Beziehung zu dir selbst zutrifft. Nimm dich auf eine liebevolle Weise mit all deinen Verhaltensmustern an. Sage dich von keinem Teil deines Wesens los, denn jeder einzelne ist wichtig bei dem Prozess, deine heilige und liebevolle Persönlichkeit zu entdecken.

Stütze dich selbst zärtlich (mit unserer Hilfe, wenn du möchtest) wie eine frisch gekeimte Pflanze, die sich den Sonnenstrahlen zuwendet.

GEDANKE FÜR DEN HEUTIGEN TAG

Meine Engel lieben mich, egal, was passiert. Ich bin immer liebenswert, und jetzt nehme ich voller Mitgefühl alles an, was ich je getan oder nicht getan habe. Liebe heilt mich schneller als Selbstverurteilung.

Sei ehrlich mit dir selbst

Du kennst bereits deine wahren Gefühle, und du musst ihnen gerecht werden. Wenn du dich gegen dich selbst stellst, wird deine Energie in einer Erstarrung gehalten, die sich negativ auf viele Bereiche deiner physischen, emotionalen, finanziellen und spirituellen Gesundheit auswirkt.

Obwohl viele Menschen versuchen, ihre wahren Gefühle zu unterdrücken, um anderen zu gefallen, werden diese Gefühle irgendwann an die Oberfläche kommen und sich bemerkbar machen – sie können sich zum Beispiel als physische Symptome in Form von Krankheit oder als finanzielle Blockaden manifestieren.

Wenn es auch den Anschein haben mag, dass es aus Liebe geschieht, anderen Menschen nachzugeben oder sich ihnen unterzuordnen, verweigerst du damit in Wahrheit dir selbst und der anderen Person Authentizität. Wir Engel können dir helfen, den Mut aufzubringen, deine Gefühle auszudrücken und entsprechend zu handeln, während du gleichzeitig Liebe, Respekt, Rücksicht und Harmonie in deinen Beziehungen aufrecht erhältst.

GEDANKE FÜR DEN HEUTIGEN TAG

Ich stehe zu meinen wahren Gefühlen und bin ehrlich zu mir selbst und anderen. Ich bitte meine Engel, mir bei allen meinen Beziehungen zu helfen und mich zu führen. Wenn ich ehrlich zu mir selbst bin, bin ich auch anderen Menschen gegenüber ehrlich und wahre so meine Integrität.

Sei dir gewiss, dass du Liebe und Hilfe verdienst

Du hast es genau wie jeder andere verdient, Gottes Liebe und Hilfe zu erhalten. Ja, es stimmt, dass du stark und fähig bist, doch gibt es keinen Grund für dich, dir etwas vorzuenthalten oder zu leiden. Schmerz ist *nicht* der beste Weg zur Erleuchtung.

Wenn du die Hilfe ablehnst, die wir Engel dir anbieten, wissen wir, dass dies an deiner Angst liegt, sie nicht zu verdienen. Wir haben allumfassendes Mitgefühl mit dir, daher verurteilen wir deine Gefühle nicht. Wir hoffen jedoch, dass du unsere Sichtweise in Betracht ziehen wirst: Wir waren so glücklich, als Gott uns zu deinen Schutzengeln bestimmt hat. Er gab uns die Aufgabe, dein ganzes physisches Leben lang an deiner Seite zu sein, dich zu lieben, zu führen und dir zu helfen.

Dich zu lieben ist leicht und setzt nicht deine Erlaubnis voraus, da wir eine Seelenverbindung zu dir haben. Dir zu helfen und dich zu führen ist uns jedoch nur dann erlaubt, wenn du dein Einverständnis dazu gibst. Wenn du vergisst, uns um unsere Hilfe oder die Antworten auf deine Gebete zu bitten, wird die Erfüllung unserer Aufgabe hinausgezögert. Da wir alle Zeit der Welt haben, stimmen uns diese Umstände nicht traurig – wir lieben dich, egal, ob du unsere Hilfe annimmst oder nicht.

Bitte erinnere dich heute selbst daran, dass du die Hilfe des Himmels verdienst. Das hat nichts mit einem Anspruch zu tun; vielmehr ist es der natürliche Prozess, bei dem wir dir helfen und dich führen als Teil von Gottes Plan.

GEDANKE FÜR DEN HEUTIGEN TAG

Ich bin der Hilfe des Himmels würdig. Ich bitte die himmlischen Mächte jetzt um Hilfe und Führung und bin bereit, sie anzunehmen. Je mehr ich mir selbst diese Hilfe zugestehe, desto mehr Kräfte stehen mir zur Verfügung, um anderen etwas zu geben. Jedes Lebewesen verdient, Hilfe zu erhalten, und ich ebenso.

Halte an deinen Träumen fest

Deine Träume, Ziele, Ambitionen und Vorsätze sind etwas sehr Persönliches. Sie gehören dir, weil sie zur Entwicklung deiner Seele dazugehören. Nur du weißt, wie dein Herz und deine Seele dich führen, damit du das tust und der wirst, der du in Wahrheit bist.

Egal welche Umstände sich in deinem Leben ergeben, wie du dich selbst fühlst oder was andere Menschen sagen oder tun: Du musst an deinen Träumen festhalten. Sie sind eine wesentliche Komponente, warum du in dieser Zeit auf der Erde inkarniert wurdest – sie sind sowohl ein Teil von dir als auch die Bausteine deiner Schöpfungen.

Nimm heute deine Wünsche voll an. Hole sie dir ins Bewusstsein zurück und hauche ihnen neues Leben ein, wenn du lange nicht an sie gedacht hast, und bitte uns Engel, dir zu helfen, sie in die Tat umzusetzen. Wir werden Türen für dich öffnen und dich motivieren, durch sie hindurchzugehen.

GEDANKE FÜR DEN HEUTIGEN TAG

Ich halte an meinen Träumen fest, egal, was passiert, denn sie sind mein persönliches Schicksal. Ich brauche nur meine Erlaubnis, um ihnen zu folgen. Ich werde bedingungslos von Gott und den Engeln unterstützt, und mein Glück bringt der Welt positive Heilenergie.

Schmecke die Süße des Lebens

Das Leben ist dazu vorgesehen, dir süßen Genuss zu bringen, auch während du deine Aufgabe und andere Verpflichtungen erfüllst. Freude stellt sich nicht nur in Momenten des Vergnügens oder Nichtstuns ein – deine größte Befriedigung findest du häufig dann, wenn du einem anderen etwas Gutes tust.

Du kannst mehr von dieser köstlichen Süße des Lebens schmecken, einfach indem du sie bemerkst. Die reiche Struktur deiner Beziehungen und die feinen Facetten des Humors, des Dramas, der Verspieltheit, der Liebe und so weiter sind alle ein Teil deines wundervollen Lebens.

Spiele heute ein Spiel mit dir selbst, indem du siehst, wie viel Entzücken du aus jeder Situation herausholen kannst. Finde die reiche Fülle in jeder deiner Beziehungen und Erfahrungen. Genieße die Süße, die dir der heutige Tag (und jeder Tag) bringt.

GEDANKE FÜR DEN HEUTIGEN TAG

Ich merke und genieße, wie süß mein Leben ist. Ich bin dankbar für alles, was ich habe. Wie in einem guten Film ist mein Leben mit wunderbaren liebenswerten Darstellern besetzt (dazu gehöre auch ich). Ich genieße meine Erlebnisse.

Tue dir selbst etwas Gutes

Du tust immer aufmerksame Dinge für andere, sowohl für deine Lieben als auch für Fremde. Am heutigen Tag lasse dir selbst dieselbe liebevolle Behandlung zukommen – tue dir selbst etwas Gutes. Du weißt bereits, was du gerne tun würdest; es ist der erste Gedanke, der dir beim Lesen dieses Absatzes in den Sinn kommt.

Vielleicht möchtest du dir etwas Bestimmtes kaufen, das du dir schon lange wünschst, oder dir Zeit für eine Massage, ein duftendes Bad oder Ähnliches nehmen. Was es auch sein mag, dein inneres Selbst freut sich immer über liebevolle Aufmerksamkeit. Die Form, die deine Selbst-Fürsorge annimmt, ist nicht so wichtig; am Wichtigsten ist einfach die Tatsache, dass du liebevoll mit dir selbst umgehst. Du hast es verdient.

GEDANKE FÜR DEN HEUTIGEN TAG

Ich gehe liebevoll und respektvoll mit mir selbst um. *Ich* bestimme über meinen Terminkalender, und ich bin zu mir selbst großzügig. Ich verdiene dieselbe Liebe und Zuneigung wie jeder andere.

Genieße unerschütterliches Vertrauen

Du weißt bereits, wie wichtig es ist, bei Heilungen und Manifestationen einen unerschütterlichen Glauben zu besitzen. Wir Engel sind heute hier, um dir ein paar Methoden beizubringen, wie du dein Vertrauen und deine Glaubenskraft noch mehr stärken kannst.

Glaube ist die Fähigkeit, auf Liebe ausgerichtet zu bleiben, egal, was passiert, und darauf zu vertrauen, dass sie vortreffliche Lösungen und Wunder hervorbringt. Dieser Glaube geht davon aus, dass die Liebe alle Antworten bietet. Misstrauen wiederum bewirkt das Gegenteil: Es macht dich glauben, dass du alles selbst tun musst; und dass du es nur durch Kampf, Quälerei und Konkurrenzkampf im Leben zu etwas bringen kannst. Welches dieser beiden Gefühle ist deiner Meinung nach glücklicher und zuträglicher?

Erinnere dich daran, dass du auch um größeres Vertrauen und einen stärkeren Glauben bitten kannst, wenn du ein entsprechendes Gebet zum Himmel schickst.

GEDANKE FÜR DEN HEUTIGEN TAG

Ich bitte Gott und die Engel, meiner Fähigkeit zu vertrauen und zu glauben neue Kraft zu geben. Ich bin bereit, darauf zu vertrauen, dass die Liebe alle meine Bedürfnisse erfüllt. Ich wähle jetzt das friedvolle Leben eines Menschen, dessen Herz von Vertrauen erfüllt ist.

Lass Angst und Unentschlossenheit los

Es gibt nichts, wovor du Angst haben müsstest. Diese Emotion ist lediglich ein Echo, das aus den Tiefen deiner Erinnerung widerhallt, aus einer Zeit, als das menschliche Ego versuchte, sich von Gott zu trennen. Natürlich konnte ein solches Unterfangen nie gelingen, daher wurde die Entscheidung getroffen, ein »Kollektives Unbewusstes« hervorzubringen, um das Bewusstsein vom Göttlichen zu verdrängen. Mit anderen Worten, es trat eine Massenamnesie über die Liebe ein in dem Versuch, Unabhängigkeit von Gott vorzutäuschen. Das war der Moment, als der freie Wille geboren wurde.

Der Weg aus dieser Falle heraus besteht darin, dir immer wieder bewusst zu machen, dass du eins mit Gott und allen anderen bist. Diese einfache, jedoch tiefe Wahrheit wird dich daran erinnern, dass jede Angst auf einer Illusion beruht … daher affirmiere heute oft deine Einheit mit dem Himmel. Fühle, wie die Anspannung von deinem Körper und Bewusstsein abfällt, indem du die spirituelle Wahrheit in dir selbst und in jeder Situation erkennst.

GEDANKE FÜR DEN HEUTIGEN TAG

Ich bin eins mit Gott und allen anderen; ich bin eins mit der göttlichen Liebe. Ich überlasse jetzt alle Angst oder Unentschlossenheit dem Himmel.

Genieße deine klare Ausrichtung und dein klares Denken

Dein Verstand funktioniert perfekt. Du bist intelligent, weise und fähig, dich willentlich auf etwas auszurichten und zu konzentrieren. Alle deine geistigen Gaben sind auf die Tatsache zurückzuführen, dass du mit der unendlichen Weisheit des Schöpfers verbunden bist, der dich geschaffen hat und alles weiß, was es im Universum zu wissen gibt.

Dein Verstand arbeitet unablässig, selbst wenn er zu schlafen oder zu ruhen scheint – er sammelt Information aus dem Äther und aus deinem physischen Umfeld. Du kannst ihm jede Frage stellen, und er wird dir stets eine zutreffende Antwort geben. Du weißt viel mehr, als dir bewusst ist.

Genieße heute deine besondere Weisheit. Stelle dir selbst während des Tages immer wieder Fragen und lausche auf die Antworten. Je mehr du dir deiner mentalen Geschenke bewusst bist, desto besser werden sie dir nützen.

GEDANKE FÜR DEN HEUTIGEN TAG

Ich habe die Fähigkeit, mich willentlich klar auszurichten und zu konzentrieren, denn mein Verstand ist scharf und wach. Ich bin ein brillanter Denker und für immer mit dem machtvollsten Computer-Netzwerk verbunden, das es gibt: dem Geist Gottes.

Sei leichten Herzens

Ein fröhliches Herz ist gesund, sowohl körperlich als auch emotional. Es gibt keine übermäßige Freude, da jeder Mensch einen unbegrenzten Vorrat an Glück besitzt. Jedoch haben wir Engel festgestellt, dass manche Menschen angenehmen und beglückenden Gefühlen misstrauen, und darauf möchten wir uns heute konzentrieren.

Zufriedenheit ist der sicherste Seinszustand, da er der natürlichste ist. Wenn du glückselig bist, bist du wirklich du selbst – es ist die Tatsache der Unbeschwertheit, das Licht in dein Herz bringt. Diesen Zustand erreichst du, indem du einer anderen Person Liebe sendest (auch jemandem in der Astralwelt) oder sorgenfreie Gedanken denkst.

Halte während des Tages an deiner Absicht fest, leichten Herzens zu sein und damit bewusst Gottes Leuchten in dein Innerstes zu holen. Erlaube diesem Leuchten, deine Seele zu nähren. Und wo immer du hingehst, gib dieses Leuchten weiter durch deine Augen, deinen Atem und die Worte, die du sprichst, damit jeder dein Geschenk der Freude empfangen kann.

GEDANKE FÜR DEN HEUTIGEN TAG

Ich bin leichten Herzens. Jedes Wort, das ich sage, strahlt die heilende Energie der Liebe aus. Mein Herz ist glücklich und gesund, denn ich bin ein Bote des Lichts.

Bring dir selbst hohe Wertschätzung entgegen

Wir Engel sehen, wie du manchmal mit dem Gefühl kämpfst, nicht gemocht oder geliebt zu werden. Wir wollen dich wissen lassen, dass diese Sorge zwar allen Menschen gemeinsam ist, doch nichts mit der Realität zu tun hat. Die Menschen achten und schätzen dich ... und du weißt, dass *wir* dich lieben und verehren.

Wenn du dich je allein, missverstanden oder ungeliebt fühlst, halte inne und rufe uns an, damit wir dir helfen können. Wir werden dir umgehend eine Extraportion liebevoller göttlicher Energie schicken, um dir neue Kraft und Zuversicht zu geben.

Du bist die Liebe selbst und kannst nie von deiner spirituellen Quelle getrennt werden. Du bist für alle Zeiten von unseren Flügeln umhüllt – was ein Ausdruck Gottes großartiger Ehrfurcht vor dir ist. Bringe dir selbst höchste Wertschätzung entgegen, denn du bist der großen Liebe wert, die der Himmel dir schenkt.

GEDANKE FÜR DEN HEUTIGEN TAG

Ich bin liebenswert. Die Menschen mögen mich, so wie ich bin, und ich habe Zuneigung verdient. Ich öffne mein Herz, um liebevolle Energie zu geben und zu empfangen.

Erkenne, dass du qualifiziert bist

Manchmal versucht dein Ego, dich davon abzuhalten, deine göttliche Aufgabe zu verfolgen und zu erfüllen. Wenn du auf diese Stimme hören würdest, würdest du entmutigt und verwirrt über dich selbst und den Sinn deines Lebens sein. Heute wollen wir Engel mit dir daran arbeiten, die Lautstärke des Egos leiser zu stellen. Du hast die Fähigkeit, den Laut der Angst auszuschalten und deine Aufmerksamkeit auf die universelle Stimme der Liebe zu richten.

Der erste Schritt besteht darin, negative Botschaften zu erkennen, sobald sie auftauchen. Dies kannst du tun, indem du deine physischen Reaktionen auf unangenehme Gedanken registrierst. Wenn deine Muskeln sich verspannen und du dich angespannt fühlst, ist dies ein sicheres Zeichen für die Einmischung des Egos. Im Gegensatz dazu sorgt göttliche Intervention dafür, dass du dich glücklich, sicher und unbeschwert fühlst.

Sobald dein Körper signalisiert, dass er unter dem negativen Einfluss deines Egos steht, ist der nächste Schritt die Erkenntnis, dass Liebe stärker ist als jede Angst. Das weißt du bereits, doch neigst du manchmal dazu, angesichts von Konflikten diese grundlegende Wahrheit zu vergessen. Bitte uns, dich an deine mächtige göttliche Natur zu erinnern, die alle negativen Gefühle auflöst.

Du bist dazu qualifiziert, um die Aufgabe, für die du auf die Erde gekommen bist, zu erfüllen. Du hast gewaltige Fähigkeiten und Talente, die du direkt von deinem Schöpfer geerbt hast. Genieße diese Fähigkeiten, denn sie sind Geschenke des Himmels.

GEDANKE FÜR DEN HEUTIGEN TAG

Ich bin dazu qualifiziert, meine Aufgabe zu erfüllen, und ich leiste einen positiven Beitrag zur Verbesserung der Welt. Das Universum unterstützt völlig meine göttliche Lebensaufgabe.

Erlange Staunen und Ehrfurcht wieder

Kinder sehen die Welt ganz selbstverständlich mit unschuldigen Augen. Sie sind von ihrer Umgebung entzückt und begeistert, und dieses Gefühl des Staunens und der Ehrfurcht muss nicht vergehen, wenn der Mensch seinen Kinderschuhen entwachsen ist. Du kannst dich nach wie vor von deinem Leben verzaubern lassen, wenn du dies einfach zu deiner Absicht machst.

Langeweile tritt durch die Überzeugung auf, dass sich wiederholende Reize uninteressant wären. Du empfindest Dinge als öde, wenn dein Leben scheinbar zur erstarrten Routine geworden ist. Doch in Wahrheit ist alles in der physischen Welt ständig in Veränderung: Farben, Licht und andere Nuancen verändern sich unentwegt. Es ist unmöglich, dass irgendetwas auf der Erde immer dasselbe bleibt, und das liegt an der Funktion der Zeit – sie ist das Gegenteil der geistigen Ebene, die bis in alle Ewigkeit unverändert bleibt.

Wenn du deine Sinne darin übst, diese feinen (und manchmal weniger feinen) Veränderungen und Unterschiede wahrzunehmen, wirst du einen großen Teil deiner kindlichen Begeisterung für das Leben wiederentdecken. Achte heute auf die reichlichen Unterschiede, die jede Erfahrung durchlaufen.

GEDANKE FÜR DEN HEUTIGEN TAG

Ich bin voller Staunen und Entzücken. Ich bemerke die feinen Einzelheiten und Unterschiede um mich herum. Wenn ich meine Augen für die Schönheit des Lebens öffne, bin ich immer in der Lage, sie zu sehen. Mein Herz ist offen für wundervolle neue Erfahrungen.

Ziehe dich zurück und sammle neue Kräfte

Wenn du dich erschöpft oder müde fühlst, können wir Engel dich stützen, damit du deinen natürlichen Idealzustand der Wachheit und Lebenskraft wiedererlangst. Lege dich einen Moment mit geschlossenen Augen zurück, und wir werden mit dir daran arbeiten, deine Energie wieder aufzuladen. Gönne deinen Augen einfach ein bisschen Ruhe, atme tief durch und bitte uns, dir zu helfen.

Das ist genauso wie ein Besuch in einem Wellness-Club, wo du um eine Behandlung bittest. Wann immer du dir von ganzem Herzen zugestehst, Hilfe zu erhalten – entweder von einem lieben Menschen oder von uns – wirst du fühlen, wie deine Energie zunimmt. Müdigkeit tritt auf, wenn du zu viel gibst und nicht genug zurückbekommst. Jedes Lebewesen muss neue Kraft sammeln, wenn es einen so hohen Beitrag geleistet hat wie du.

Erlaube uns, dir zu geben, um deinen Geist neu zu beleben und zu stärken.

GEDANKE FÜR DEN HEUTIGEN TAG

Ich achte auf die Signale meines Körpers, die anzeigen, dass es Zeit zum Ausruhen ist. Entspannung ist ein wichtiger Teil meines Produktivitäts-Kreislaufs. Ich lasse mich von anderen Menschen und den Engeln verwöhnen. Ich erlaube mir, Gutes zu empfangen.

Sei nett zu dir

Natürlich möchtest du glücklich, gesund, wohlhabend und erfüllt sein, doch der Weg zu diesen Zielen ist Sanftmut. Wenn du versuchst, schneller voranzukommen oder dich scharf verurteilst, wirst du dich in Wahrheit behindern. Wenn es um deinen geistigen Weg geht, ist Schmerz kein Fortschritt – Frieden allerdings schon.

Wir Engel bitten dich, heute liebevoll mit dir umzugehen und es dir leicht zu machen. Gehe sanft mit dir um, auch was deine Verpflichtungen und Ziele betrifft. Denke daran, wie ein Pferd auf liebevolle Fürsorge und kluges Training reagiert im Gegensatz zu tyrannischem Stoßen und Zerren. Verdienst du nicht denselben Respekt, den du einem anderen Lebewesen entgegen bringst?

Es gibt kein Rennen, das du gewinnen müsstest. Dein Weg ist schön und viel angenehmer, wenn du langsam genug dahin schlenderst und dich an den Menschen, Blumen, Bäumen, Vögeln und anderen schönen Einzelheiten erfreust, denen du begegnest. Genieße den Tag!

GEDANKE FÜR DEN HEUTIGEN TAG

Ich lasse mir heute Zeit und gehe in jeder Beziehung nett mit mir um. Ich nehme Rücksicht auf mich – immer mit der Ruhe.

Wisse, dass du bereits vollkommen bist

Gott hat dich als vollkommenes Wesen erschaffen. Du musst nicht danach streben, noch großartiger zu sein, da du bereits jetzt in jeder Beziehung richtig bist. Deine Gesundheit, Spiritualität, Emotionen, Beziehungen und Lebensaufgabe sind bereits ideal.

Der einzige Grund, warum du vielleicht dein Leben nicht genauso siehst, besteht darin, dass du nach Fehlern suchst. Was immer du suchst, wirst du finden. Unvollkommenheit ist in Gottes Universum unmöglich, doch hast du den freien Willen, alles zu sehen und zu erfahren, was immer du verlangst.

Sieh heute das Wunderbare in deinem eigenen Inneren, in anderen Menschen und in allen Situationen. Erfreue dich am strahlenden Licht, das wie die Morgenröte leuchtet und jegliche Dunkelheit vertreibt.

GEDANKE FÜR DEN HEUTIGEN TAG

Ich nehme mir vor, heute nur die Vollkommenheit von allem und jedem zu sehen. Je mehr ich mich für diese Möglichkeit öffne, desto mehr erlebe ich sie. Gott hat mich ohne Fehler erschaffen. Meine Gesundheit, Finanzen, Beziehungen, Karriere und .... (bitte eintragen) sind jetzt alle in wunderbarer Ordnung.

Vertraue deinen Ideen

Viele deiner Ideen sind göttlich inspirierte Antworten auf deine Gebete. Vielleicht wünschst du dir beispielsweise eine sinnvollere Beschäftigung oder eine bessere Beziehung, und wir Engel – die Übermittler von Gottes Lehren – zeigen dir, wie du dir diese Bedingungen selbst schaffen kannst. Und wenn du schließlich zur Tat schreitest, sind die Ergebnisse wirklich göttlich.

Zuerst musst du deinen Ideen vertrauen, damit du sie vom ganzen Gewicht und der Energie deiner Überzeugungen gestützt werden. Glaube an dich, denn du vertraust damit auf Gottes Weisheit, die unfehlbar ist. Sei dir gewiss, dass du die Unterstützung des ganzen Universums hinter dir hast. Gehe deinen Weg voller Zuversicht, indem du Leben in deine göttlich inspirierten Ideen hauchst.

Vertraue den Gedanken, die dir heute in den Sinn kommen, die Dienen, Lieben, Heilen und Inspirieren hervorheben. Die Ausrichtung dieser Ideen ist Geben, und wenn sie manifestiert werden, versprechen sie großen Gewinn.

GEDANKE FÜR DEN HEUTIGEN TAG

Ich empfange göttlich inspirierte Ideen als Antwort auf meine Bitte um Führung. Wenn ich sie in die Tat umsetze, erwecke ich die Antworten auf meine Gebete zum Leben. Ich bin motiviert und gut organisiert, um das umzusetzen, woran ich glaube.

Vertraue deinen Gefühlen

In erster Linie hörst du unsere Botschaften über deine physischen Empfindungen und Gefühle. Unsere Führung kommt zu dir als Bauchgefühl, Intuition, als Wärmegefühl in der Brust, Muskelanspannung, Gänsehaut und so weiter.

Da wir sehen, dass du diese Art von Rückkoppelung zuweilen als »nur so ein Gefühl« abtust, bitten wir dich heute, dir und deinen Gefühlen zu vertrauen. Denke an die vielen Male, als du deinen Instinkten nicht gefolgt bist, nur um sie später bestätigt zu sehen – du hast mit Sicherheit schon einige Gelegenheiten bereut, bei denen du nicht auf deine Gefühle gehört hattest. Gelegentlich hast du Angst vor der Heftigkeit dieser Gefühle, und du verwechselst sie mit denen anderer Menschen.

Hab keine Angst, dich mit diesem Thema zu beschäftigen, geliebtes Wesen, da wir rund um die Uhr Antworten für dich bereithalten. Wende dich an uns, sobald du Zweifel über die Richtigkeit deiner Eindrücke hast. Wir werden dir konkrete Zeichen und Führung geben, um dir zu helfen, von den guten Botschaften zu profitieren, die dir durch deine Gefühle übermittelt werden.

GEDANKE FÜR DEN HEUTIGEN TAG

Ich vertraue meinen Gefühlen, da Gott über sie zu mir spricht. Ich bin dankbar für die Geschenke, die sie mir bringen, und ich kann sie leicht erkennen und verstehen. Ich kann ruhig auf meine Intuition hören.

Setze deine Last ab

Du hast deine Sorgen und Ängste lange genug mit dir herumgetragen und dich unter der Last gebeugt, die deinen inneren Frieden und dein Glück beeinträchtigten. Wir Engel bitten dich, heute deine Last abzusetzen und uns deine Ängste zu übergeben.

Wenn du uns deine Sorgen übergibst, werden dein Geist und dein Herz frei von Angst sein, was dir einen leichteren Zugang zu Kreativität und Weisheit ermöglicht. Lösungen fallen den Menschen leichter zu, die ohne Angst sind.

Nimm jetzt einen tiefen Atemzug und erlaube uns, die Last von deinen Schultern zu nehmen. Wenn dein Herz erst einmal frei von Angst und Sorgen ist, öffnet es sich für die Hilfe, die wir dir stets anbieten.

GEDANKE FÜR DEN HEUTIGEN TAG

Ich übergebe jetzt alle Sorgen und Ängste dem Himmel. Je mehr wir gemeinsam zusammenarbeiten, desto besser funktioniert mein Leben. Ich bin in ständigem Kontakt mit Gott und den Engeln, erzähle ihnen von meinen Gefühlen und bitte sie um ihre Hilfe.

Sei dir gewiss, dass wir stolz auf dich sind

Dein ganzes Leben lang sind wir dir zur Seite gestanden und haben alles zusammen mit dir erlebt. In einigen Fällen hast du um unsere Hilfe gebeten, die wir dir erfreut gewährt haben; zu anderen Zeiten war es dir angenehmer, die Dinge allein anzugehen.

Was auch immer du getan und wie auch immer du dich entschieden hast, wir sind immer stolz auf dich gewesen. Wir sind auch jetzt beeindruckt davon, wie du deiner Wahrheit treu geblieben bist. Du bist innerlich gewachsen, hast gelernt, gegeben und empfangen – und wir sind für alle Zeiten aufs Höchste erfreut darüber.

Richte dich heute stolz auf und erkenne, dass du ein wertvoller Mensch bist. Du verdienst es, von dir selbst und anderen respektiert und geachtet zu werden. Du bist ein Segen für die Welt.

GEDANKE FÜR DEN HEUTIGEN TAG

Ich fühle mich gut als der, der ich bin, und ich habe meine Selbstachtung und die anderer Menschen verdient. Meine Engel sind stolz auf mich. Ich schenke mir selbst Anerkennung für alles, was ich bin und was ich getan habe.

Öffne die Schleusen der Fülle

Du hast jetzt die Schlüssel, mit denen du die Schleusen der Fülle öffnen kannst. Sie bestehen aus einem offenen Herzen und freien Geist, die bereit sind, zu empfangen. Empfangsbereitschaft basiert auf der Fähigkeit, die Möglichkeiten und Potenziale in dir, in anderen und in allen Situationen zu erkennen. Sie bedeutet, sowohl die göttlichen Ideen, die wir Engel dir schicken, zu erkennen und zu verwerten, als auch anderen Menschen zu gestatten, dir zu helfen.

Alles, was du brauchst, bekommst du, du musst nur darum bitten. Du fängst mit einer einfachen Bitte an, die du auf ganz verschiedene Weise vorbringen kannst: durch Gebete, Affirmationen, Visualisierungen und ähnliches. Jede Methode eignet sich dazu, die Dinge in Gang zu bringen.

Deine Empfangsbereitschaft ist die nächste Stufe dieses Vorgangs. Das Universum wird dir Botschaften übermitteln, die dich in die Richtung deines erwünschten Ziels steuern oder dir das, was du dir wünschst, direkt zukommen lassen. Die Voraussetzung dafür ist Achtsamkeit und die Bereitschaft, die Hilfe und Geschenke anzunehmen.

Wenn du diesem Weg folgst, wirst du außer dir selbst auch vielen anderen Menschen helfen. Du bist eine Inspiration für alle, die daran erinnert werden müssen, wie wichtig es ist, um Hilfe zu bitten und sie auch anzunehmen, wenn sie kommt.

GEDANKE FÜR DEN HEUTIGEN TAG

Ich öffne jetzt die Schleusen der Fülle, denn ich bin empfänglich für den universellen Fluss des Wohlstandes. Ich bitte meine Engel, mir zu helfen. Wenn andere Menschen mir Hilfe anbieten, nehme ich sie mit Freuden an.

Hab Geduld mit dir selbst

Du machst Fortschritte auf dem von dir gewählten Weg. Alles, was du bisher erlebt hast, enthielt eine Lernerfahrung. Du hast Wissen und Weisheit errungen, was dir bei deinem weiteren Streben helfen wird.

Es ist wichtig, dass du Geduld mit dir selbst hast. Vielleicht bist du erst dann in der Lage zu sehen, wie weit du bereits gekommen bist, wenn du an irgendeinem Punkt in der Zukunft auf diesen Moment zurückblicken kannst. Du hast riesige Fortschritte gemacht und eine Menge praktisches Wissen erlangt – und dieses Lernen hat viel Zeit gekostet.

Hab heute Geduld mit dir selbst und deiner Weiterentwicklung. Erkenne, dass es immer dann, wenn du gearbeitet, gespielt, geliebt und dich ausgeruht hast, einen Grund dafür gegeben hat. Alle diese Erfahrungen haben diesen wunderbaren Menschen geformt, der du heute bist, daher freue dich an dir, geliebtes Wesen … entspanne dich einfach.

GEDANKE FÜR DEN HEUTIGEN TAG

Ich habe Geduld mit mir selbst. Ich fühle mich gut bei den Fortschritten, die ich bisher gemacht habe und darüber, wie weit ich gekommen bin. In dem Wissen, dass jeder seinen eigenen, einzigartigen Weg zu gehen hat, lasse ich den Drang los, mich mit anderen zu vergleichen. Ich habe Geduld mit dem Leben.

Konzentriere dich auf Ähnlichkeiten

Wenn du frisch verliebt bist, richtest du ganz automatisch deine Aufmerksamkeit auf alles, was ihr beide gemeinsam habt. Diese Energie der Liebe ist bei allen Menschen gleich. Indem du dich auf die Ähnlichkeiten mit anderen in deinem Leben konzentrierst, bringst du jeder Beziehung liebevolles Verständnis entgegen.

Das Ego genießt es, wenn du dich mit anderen vergleichst und dich dabei auf alle möglichen Unterschiede konzentrierst. Es ist sein Trick, die Illusion zu stützen, dass du von Gott, uns Engeln und anderen Menschen getrennt bist.

Dein höheres Selbst jedoch ist in der ursprünglichen Liebe verankert, daher suche heute nach den Eigenschaften, die du mit anderen gemeinsam hast. Achte auf die zärtlichen Gefühle, die dadurch in dir und bei deinen Beziehungen hervorgerufen werden. Vielleicht wirst du feststellen, dass du mit den Menschen in deinem Leben mehr gemeinsam hast, als du je für möglich gehalten hättest.

GEDANKE FÜR DEN HEUTIGEN TAG

Ich richte meine Aufmerksamkeit auf die Dinge, die ich mit anderen gemeinsam habe. Ich bin eins mit Gott und jedem Menschen in meinem Leben, und ich suche bewusst nach den Ähnlichkeiten bei anderen. Meine Beziehungen sind jetzt liebevoll und harmonisch.

Hebe die Illusion auf

Jedes scheinbare Problem basiert auf der Illusion, das irgendetwas in Gottes Welt falsch sein könnte. Wenn du erkennst, dass hinter allem eine göttliche Ordnung existiert, begibst du dich vertrauensvoll in die Hände des Universums, das tatsächlich weiß, was es tut. Seine mathematische Präzision und Liebe sind das Fundament für alles, was geschieht. Insofern entstehen sämtliche Schwierigkeiten, denen du begegnest, nur durch die Annahme, dass etwas fehle oder nicht in Ordnung sei, und das ist ein Ding der Unmöglichkeit.

Heute wollen wir Engel mit dir daran arbeiten, an den falschen Eindrücken vorbeizuschauen, um die wahre Symmetrie zu erkennen, die allen Menschen und Dingen zugrunde liegt. Damit leistest du einen großen Beitrag, ähnlich dem, was eure Physiker den »Beobachter-Effekt« nennen, der besagt, dass schon deine Präsenz alles verändert, was du betrachtest. Das Gleiche gilt, wenn du hinter das scheinbare Chaos blickst und stattdessen Ordnung erkennst – damit hilfst du anderen Menschen, es dir gleich zu tun.

Je mehr Menschen dazu in der Lage sind, die Illusion aufzuheben, desto mehr enthüllt sich das Universum als ein unendliches, grenzenloses und strahlend lebendiges Paradies. Es ist der Himmel auf Erden für alle, die genau beobachten.

GEDANKE FÜR DEN HEUTIGEN TAG

Ich sehe heute die göttliche Ordnung in allem und jedem und hebe die Illusion von Problemen oder Chaos auf, wenn ich nach der Wahrheit und Schönheit in mir und anderen suche, ist es genau das, was ich erfahre.

Entscheide dich, wie dein Tag sein soll

Du hast die Fähigkeit und Macht, den Ton für deinen Tag anzugeben. Dies tust du, indem du die Art der Erfahrung bestimmst, die du gerne hättest. Stelle dir jetzt die Frage: *Wie soll mein Tag sein?* Gestehe dir zu, nur höchste Energien zu visualisieren und zu fühlen. Wenn du feststellst, dass du dich auf negative Szenarien ausrichtest, bitte uns Engel, diese angstbesetzte Energie in Liebe umzuwandeln.

Du bist der Regisseur deines Tagesablaufs. Jede Situation beinhaltet bereits ein bestmögliches Ergebnis, und du erreichst diese höhere Eben durch deine unverrückbare Entscheidung, nur außerordentliche Erlebnisse zu haben.

Du verdienst all das Großartige, das das Leben nur bieten kann. Löse heute deinen Bonus ein und beschließe, eine wundervolle Zeit zu haben.

GEDANKE FÜR DEN HEUTIGEN TAG

Heute wird .... (eintragen, was du dir wünschst). Ich bitte meine Engel, mir zu helfen, heute den ganzen Tag über positiv, heiter und optimistisch zu bleiben. Ich verdiene es, eine wundervolle Zeit zu haben, und ich erlebe jede Situation und Beziehung in ihrer höchsten Ebene.

Entspanne dich, denn alles ist gut

Gott ist allgegenwärtig, was bedeutet, dass das Göttliche überall sowie in jedem Menschen und jeder Sache ist. Alles, was du siehst, ist Gott. Es ist nichts und niemandem möglich, vom Himmel getrennt zu sein, egal, welchen Anschein es haben mag.

Halte dich heute an diesem Wissen fest. In jeder Situation, in der du Angst oder Stress empfindest, sage dir selbst: *Dies ist Gott.* Die Rückbesinnung auf diese Tatsache verscheucht die Sorge, dass etwas nicht in Ordnung sein könnte. Du wirst dich daran erinnern, dass du in allen Situationen sicher geführt wirst und dass du nichts anderes tun musst, als vertrauensvoll auf diese Führung zu hören und ihr zu folgen.

Mach dir heute erneut bewusst, dass das Göttliche in dir und jedem Menschen ist – es ist überall um dich herum. Indem du dich auf die Tatsache ausrichtest, dass alles Gott ist, spürst du die alles umhüllende Liebe des Himmels. Scheinbare Probleme verschwinden nach und nach durch unerwartete Lösungen.

Entspanne dich jetzt, denn alles ist Gott.

GEDANKE FÜR DEN HEUTIGEN TAG

Ich rufe mir in Erinnerung, dass alles und jeder in Wahrheit Gott ist. Ich sehe heute das Göttliche in mir und allen anderen und entspanne mich in der Gewissheit, dass der Himmel die Verantwortung hat. Es gibt nichts zu befürchten.

Gib die Situation in Gottes Hände

Der beste Weg, eine Situation zu lösen, die Angst oder Zorn bei dir auslöst, ist der, sie Gott zu übergeben. Lege heute alles, was dich stört, vertrauensvoll in die offenen und bewährten Hände des Schöpfers. Du musst schwierige Situationen nicht allein durchstehen – niemals.

Dich über eine Situation wiederholt aufzuregen, lädt sie nur noch mehr auf. Die Situation Gott zu überlassen bedeutet, dass sie auf eine wunderbar harmonische Weise gelöst wird und du zudem von den giftigen Auswirkungen von Stress oder Wut befreit wirst.

Wenn du Hilfe beim Loslassen brauchst, wende dich bitte an uns Engel. Wir werden uns nie in deinen freien Willen einmischen, doch können wir dir helfen, das Licht der vielen friedlichen Möglichkeiten zu sehen, die dir als Alternative zur Verfügung stehen.

GEDANKE FÜR DEN HEUTIGEN TAG

Ich gebe diese Situation ganz in die Hände Gottes. Ich vertraue auf die Weisheit des Himmels, dieses Problem zu heilen, und ich lasse alle negativen Gedanken oder Gefühle los. Ich weiß, dass dieses Problem in Wahrheit bereits in diesem Moment vollkommen gelöst ist.

Segne deine Vergangenheit

Deine früheren Erfahrungen und Beziehungen haben dir viele Geschenke in Form von Weisheit, Stärke, Geduld und ähnlichem gegeben. Jetzt ist der Moment gekommen, Frieden mit deiner Vergangenheit zu schließen und zu erkennen, dass alles aus einem bestimmten höheren Grund passiert ist. Bereue nichts, was du getan hast, denn es hat dich zu dem wundervollen Menschen gemacht, der du heute bist.

Segne deine Vergangenheit und alles in ihr, von dem du fühlst, dass es Heilung braucht. Was immer deine Seele oder deinen Körper belastet hat, wird heute von deinen liebevollen Absichten profitieren.

Sende heilende Energie in dein Leben – in alle Richtungen der Zeit, Vergangenheit, Gegenwart und Zukunft. Ehre deine Mutter, deinen Vater und jeden, der dir aus deiner persönlichen Geschichte in den Sinn kommt. Je mehr gute Worte du für deine Vergangenheit hast, desto mehr Geschenke wird du dadurch in der Gegenwart erhalten.

GEDANKE FÜR DEN HEUTIGEN TAG

Ich sende jedem und allem in meiner Vergangenheit Segen. Ich profitiere von allem, das mir jemals widerfahren ist. Alle meine Erlebnisse haben mir wunderbare Lektionen erteilt und mich zu dem gemacht, der ich heute bin. Ich überlasse meine Vergangenheit jetzt Gott.

Sei dir gewiss, dass deine göttliche Kraft hervorragend wirkt

Als Kind Gottes hast du spirituelle Geschenke von deinem Schöpfer mitbekommen, die immer und jederzeit hervorragend wirken. Da deine Macht eine Erweiterung der Macht Gottes ist, wird es nie eine Zeit geben, wo sie blockiert oder verringert wird – sie strahlt immer in ihrer ganzen, unverminderten Intensität, bereit, genutzt zu werden.

Deine Willenskraft setzt deine Gedanken, Gefühle und Wünsche in die Tat um. Da diese Kraft wie ein Laserstrahl wirkt, musst du vorsichtig sein, worauf du sie richtest. Achte darauf, nur Gedanken zuzulassen, die deine Herzenswünsche widerspiegeln, und investiere keine Energie in Ängste, da sonst die Gefahr besteht, dass du sie in dein Leben ziehst.

Du bist bei allem, was du mit deinem gottgegebenen Talent vollbringst, vom Himmel geführt. Benutze es heute, um deine liebevollen Gedanken und Gefühle zu verstärken. An einem einzigen Tag kannst du die Menge an Liebe, die du erfährst, um ein Vielfaches vergrößern. Deine himmlische Kraft kann alles für dich zum Besseren wenden, daher erlaube ihr, sich nur auf liebevolle Weise zu äußern.

GEDANKE FÜR DEN HEUTIGEN TAG

Meine göttliche Kraft wirkt immer hervorragend, denn sie kommt direkt von Gott. Ich wende sie an, um meine Herzenswünsche zu manifestieren. Ich kann ruhig machtvoll sein.

Feiere deinen Neuanfang

Dies ist eine Zeit positiver Veränderungen für dich. Es ist wichtig, dich auf das zu konzentrieren, was kommt, anstatt dir darüber Sorgen zu machen, was du zurücklässt. Du befindest dich in einem Wachstumsprozess und fühlst dich vielleicht überfordert, weil so viele Lebenslektionen auf einmal auf dich einstürmen. Du solltest jedoch wissen, dass sich diese Umstände von nun an allmählich beruhigen werden.

Heute möchten wir Engel den Neuanfang in deinem Leben verkünden und feiern! Du begibst dich in unbekannte Gewässer, daher ist es nur natürlich, nervös oder sogar ängstlich zu sein. Wir begleiten dich bei jedem Schritt und halten deine Hand, und wir werden dich nicht im Stich lassen. Du kannst beruhigt weitergehen – wende dich nur hin und wieder an deine innere Führung, das Kommunikationssystem, das direkt mit dem Göttlichen verbunden ist.

Verwandle jede Nervosität in Begeisterung über all die wundervollen Möglichkeiten, die vor dir liegen. Du befindest dich auf der Schwelle zu ungewöhnlichen neuen Gelegenheiten, die dein Leben auf ungeahnte Weise bereichern werden.

Feiere heute deinen Neuanfang, geliebtes Wesen. Er ist der Beginn für etwas Wunderbares.

GEDANKE FÜR DEN HEUTIGEN TAG

Ich segne meine Zukunft und weiß, dass sie sicher und wundervoll ist. Ich bin ganz aufgeregt über all die herrlichen Gelegenheiten und Möglichkeiten, die sich mir bieten. Ich mache einen Schritt nach vorn in dem Vertrauen, dass Gott und die Engel ununterbrochen an meiner Seite sind, und ich feiere heute meinen Neuanfang.

Genieße ewige Liebe

Die Liebe, die du mit einem anderen Menschen oder einem Tier teilst oder geteilt hast, ist eine Verbindung, die nie zerstört werden kann. Selbst bei Beziehungen, die mit der Zeit fade geworden sind, bleibt die Liebe an sich heil, denn sie hat euch zu einem bestimmten Zweck zusammengebracht. Die Liebe, die ihr füreinander empfunden habt, hat einen Zauber bewirkt, der eure Seelen ewig beglückt, sogar wenn die Beziehung vorbei ist.

Liebe ist eine ewig währende Energie, die sich nie auflösen kann, sondern wachsen und unzählige Gestalten annimmt. Reite heute auf der Welle, auf die dich diese Emotion gehoben hat. Bedanke dich für die Liebe, die du in allen deinen Beziehungen mit dem anderen geteilt hast … sie ist ein heiliges und bleibendes Geschenk Gottes.

GEDANKE FÜR DEN HEUTIGEN TAG

Die ganze Liebe des Universums unterstützt mich. Meine Verbindungen mit anderen sind ewig; nichts und niemand kann sie mir nehmen oder zerstören. Ich werde immer geliebt, und ich segne die Zeit, die ich mit den Menschen geteilt habe, die ich liebe.

Gehe durch offene Türen

Viele Türen an neuen Möglichkeiten stehen dir jetzt offen – es gibt nichts, was dir versperrt oder verschlossen wäre. Die Frage ist nur, durch welche der Türen du gehen willst, da die Entscheidung allein bei dir liegt.

Manchmal fühlst du dich vielleicht von der Vielzahl deiner Möglichkeiten überfordert, oder du stellst deine Fähigkeit in Frage, tatsächlich durch eine bestimmte Tür gehen zu können. Heute wollen wir Engel dir helfen, die Möglichkeiten zu sehen, die dir offen stehen, indem wir dir Klarheit und den Mut dazu verleihen, deine Träume zu verwirklichen. Überlass uns alle Ängste, Fragen oder Bedenken über diesen Prozess.

Manchmal bedeutet weitergehen, dass du etwas zurücklassen musst. Wir werden dich sicher führen und dir bei dieser Veränderung zur Seite stehen.

GEDANKE FÜR DEN HEUTIGEN TAG

Wunderbare Türen an neuen Möglichkeiten stehen mir jetzt offen. Ich kann alles tun, sein oder haben, für das ich mich entscheide. Meine Engel helfen mit, Klarheit und Mut zu erlangen, um mein Leben positiv zu verändern. Im vollen Vertrauen auf Gott und die himmlischen Mächte stelle ich mich den Neuerungen in meinem Leben.

Vertraue darauf, dass deine Gebete beantwortet werden

Wenn du die Ergebnisse vielleicht auch noch nicht siehst, sind deine Gebete dennoch erhört worden. Gegenwärtig ist das Universum für dich hinter den Kulissen tätig, und die Manifestation deines Wunsches steht unmittelbar bevor.

In der Zwischenzeit besteht deine Rolle darin, Vertrauen und Glauben aufrechtzuerhalten und deiner inneren Führung zu folgen. Wir sind sehr froh, dir im Namen der Liebe und des Friedens zu helfen. Wenn du zur Glückseligkeit aufsteigst, geht es uns genauso – ist es also ein Wunder, dass wir fleißig daran arbeiten, deine Freude zu steigern?

Gott sendet seinen Willen wie die Strahlen der Sonne aus und schenkt allen Lebewesen Freude. Indem wir dich die trauten Pfade der Liebe entlang führen, blühen deine beantworteten Gebete wie Blumen vor dir auf.

GEDANKE FÜR DEN HEUTIGEN TAG

Alle meine Gebete werden erhört und beantwortet. Ich vertraue und glaube daran, dass sie sich jetzt, in diesem Augenblick, manifestieren und Gestalt annehmen. Ich überlasse alle Sorgen oder Ängste Gott und den Engeln, denn ich vertraue den himmlischen Mächten, dass sie alle Einzelheiten genauestens bedenken.

Umarme das Glück

Du musst dich nicht nach dem Glück strecken oder darum kämpfen, denn es ist dein natürlicher Seinszustand. Gott ist vollkommene Freude, die Freude selbst, und du als Kind des Schöpfers teilst diesen ewigen Wesenszug mit ihm. Es hat nur den *Anschein*, als wärest du niedergeschlagen, wenn du dich vom Licht abwendest und in die Illusion der Dunkelheit starrst. Richte deinen Blick heute auf die strahlende Quelle allen Lebens; konzentriere dich auf das Göttliche bei allem, was du denkst, sagst oder tust; und sei dir gewiss, dass alles gut ist.

Glück ist dein natürlicher Seinszustand – auch in diesem Moment wohnt es in deinem Inneren. Um es zu entdecken und zu genießen, sei einfach nur ehrlich zu dir selbst und anderen. Wir Engel werden dir den dazu erforderlichen Mut und die Kraft verleihen, wenn du uns darum bittest.

Du hast das Recht, glücklich zu sein, genauso wie alle anderen Kinder Gottes. Nach dem Willen des Schöpfers soll jeder voller Freude sein, und unsere Aufgabe ist es, diesen Willen umzusetzen. Erlaube uns heute, dir zu helfen, die Zufriedenheit zu fühlen, die dir von Geburt an zusteht und deine geistige Essenz ist.

GEDANKE FÜR DEN HEUTIGEN TAG

In Wahrheit bin ich glücklich, jetzt und immer. Ich bin ehrlich zu mir selbst und anderen. Wenn ich nach meinem wahren Selbst lebe, bin ich leichten Herzens. Ich kann ruhig glücklich sein.

Vertraue darauf, dass deine Lieben wohl behütet sind

Überlass uns Engeln jegliche Sorgen oder Ängste um deine Lieben und wisse, dass sie in Sicherheit sind. Wir beschützen sie mit Gottes unendlicher Liebe und Weisheit, und auch deine Liebe sorgt für ihren Schutz.

Einem Wesen, das von Gott erschaffen wurde, kann niemand etwas anhaben, da diese Seele für alle Zeiten glücklich, gesund und lebendig ist. Wir wachen über die Menschen, die du liebst – so wie du und Gott es uns aufgetragen haben – und wir lassen ihnen Segnungen und Führung zuteil werden, um ihnen allen auf ihrem Weg zu helfen.

Bete weiterhin auf diese liebevolle Weise für das Wohlergehen der Menschen, die dir am Herzen liegen. Vertraue darauf, dass sie stets beschützt werden, sicher geborgen in der zärtlichen Umarmung des Himmels.

GEDANKE FÜR DEN HEUTIGEN TAG

Ich übergebe Gott und den Engeln alle Sorgen oder Ängste um die Menschen, die ich liebe. Ich vertraue den himmlischen Mächten, über sie zu wachen, und weiß, dass meine Gebete für ihre Gesundheit, Glück und Sicherheit immer erhört und beantwortet werden.

Vertraue deinen Entscheidungen

Es gibt da eine Entscheidung, von der du nicht weißt, ob sie richtig ist, und du ringst mit dir selbst hinsichtlich der Vorteile und Nachteile, die für alle Beteiligten damit verbunden sind. Du weißt bereits, wozu du dich entscheiden willst, doch fürchtest du die unvorhersehbaren negativen Folgen deiner Entscheidung.

Wir Engel sind heute hier, um dir zu helfen, Frieden mit deiner Entscheidung zu schließen. Nimm dir vor, nicht mehr über die verschiedenen Möglichkeiten nachzudenken, die dir Kopfzerbrechen bereiten, sondern lege das ganze Thema jetzt beiseite. Während dieser Entstehungsphase ist dein Geist entspannter und offener für die kreativen göttlichen Eingebungen, um die du gebeten hast.

Lass jegliches Gefühl von Anstrengung los. Je mehr du fähig bist, dich nicht von dem Thema zermürben zu lassen, desto klarer und offensichtlicher wird deine Entscheidung. Dann ist es nicht einmal mehr eine Entscheidung – die Antwort zeigt sich dann so klar, dass sie eher einem Erwachen gleichkommt.

GEDANKE FÜR DEN HEUTIGEN TAG

Ich öffne meinen Geist ruhig für die kreative Eingebung von Gott. Ich treffe leicht die richtige Entscheidung für mich und die Menschen, die ich liebe. Mein Denken ist klar und konzentriert, und ich weiß genau, was zu tun ist.

Lass Eingebungen zu dir kommen

Das universelle Gedächtnis sprudelt über vor unendlichen vielen Ideen, die du jederzeit anzapfen kannst. Du empfängst sie als Antwort auf eine Frage, die du dem Universum mit einem klaren und ruhigen Bewusstsein gestellt hat. Bitte heute den Himmel um Hilfe bei jedem Thema, bei dem du Führung oder Unterstützung benötigst. Du kannst deine Frage innerlich stellen oder laut aussprechen.

Ziehe dich heute in einem stillen Moment zurück und lausche auf die Ideen, die dir nach jeder Frage in den Sinn kommen. Du musst nur eine Weile ruhig abwarten, um die Antworten auf deine Frage zu hören. Diese Eingebungen sind Geschenke des Universums an dich. Du bist in der Lage und bereit, sie in die Tat umzusetzen, und die ganze Schöpfung unterstützt dich dabei.

GEDANKE FÜR DEN HEUTIGEN TAG

Ich öffne meinen Verstand für die Antworten, die das Universum mir zuteil werden lässt, und ich empfange leicht wunderbare neue Ideen. Zusammen mit den himmlischen Mächten setze ich sie in die Tat um.

Erfreue dich an unendlicher Fülle

Alles, was du für die Erfüllung deiner göttlichen Lebensaufgabe benötigst, wird dir bereits kontinuierlich angeboten. Wovon hättest du gern mehr? Alles, was du dir nur vorstellen kannst, steht bereit für dich – der Schlüssel besteht darin, durch Beten und Meditation in ständigem Kontakt mit der Geistessenz zu bleiben und dann entsprechend ihrer Führung aktiv zu werden. Diese Art von Zusammenarbeit erlaubt dir, dich zu entspannen und darauf zu auszurichten, deine Aufgabe voller Freude zu erfüllen.

Bitte mach dir keine Sorgen über weltliche Voraussetzungen, zum Beispiel ob du genügend Zeit, Geld, Ideen und so weiter hast. Diese Bedürfnisse werden zu gegebener Zeit erfüllt.

Ruhe heute in dem festen Glauben, dass deine Welt unendliche Fülle für dich bereit hält. Alle Dinge werden immer wieder neu hervorgebracht, sie wachsen und regenerieren sich. Das Universum gibt dir und jedem, der mit dem göttlichen Fluss zusammenarbeitet.

GEDANKE FÜR DEN HEUTIGEN TAG

Ich verlasse mich uneingeschränkt darauf, dass der Himmel alle meine Bedürfnisse erfüllt. Ich handle nach meiner Führung, ohne zu zögern oder die Dinge aufzuschieben. Ich bin ein klarer Kanal für göttliche Kommunikation.

Würdige deine Empfindsamkeit

Deine Empfindsamkeit ist ein Geschenk, das dir ermöglicht, göttliche Führung zu hören, deine Emotionen und die anderer Menschen wahrzunehmen, Mitgefühl zu empfinden und die Natur zu achten. Schätze diesen Teil deiner Persönlichkeit, geliebtes Wesen.

Würdige deine Sanftmut, indem du heute raue Energien meidest. Wir Engel werden dich beschützen und von negativen Situationen und Beziehungen fernhalten. Wir werden deine Auswahl von Essen und Trinken lenken, damit auch deine Ernährungsweise deine Empfindsamkeit stützt.

Indem du dich selbst mit dem Respekt behandelst, den du verdienst, werden automatisch deine Selbstachtung und Liebesfähigkeit gesteigert. Vertraue darauf, dass alles, was du fühlst, ein Segen ist, und freue dich über das Geschenk deiner Empfindsamkeit.

GEDANKE FÜR DEN HEUTIGEN TAG

Ich kann ruhig empfindsam sein. Ich würdige meine Gefühle und behandle mich mit zärtlicher, liebevoller Fürsorge.

Enthülle deine friedvolle Natur

Geliebtes Wesen, du musst nicht extra etwas tun, um friedvoll zu werden ... du bist es bereits schon. Wenn du dich in diesem Moment nicht so fühlst, rufe uns Engel herbei, damit wir dir helfen können.

Angst gibt dir weder ein Gefühl von Sicherheit, noch löst sie irgendwelche Probleme. Nur ein ruhiges Herz kann die Stimme Gottes klar verstehen, die dich friedlich zu den Lösungen führt, die du suchst.

Unabhängig von einer bestimmten Situation kann eine Antwort immer nur durch inneren Frieden gefunden werden. Sei heute ein Forscher, der sich auf eine innere Reise begibt. Setz dir heitere Gelassenheit als Ziel – nicht als etwas, das du erstreben oder dir verdienen müsstest, sondern als einen Schatz, der darauf wartet, gehoben zu werden.

GEDANKE FÜR DEN HEUTIGEN TAG

Ich fühle mich jetzt ganz ruhig. Gott ist Frieden, und das Göttliche ist überall; daher ruht in meinem Inneren die heitere Gelassenheit des Schöpfers. Ich entspanne mich und erlaube meinem Geist, ruhig zu sein. Ich bitte die Engel um Hilfe, damit ich mich entspanne und loslassen kann.

Erfasse die Fülle in deinem Leben

Indem du dir all das Gute bewusst machst, mt dem du gesegnet bist, wird dir umso mehr davon zuteil. Der Weg zu Erfolg und Wohlstand ist mit Dankbarkeit und dem Bewusstsein der Fülle gepflastert. Unsere Führung am heutigen Tag ist einfach und direkt: Achte auf alle Beispiele für Fülle in deinem Leben. Sie hat viele Formen, wie zum Beispiel eine Unmenge an Zeit, Wahlmöglichkeiten, Liebe, Energie, Schönheit und so weiter.

Indem du Fülle in einem Bereich deines Lebens bemerkst, beginnst du, sie auch in anderen Bereichen anzuziehen.

GEDANKE FÜR DEN HEUTIGEN TAG

Ich bin sehr wohlhabend, denn der Himmel ist überaus großzügig zu mir. Ich sehe und erlebe Fülle in jedem Bereich meines Lebens. Ich bin sehr dankbar für all die Geschenke, die ich empfange. Danke, Gott, für die vielen Segnungen, die du mir zuteil werden lässt. Bitte lass sie weiter zu mir kommen.

Freue dich über deine Gesundheit

Genau wie bei Wohlstand und Fülle handelt es sich bei Gesundheit um eine Sichtweise, zu der du dich bewusst entscheidest. Je mehr du deine Aufmerksamkeit auf dein eigenes Wohlbefinden und das anderer Menschen richtest, desto mehr wirst du es erleben. Blicke heute hinter die irdischen Erscheinungsformen von Krankheit oder Verletzung und erkenne die Gesundheit im Inneren eines jedes Menschen (vor allem in dir selbst).

Übergib uns Engeln alle Sorgen, die dich wegen der Gesundheit plagen, und versuche nach besten Kräften, dich auf das Licht zu konzentrieren, das dir und jedem anderen Menschen innewohnt. Je mehr du dich auf dieses Licht ausrichtest, desto heller leuchtet es. Das strahlende Licht des Göttlichen im Inneren eines jeden Menschen ist ein Leuchtfeuer, das die Dunkelheit vertreibt. An ihrer Stelle steht vollkommene Anmut und Stille, die Gott in allen Lebewesen angelegt hat.

Du bist bereits gesund, und das Gleiche gilt für jeden Menschen in deinem Leben. Affirmiere heute wiederholt diese Tatsache und fühle ihre Wahrheit am eigenen Leib. Du findest genau das, was du suchst, daher entscheide dich heute, nach Gesundheit Ausschau zu halten. Wenn du nur Wohlbefinden siehst, ist es genau das, was du als Konsequenz daraus erfahren wirst.

GEDANKE FÜR DEN HEUTIGEN TAG

Meine Lieben und ich sind alle völlig gesund. Ich bin heil und ganz, weil Gott mich so erschaffen hat. Ich sehe nur Wohlbefinden, und es ist das, was ich erfahre. Ich übergebe alle Ängste oder Verwirrung dem Himmel.

Erwarte, dass alles gut geht

Richte deine ganze Aufmerksamkeit auf die Erwartung, dass alles, was dir Sorgen bereitet, gut ausgehen wird. Deine positiven Erwartungen werden deine gegenwärtige Situation in die gewünschte Richtung steuern.

Bedenke, dass Sorgen einflussreiche Energien sind, die vom Universum als Wünsche wahrgenommen werden. Wenn du beunruhigt bist, ziehst du Angst in deine Erlebnisse. Erlaube dir nicht, dich Ängsten hinzugeben – übergib sie stattdessen uns Engeln.

Es braucht genauso viel Zeit und Mühe, positive Erwartungen zu hegen wie negative. Das Resultat deiner jetzigen Situation wird bestimmt erfreulich sein, doch deine Erfahrung, wie du zu diesem Punkt gelangst, wird von dem beeinflusst, was deiner Meinung nach passieren wird. Wenn du Probleme voraussiehst, wirst du ihnen auch auf deinem Weg begegnen; wenn du andererseits Harmonie erwartest, dann ist sie das, was du erfahren wirst. In jedem Fall wird alles gut verlaufen – doch welchen Weg würdest du vorziehen? Deine Erwartungen bestimmen die Richtung.

GEDANKE FÜR DEN HEUTIGEN TAG

Ich erwarte, dass alles bestens verläuft. Frieden und Harmonie begeistern mich, und ich verdiene es, dass der Weg zu dem von mir gewünschten Ergebnis angenehm verläuft. Ich erlaube mir selbst, den Tag zu genießen.

Höre auf dein inneres Kind

Egal wie alt du bist, das Kind in deinem Inneren braucht nach wie vor deine Aufmerksamkeit, Fürsorge und Liebe. Alle Kinder gedeihen besser durch Lob und wollen sich selbst ausdrücken. Heute werden wir Engel dich dazu ermutigen, auf diesen Teil deines Selbst zu hören.

Wenn du traurig oder deprimiert bist, ist dies sehr wahrscheinlich ein Zeichen dafür, dass dein inneres Kind etwas Aufmerksamkeit fordert. Wenn du auf seine Bedürfnisse eingehst, wirst du mit mehr Energie und Fröhlichkeit belohnt. Nimm dir jetzt einen Augenblick Zeit, um im Inneren ruhig zu werden, an das Kind in dir zu denken und auf jegliche Gefühle zu achten, die aufsteigen. Frage es: »Was kann ich heute für dich tun?«

Lausche auf die Antwort, die als Gedanke, Empfindung, Vision oder Worte zu dir kommen. Dein inneres Kind ist glücklich, wenn du ihm zuhörst, und es geht ihm noch besser, wenn du seine Wünsche in die Tat umsetzt.

GEDANKE FÜR DEN HEUTIGEN TAG

Ich höre auf mein inneres Kind und nehme mir Zeit, zu spielen, zu singen, zu tanzen und mich auszuruhen. Ich sorge ausgezeichnet für mein Kleines, und wenn ich seine Bedürfnisse erfülle, werde ich mit größerer Energie und Fröhlichkeit belohnt.

Du bestimmst deinen Zeitplan

Du hast wunderbare Träume, Hoffnungen und Ziele für dich selbst. Wir Engel sind hier, um dir zu helfen, deinen Tagesablauf optimal zu gestalten, damit du in der Lage bist, diese Wünsche in die Tat umzusetzen.

Du brauchst keine großen Zeitspannen, um Luftschlösser zu verwirklichen. Die meisten werden in kleinen Schritten manifestiert, was bedeutet, dass du bereits mit einem täglichen Zeitaufwand von dreißig Minuten, die du der Arbeit an deinem Ziel widmest, erstaunliche Fortschritte machen kannst.

Hüte dich vor der Tendenz des Egos, deine Bemühungen und Ambitionen durch Nebensächlichkeiten aufzuhalten, die nichts mit deinem Ziel zu tun haben. Wir nennen dies »Verzögerungstaktik«, da sie unterschwellige Tricks sind, die dich davon abhalten, auf dein Ziel und deine Träume hinzuarbeiten – Suchtverhalten jeglicher Art ist weit verbreitet.

Wenn du feststellst, dass du durch selbst erzeugte Ablenkung deinen Weg aus den Augen verloren hast, wende dich an uns Engel. Wir werden dir helfen, dich auf die kleinen Schritte zu konzentrieren, die jetzt vor dir liegen. Erledige die Dinge, die auf der Tagesordnung stehen, und dadurch übernimmst du die Kontrolle über dein Leben.

GEDANKE FÜR DEN HEUTIGEN TAG

Ich übernehme die Kontrolle über meinen Zeitplan, und ich bin ehrlich zu mir selbst über die Motive, die hinter meinen Handlungen stehen. Ich konzentriere mich mit ganzer Hingabe darauf, meine wahren Herzenswünsche zu erfüllen.

Sei ehrlich zu dir selbst

Welche der Gefühle würden dir heute helfen, wenn du sie dir selbst eingestehen würdest? Diese Frage wird wahrscheinlich Antworten auslösen, die dir durch deine Gedanken oder Gefühle übermittelt werden.

Ehrlichkeit dir selbst gegenüber bedeutet, selbst dein bester Freund zu sein. So wie enge Vertraute sich alles sagen, basiert auch eine gesunde Beziehung mit dir selbst auf ehrlicher Kommunikation.

Manchmal hast du Angst, dir deine wahren Wünsche einzugestehen, weil du dich fragst, ob du wirklich Veränderungen in deinem Leben vornehmen sollst. Insofern erscheint es dir sicherer, wenn du deine Emotionen verbirgst, damit nicht einmal du selbst um sie weißt. Jedoch finden unausgedrückte Gefühle immer eine Möglichkeit, sich bemerkbar zu machen, und der gesündeste Weg ist der, sie dir selbst gegenüber einfach einzugestehen. Sei dir gewiss, dass wir Engel dich durch diesen Prozess begleiten, und wir sind auch an deiner Seite und helfen dir, wenn du dich dazu entscheidest, einige Verbesserungen in deinem Leben vorzunehmen.

GEDANKE FÜR DEN HEUTIGEN TAG

Ich bin ehrlich zu mir selbst und gestehe mir meine wahren Gefühle ein. Ich kann ruhig zugeben, was ich wirklich fühle. Ich bitte meine Engel um Unterstützung, wenn ich über positive Veränderungen in meinem Leben nachdenke.

Erkenne das Genie in dir

Dein inneres Selbst ist über alle Maßen weise. Du bist immer mit der universellen Quelle verbunden, die Zugang zu allem Wissen hat. Deine Weisheit kommt von dem Ort, wo jedes Genie, das jemals gelebt hat, seinen Ursprung hat – direkt vom Geist Gottes. Das ist der Grund, warum es so wichtig ist, liebevoll von dir selbst zu denken und zu sprechen. Wenn du über deine Intelligenz sprichst, sprichst du über den Schöpfer.

Du hast ein Genie in deinem Inneren, genau wie jeder andere. Die Personen, die am Brillantesten zu sein scheinen, sind diejenigen, die auf ihre innere Weisheit hören und sie in die Tat umsetzen. Wir Engel können dir helfen, dir diesen Teil deines großen Wissensspeichers nutzbar zu machen. Wir können dir helfen, ihn zu hören, zu verstehen, ihm zu vertrauen und danach zu handeln – alles, was du tun musst, ist, uns darum zu bitten.

Feiere heute die Tatsache, dass du weise bist. Selbst wenn es irgendetwas gibt, das du im Moment nicht weißt, kannst du jederzeit die Information einholen, nach der du suchst. Beruhige einfach deinen Verstand, denke dir eine Frage aus und lausche auf die Antwort, die zu dir kommt.

GEDANKE FÜR DEN HEUTIGEN TAG

Ich habe ein Genie in meinem Inneren, das mir jederzeit helfen will. Ich stelle diesem Teil von mir Fragen und höre umgehend die Antworten. Ich arbeite mit meinen Engeln zusammen, um ohne Zögern Schritte zu unternehmen, die auf meiner inneren Weisheit beruhen.

Vertraue deinem inneren Wissen

Du kennst bereits die Antwort auf die Fragen zu deiner gegenwärtigen Situation. In der Stille vernimmst du die innere Weisheit, die dich führt, und heute raten wir Engel dir, dieser Quelle zu vertrauen. Du weißt bereits, was zu tun ist, daher ist deine Frage keine Bitte um neue Informationen oder sogar Führung; vielmehr brauchst du Gewissheit, ob du darauf vertrauen kannst, dass deine Entscheidung in eine positive neue Richtungen führt.

Wir sind heute hier, um dir zu versichern, dass dich deine innere Weisheit nicht trügt. Mit welcher Situation du auch immer konfrontiert wirst, sie fordert dich auf, vertrauensvoll zu handeln, ohne schon viel über deine Zukunft zu wissen. Aus diesem Grund ist es doppelt wichtig für dich, an der Erwartung eines positiven Ausgangs festzuhalten.

Letztendlich ist jedes Ergebnis immer segensreich, weil in Gottes Universum nur Gutes geschehen kann. Selbst die anscheinend furchtbarsten Situationen halten Segen für die Seelen bereit, die daran beteiligt sind.

Deine positiven Erwartungen tragen zu dem bestmöglichen Resultat bei und hebt deine Erfahrung auf eine höhere Stufe, während du dich darauf zubewegst.

GEDANKE FÜR DEN HEUTIGEN TAG

Ich vertraue meinem inneren Wissen. Ich halte an meinen positiven Erwartungen über das Ergebnis der Veränderungen fest, die ich jetzt in meinem Leben vornehme. Ich kann ruhig nach meiner inneren Weisheit handeln.

Übergib deine Sorgen Gott und den Engeln

Was ängstigt oder verunsichert dich, geliebtes Wesen? Behalte diese Gefühle nicht für dich allein. Übergib sie uns Engeln!

Atme tief ein und fühle unsere liebevolle Präsenz. Beim Ausatmen blase alle deine Sorgen weg von dir, und wir werden sie auffangen und ins Licht tragen, damit sie geheilt werden. Sobald du diese Sorgen loslässt, wirst du dich wie befreit fühlen. Das bedeutet nicht, dass du verantwortungslos wirst, wie manche Menschen irrtümlich annehmen; vielmehr bedeutet es, dass du deinen Verpflichtungen mit Liebe, Leidenschaft und Begeisterung nachgehst. Sorgen und Ängste lassen deine Verpflichtungen wie eine schwere Bürde erscheinen und verwandeln sie in unangenehme schwere Arbeit.

Sei heute leichten Herzens, indem du uns alle Sorgen und Ängste übergibst, sobald du dir darüber bewusst wirst. Schicke sie alle an uns und entspanne dich in der Gewissheit, dass der Himmel dir auf deinem Weg zur Seite steht.

GEDANKE FÜR DEN HEUTIGEN TAG

Ich bin völlig sorgenfrei und übergebe alle Ängste Gott und den Engeln. Es gibt nichts, mit dem ich allein fertig werden muss, weil die himmlischen Mächte immer bei mir sind.

Geh furchtlos voran

Du kannst furchtlos den Weg zur Verwirklichung deiner Träume vorangehen, ohne Angst oder Bedenken. Bei allem, was du tust, bist du stets beschützt – so lange du uns Engel um Hilfe bittest und dann der Führung folgst, die wir dir geben.

Mach heute einen mutigen Schritt in Richtung deiner Träume. Tu dies im vollem Vertrauen darauf, dass wir an deiner Seite gehen. Solltest du fallen oder Angst bekommen, werden wir dich auffangen.

Erinnere dich daran, mit uns als deinen immerwährenden Freunden im Team zusammenzuarbeiten und uns zu fragen, bevor du Entscheidungen triffst oder aktiv wirst. Wir werden dir nicht sagen, was du tun sollst; doch werden wir dir Führung geben und nützliche Vorschläge machen, die stets auf unserer Liebe und Achtung für dich beruhen. Wir stehen dir zur Seite und feuern dich an zum Glück, das schon immer dir gehört.

GEDANKE FÜR DEN HEUTIGEN TAG

Ich gehe furchtlos voran, denn meine Engel beschützen und führen mich. Ich erinnere mich daran, sie während des Tages immer wieder um Hilfe zu bitten und regelmäßig nach ihrer Meinung zu fragen.

Umarme uns als deine guten Freunde

Dein Leben lang und in allen Situationen lieben und bewundern wir Engel dich. Wir wanken nie in der bedingungslosen Liebe, die wir für dich empfinden, da wir stets das Gute und die Schönheit sehen, die Gott erschaffen hat – wir schauen nie auf die trügerische Oberfläche. Stattdessen konzentrieren wir uns auf das strahlende Licht, das in deinem Inneren und um dich herum leuchtet. Wenn deine Augen dieses herrliche Licht sehen könnten, würdest du verstehen, warum wir dich so sehr lieben.

Mach dir heute bewusst, dass wir in jeder Situation und unter allen Umständen deine wahren Freunde sind. Wir vertrauen dir und bewundern und achten dich dafür, dass du so bist, wie du bist. Wir sind deine ständigen Gefährten, und wir werden dich nie verlassen.

Während deines ganzen Lebens kannst du dir sicher sein, dass wir dich immer lieben werden.

GEDANKE FÜR DEN HEUTIGEN TAG

Meine Engel lieben mich, so wie ich jetzt bin. Ich trage heute und jeden Tag das Licht Gottes in mir. Indem ich mich auf mein inneres Leuchten ausrichte, bin ich von Liebe erfüllt.

Denke daran, uns um Hilfe zu bitten

Wir Engel sind bereit und in der Lage, dir heute bei allem zu helfen. Sorge dich nie, dass du uns zu oft um unsere Unterstützung bittest. Wir sind unbegrenzte Wesen, die mehrere Aufgaben zugleich verrichten können, daher kannst du uns so oft um Hilfe bitten, wie du nur möchtest.

Wir ziehen es vor, wenn du um unsere Hilfe bittest, bevor du etwas beginnst. Auf diese Weise können wir vom ersten Moment an daran beteiligt sein, und so von Anfang bis Ende für ein gutes Gelingen sorgen. Solltest du einmal vergessen, unsere Hilfe zu erbitten, ist auch das völlig in Ordnung. Wir sind in der Lage, noch in die Situation einzugreifen, sobald du uns darum bittest, selbst wenn sie schon eskaliert ist. Es ist jederzeit richtig, uns um Hilfe zu bitten. Wir sind immer für dich da – das ist unsere Aufgabe.

GEDANKE FÜR DEN HEUTIGEN TAG

Ich bitte meine Engel bei allem, was ich tue, um Hilfe. Wenn ich mit dem Himmel zusammenarbeite, nimmt mein Tag einen besseren Verlauf. Ich kann Hilfe anfordern bei allem und jedem, denn meine Engel lieben und unterstützen mich.

Erfahre deine unbegrenzte Wesensnatur

Während dieses Jahres haben wir Engel oft erwähnt, dass wir unbegrenzte Wesen sind, die dir bei allem helfen können. Heute möchten wir unsere Aufmerksamkeit auf die Tatsache richten, dass auch *du* ein unbegrenztes Potenzial besitzt. Die einzigen Beschränkungen, die du hast, sind die, für die du dich selbst entschieden hast. Manchmal sind diese Beschränkungen das Ergebnis persönlicher Glaubenssätze, die – nachdem du sie einmal angenommen hast – dazu führten, an Grenzen zu stoßen.

Wie könnte Gott, der unendliche und unbegrenzte Schöpfer, etwas erschaffen, das nicht auch unendlich und grenzenlos ist? Alles, was dem Göttlichen entspringt, ist frei von Einschränkungen, und dazu gehörst selbstverständlich auch du.

Du besitzt die unterschiedlichsten Fähigkeiten, die du noch nicht entdeckt oder erforscht hast. Grundsätzlich bist du in der Lage, alles zu tun, was du dir vorstellen kannst, da alle Handlungen von der Vorstellungskraft beherrscht werden. Mit der Zeit wirst du lernen, Nutzen aus dieser Tatsache zu ziehen, doch wollen wir uns heute darauf ausrichten, wenigstens *einen* der beschränkenden Glaubenssätze abzulegen, damit du deine unendliche Natur erfahren kannst.

Denke für einen Moment an einen Bereich deines Lebens, bei dem du das Gefühl nicht los wirst, es könnte etwas fehlen. Der Eindruck eines Mangels signalisiert den Glauben an Begrenzungen. Jedes Mal, wenn du einen Satz mit »Ich habe nicht genug …« beginnst, bringst du damit eine dir selbstauferlegte Beschränkung zum Ausdruck.

Spüre heute diese Auffassung in deinen Gedanken und Worten auf und wirke ihr mit positiven Affirmationen entgegen, wie zum Beispiel: »Ich habe viel …« und: »Ich besitze grenzenlose …« Wie wir bereits erwähnt haben, sind Worte dein Ausgangspunkt für Manifestation und Schöpfung. Affirmiere deine Grenzenlosigkeit und achte darauf, wie schnell du diese Freiheit dann erfahren wirst.

GEDANKE FÜR DEN HEUTIGEN TAG

Ich bin in jeder Beziehung begrenzt. Ich lege meine beschränkenden Glaubenssätze ab und weiß, dass alles möglich ist.

Entdecke neue Wege

Ein Teil deiner Grenzenlosigkeit beruht auf den unendlich vielen Wahlmöglichkeiten, die dir zur Verfügung stehen. Du kannst einfach alles tun, was du möchtest. Zuweilen können dich diese Möglichkeiten in ihrer Vielzahl geradezu überwältigen, und das ist der Moment, wo du in deine wohl bekannte, bequeme Routine zurückverfällst. Das ist in Ordnung, solange du erkennst, dass *du* sie dir gewählt hast. Falls du aber jemals das Gefühl hast, ein Opfer oder Gefangener deiner Gewohnheiten zu sein, ist es an der Zeit, deine Entscheidung neu zu überdenken.

Du hast immer die Möglichkeit zu bestimmen, wie du diesen Tag verbringen willst. Solltest du dieses Gefühl nicht haben, dann hast du die damalige Entscheidung vergessen, die zu deiner gegenwärtigen Situation geführt hat, daher nimm dir einen Moment Zeit, um dich zu erinnern, warum du die eine oder andere Entscheidung getroffen hast. Dadurch wirst du erkennen, dass stets *du* derjenige warst, selbst wenn du entschieden hast, dass jemand anderes die Wahl für dich trifft. Denke daran, dass du niemals etwas tun musst, was du nicht willst. Du hast immer die Freiheit, dich nach deinem Willen zu richten.

Freue dich heute über all die Alternativen, die vor dir liegen, und erkunde ein paar neue Wege, die sich dir bieten. Du könntest damit beginnen, dich mit einer Sache vertraut zu machen, die du im nächsten Jahr zum ersten Mal ausprobieren möchtest. Wähle einen Weg, der deine Begeisterung weckt und sie mit der neuen, frischen Energie versorgt, die allen Möglichkeiten innewohnt.

GEDANKE FÜR DEN HEUTIGEN TAG

Ich habe das Recht, mein Leben nach meiner inneren Weisheit zu führen. Ich beschließe jetzt, meiner inneren Führung zu folgen. Ich entscheide mich für das Glück, um die Möglichkeiten des Lebens voll auszukosten.

Gib dich jedem Moment ganz hin

Jeder Moment eines Tages ist ein kostbares Geschenk. In allen Situationen kannst du das herrliche Licht göttlicher Liebe hell leuchten sehen. Lass dich von diesem Leuchten wärmen.

Dein Feingefühl hat eine heilsame Wirkung auf die Menschen in deiner Umgebung. Vielleicht verstehen manche nicht, warum sie sich in deiner Gesellschaft besser fühlen, doch fühlen sie sich zu dir hingezogen – sie werden von deinem inneren Licht angezogen, das sie an ihr himmlisches Zuhause erinnert.

Schätze heute jeden Moment, selbst wenn einige dieser Momente alltäglich oder schmerzhaft zu sein scheinen. Wenn du jetzt von Liebe erfüllt bist, kannst du ein Höchstmaß an Freude aus deinem Leben herausholen, da Glück nur im Jetzt erfahren werden kann.

GEDANKE FÜR DEN HEUTIGEN TAG

Ich gebe mich diesem Moment ganz hin. Ich genieße die Liebe und Freude, die in jeder Situation enthalten ist, und konzentriere mich nur auf das Positive.

Blicke auf das vergangene Jahr zurück

Wir Engel möchten den heutigen Tag dazu nutzen, das vergangene Jahr noch einmal mit dir Revue passieren zu lassen. Was fällt dir als Erstes ein? Was hast du gelernt? Welches sind deine schönsten Erinnerungen? Was würdest du gerne verändern und im nächsten Jahr erleben?

Wir können dir helfen, dich auf die Zukunft vorzubereiten, indem wir gemeinsam einen ehrlichen Blick auf die Vergangenheit werfen. Jede Situation bietet die Gelegenheit, zu lernen und zu wachsen – manchmal rufen die schmerzhaftesten Erfahrungen die größten Veränderungen und Verbesserungen in deinem Leben hervor.

Bereue nichts aus den vergangenen Monaten. Jeder Moment war eine Meisterleistung, da du ihn als Gottes großartiges Kind durchlebt hast. Benutze deine Erinnerungen als Katalysator, um dir den nötigen Antrieb zu geben und dich auf eine noch großartigere Zukunft vorzubereiten.

Wir Engel sind jeden Tag im Jahr an deiner Seite und bereit, dir zu helfen, wann immer du uns darum bittest.

GEDANKE FÜR DEN HEUTIGEN TAG

Ich bin Gottes großartiges Kind. Jeder Moment meines Lebens ist eine Meisterleistung des Lernens und Wachsens. Ich nutze die Lektionen aus diesem Jahr als Werkzeug und Ausgangsbasis, um die vor mir liegende Zeit noch großartiger zu gestalten.

Affirmiere das neue Jahr

Was würdest du gern im nächsten Jahr erleben? Was möchtest du verändern? Wenn du wüsstest, dass alles möglich ist und dir zur Verfügung steht, um was würdest du bitten?

Jetzt ist der richtige Zeitpunkt, um deine Energie in die kommenden Monate zu stecken, indem du deine Wünsche affirmierst. Wie wir Engel bereits betont haben, wird alles, was du dir wünschst, durch die Worte, die du denkst, sprichst und schreibst, manifestiert.

Mache heute im Geist oder schriftlich eine Aufstellung von deinen Träumen für das kommende Jahr. Führe jedes Ziel als bejahende Erklärung auf, mit der du darlegst, dass dein Wunsch bereits erfüllt ist. Danke dem Universum für die Manifestation dieser Wünsche und verleihe deiner Dankbarkeit Ausdruck, dass die Antworten auf deine Gebete deine Erwartungen sogar noch übertroffen haben.

AFFIRMATIVES GEBET FÜR DEN HEUTIGEN TAG

Ich danke Gott, den Engeln und dem Universum, dass ihr alle meine Wünsche erfüllt habt: .... *(bitte eintragen)*. Ich habe alle Bedenken und Zweifel wegen der Manifestation dieser Träume losgelassen. Mein Herz, Geist und meine Arme sind weit geöffnet, um all das Gute zu empfangen, das das Universum mir jetzt bietet.

Sei dir bewusst, dass Liebe der Schlüssel ist

Bei allem, was du tust oder dir wünschst, ist Liebe der Schlüssel. Dein Herz ist das Tor, durch das Gottes Energie in dich strömt, daher halte es offen und lasse Gefühle zu. Wenn du dies tust, ist dein Herz wie ein riesiger Treibstofftank, der dein Fahrzeug mit mehr Energie versorgt. Ein mitfühlendes Herz erfährt das Leben auf einer reicheren und tieferen Ebene, indem es auf die feinen Einzelheiten in jeder Situation achtet.

Bitte uns, dir zu helfen, dich heute noch mehr zu öffnen. Während du an der Schwelle eines neuen Jahres stehst, nimm dieses Geschenk mit hinüber.

Von allen guten Vorsätzen für das Neue Jahr, die du fassen könntest, ist dies der Wichtigste: noch mehr und inniger zu lieben und Liebe in jeder Hinsicht zu fühlen und zu erfahren.

AFFIRMATIVES GEBET FÜR DEN HEUTIGEN TAG

Gott und ihr Engel,
Ich bitte euch um Hilfe, mein Herz zu öffnen
und mir meiner Seele, meines Geistes und
meines Körpers bewusst zu sein.
Leitet mich an, jeglichen alten Schmerz,
Wut oder Verletzungen zurückzulassen und das neue Jahr
mit einem reinen und offenen Herzen zu beginnen.
Helft mir, ohne Angst zu lieben, mit Nachsicht
und Vertrauen bedingungslos!
Helft mir, wie ein Engel zu lieben.
Ich danke euch.

Das Leben ist eine Reise – und dieses Buch ist der Wegweiser

Wie würde es sich anfühlen, wenn Sie sich von den Beschränkungen Ihres Verstandes freimachen und über Ihre Grenzen hinauswachsen könnten? Was können Sie im Alltag tun, um inneren Frieden und Gelassenheit zu finden?

Basierend auf dem Bestseller *Die Seele will frei sein* bereitet dieses Tagebuch den Weg zu mehr Inspiration, Freiheit und Freude im Leben.

»Um wirklich zu wachsen, gibt es nichts Wichtigeres, als zu erkennen, dass Sie nicht die Stimme in Ihrem Kopf sind – sondern die Person, die sie hört.«
MICHAEL A. SINGER

Michael A. Singer
Die Seele will frei sein – Das Tagebuch
Wie du über dich selbst hinauswächst

Aus dem Amerikanischen von Kristof Hahn
Klappenbroschur
Auch als E-Book erhältlich
www.ullstein.de

allegria